# 新型烟草制品风险评估相关法规及解读

谢复炜
李　翔　主编
赵　阁

中国轻工业出版社

**图书在版编目（CIP）数据**

新型烟草制品风险评估相关法规及解读 / 谢复炜，李翔，赵阁主编. — 北京：中国轻工业出版社，2024.2
ISBN 978-7-5184-4509-7

Ⅰ. ①新… Ⅱ. ①谢… ②李… ③赵… Ⅲ. ①烟草制品—风险评价—管制—研究—世界 Ⅳ. ①D588

中国国家版本馆 CIP 数据核字（2023）第 147466 号

责任编辑：张　靓
文字编辑：王　婕　　责任终审：劳国强　　封面设计：锋尚设计
版式设计：砚祥志远　　责任校对：晋　洁　　责任监印：张　可

出版发行：中国轻工业出版社（北京鲁谷东街 5 号，邮编：100040）
印　　刷：三河市国英印务有限公司
经　　销：各地新华书店
版　　次：2024 年 2 月第 1 版第 1 次印刷
开　　本：720×1000　1/16　印张：12.75
字　　数：300 千字
书　　号：ISBN 978-7-5184-4509-7　定价：88.00 元
邮购电话：010-85119873
发行电话：010-85119832　010-85119912
网　　址：http://www.chlip.com.cn
Email：club@ chlip.com.cn
版权所有　侵权必究
如发现图书残缺请与我社邮购联系调换
201247K1X101ZBW

# 本书编写人员

主　编　谢复炜　李　翔　赵　阁

副主编　赵俊伟　尚平平　华辰凤

编　委　樊美娟　彭　斌　崔华鹏　赵晓东
　　　　王　昇　王晓瑜

# 前言

## PREFACE

吸烟有害健康已成社会共识。近年来，以降低传统卷烟对消费者健康危害为目标的新型烟草制品迅猛发展。新型烟草制品以减少有害成分暴露、降低烟草相关疾病的健康风险为设计理念，产品类型不断创新，以加热卷烟、电子烟、口含烟等为代表，消费方式与传统燃烧型卷烟相比也发生了改变。国际各大烟草企业纷纷投入巨资开发新型烟草制品市场，形成庞大的产业链集群，各国政府关注到其对传统卷烟市场的冲击，并开始着手研究相应对策。

当前，美国和欧盟对于烟草制品的管控是最为全面的。美国食品与药物管理局（FDA）针对烟草制品的市场准入和产品广告宣传等制定了相应的申请导则，并提出了关于风险改良烟草制品的科学评估标准。欧盟关于烟草制品也提出了相应的指令要求。

2009 年，美国发布了《家庭吸烟预防与烟草控制法案》，授权 FDA 监管烟草制品。2011 年，FDA 发布了烟草制品上市前申请（Premarket Tobacco Product Application，PMTA）导则。2012 年，美国医学研究院（IOM）在总结以往烟草制品风险评估研究结果的基础上提出了"风险改良烟草制品（MRTP）研究的科学标准"，同年 FDA 发布了风险改良烟草制品申请导则。2019 年，FDA 发布了电子烟 PMTA 导则。2014 年，欧盟颁布了新修订的《烟草制品指令》（2014/40/EU），明确将新型烟草制品、含烟碱的电子烟及电子烟填充容器等纳入管制范围。

本书围绕新型烟草制品风险评估，对国外烟草管制政策下的国际市场准入要求进行解读，分析了新型烟草制品的风险评估框架以及评估要求。全书共分为四个部分：第一部分概述了国外新型烟草制品风险评估，第二部分介绍了新型烟草制品风险评估相关权威报告，第三部分介绍了美国新型烟草制品相关申请导则，第四部分介绍了欧盟与英国的新型烟草制品相关要求。

由于编者水平有限，对相关内容解读不到位以及不妥之处，恳请读者指正。

# 目录

CONTENTS

# 第一章
## 国外新型烟草制品风险评估概述

新型烟草制品主要是指不同于传统燃烧型卷烟的烟草制品，大致可以分为四类：加热卷烟、电子烟、口含烟及其他烟草制品。与传统燃烧型卷烟相比，新型烟草制品具有"无需燃烧、可释放烟碱、焦油或某些有害成分释放量水平显著降低"三个共同特征[1]。加热卷烟和电子烟等新型烟草制品在欧美日韩市场迅速崛起，国际烟草企业如菲莫国际、英美烟草、雷诺烟草、日本烟草等纷纷投入巨资研发[2]，各国政府和世界卫生组织（WHO）也开始着手研究相应监管政策[3,4]。美国食品与药物管理局（FDA）负责监管在美国合法制造、销售和分销烟草制品的所有途径[5]，没有获得 FDA 烟草制品销售许可的新烟草制品（2007 年 2 月 15 日之前没有在美国上市销售的烟草制品，或2007 年 2 月 15 日之后在美国上市销售的烟草制品的改良产品）不能在美国合法销售，FDA 针对新型烟草制品的市场准入制定了相应的申请导则和评估框架[6-9]，产品评估基于对整体人群的风险，要求新产品上市前须提供全面的可降低健康风险的科学证据。欧盟也提出了类似的要求，对于新型烟草制品、电子烟和电子烟填充容器等采取上市前通告的方式进行审核[10]。

健康风险评估是以科学证据为基础的分析过程，可以为评估人群实际暴露下的健康损害程度提供参考依据，已成为管理机构和公众健康机构决策程序的重要组成部分[11,12]，并应用于环境污染物、食品、药品和化妆品等领域的管控程序中。美国和欧盟对烟草制品的监管，以及国际各大烟草公司对新产品的评价都将健康风险评估作为重要的评估框架要求。

### 第一节　新型烟草制品风险评估框架简介

截至 2020 年 7 月，美国和欧盟对新型烟草制品的监管和上市前风险评估要求主要有以下规定。

**一、美国新型烟草制品的监管规定**

**(一) 美国医学研究院发布的 "MRTP 研究的科学标准"**

2009 年 6 月,美国发布了《家庭吸烟预防与烟草控制法案》(Family Smoking Prevention and Tobacco Control Act, FSPTCA),授权 FDA 监管烟草制品。FSPTCA 提出了"风险改良烟草制品"(Modified Risk Tobacco Product, MRTP)概念,定义为:以减少商业销售的烟草制品带来的危害或烟草相关疾病风险,可销售、分销供消费者使用的任何烟草制品[5]。该法案还指导 FDA 与美国医学研究院(Institute of Medicine, IOM)协商,制定关于设计和进行 MRTP 科学研究的规则和指南。IOM 在总结以往烟草制品风险评估研究结果的基础上,于 2012 年提出了 MRTP 的风险评估框架,即 MRTP 研究的科学标准[6]。根据该框架,MRTP 的科学证据要回答三个方面的问题:MRTP 的健康影响;MRTP 的成瘾可能性;消费者对 MRTP 的认知。针对这三个方面的问题,IOM 建议进行相应的风险评估研究,包括:烟草制品的性能和组成成分分析;临床前毒理学研究;临床试验研究;烟草制品滥用和成瘾可能性研究;烟草制品上市前和上市后风险认知和风险交流研究。

**(二) FDA 发布的 PMTA 导则**

2011 年 9 月,FDA 发布了烟草制品上市前申请(Premarket Tobacco Product Application, PMTA)导则[7],对于新烟草制品或现有烟草制品改良产品的推出,需要向 FDA 提交 PMTA。PMTA 途径明确提出,在审批上市前,FDA 需要评估该烟草制品对吸烟者和公众健康的影响,生产商必须提供科学数据用以证明该产品对吸烟者和公众健康有利。PMTA 导则要求申请资料中关于科学研究与分析的内容应包括:①化学成分分析;②非临床研究;③成年人群研究;④对环境影响的研究。2015 年 11 月 10 日,FDA 审核通过了瑞典火柴公司提交的 8 种口含烟产品的 PMTA,发放了上市许可。2019 年 4 月 30 日,FDA 审核通过了菲莫国际烟草公司的 iQOS 加热卷烟产品的 PMTA,发放了上市许可。2019 年 12 月 17 日,FDA 审核通过了 22 世纪集团的 2 种极低烟碱卷烟产品的 PMTA,发放了上市许可。2020 年 12 月 7 日,FDA 审核通过了菲莫国际烟草公司的另一 iQOS 加热卷烟产品的 PMTA,发放了上市许可。2021 年 10 月 19 日,FDA 审核通过了美国无烟烟草公司的 4 款其他类型烟草制品的 PMTA[13]。2019 年 6 月 FDA 发布了电子烟 PMTA 导则[8],要求申请资料中关于科学研究与分析的内容应包括:①产品分析和生产制造;②非临床和人群研究；③对环境影响的研究。2019 年 7 月 12 日，美国马里兰州地区法院命令 FDA，要求截至 2016 年 8 月 8 日上市的电子烟、雪茄和其他被认为是新烟草制品的生产商在 2020 年 5 月 12 日之前提交上市前审查申请。2020 年 4 月 22 日，鉴于新型冠状病毒引起的呼吸系统疾病在全球爆发，法院批准了延长提交上市前审查申请的期限，延长至 2020 年 9 月 9 日[14]。2021 年 10 月 12 日，R. J. Reynolds（RJR）Vapor Company 的一个封闭式电子烟烟具和 2 个电子烟烟弹通过 PMTA 途径获得 FDA 的授权。2022 年 3 月 24 日，Logic Technology Development LLC 的电子烟产品通过 PMTA 途径获得 FDA 的授权[13]。

（三）FDA 发布的 MRTP 申请导则

2012 年 3 月 FDA 发布了 MRTP 申请导则，FDA 对 MRTP 的授权包括风险改良许可（Risk Modification Order）和暴露改良许可（Exposure Modification Order)[9]。要获得风险改良许可，MRTP 申请导则要求申请材料必须能够证明：①该产品对个体使用者能够显著降低危害和烟草相关疾病风险；②对包括烟草制品使用者和当前非使用者在内的整体人群健康有益。风险改良许可是有特定时效性的，获得许可后申请者还需要进行产品上市后调查和研究，并每年向 FDA 提交研究报告。要获得暴露改良许可，申请材料必须能够证明：该产品减少或清除了对某些有害成分的暴露；并且现有科学证据表明，后续的研究有可能证明发病率和死亡率大幅度降低。暴露改良许可时效一般不超过 5 年，同时获得暴露改良许可的前提条件是每年要向 FDA 提交产品上市后调查和研究的结果报告。MRTP 导则要求申请者需要回答 5 个问题：烟草制品的健康风险；对当前烟草使用者烟草使用行为的影响；对非使用者可能使用烟草的影响；产品的市场销售对消费者理解和认知的影响；对整体人群的影响。针对上述问题，应当进行相应风险评估研究，包括：①产品分析；②非临床研究；③成年人群研究；④辅助数据分析和计算建模研究；⑤上市后监督和研究；⑥对环境影响的研究。自 2011 年至 2019 年 10 月 22 日，FDA 共计接收到 29 份 MRTP 申请，拒绝受理 10 项，拒绝归档 6 项，申请者撤回 5 项，仅瑞典火柴公司 8 种口含烟产品在 2019 年 10 月 22 日通过审核并最终获得 MRTP 风险改良许可授权，有效期 5 年[15,16]。2020 年 7 月 7 日，FDA 批准了菲莫国际烟草公司"iQOS 烟草加热系统"MRTP（暴露改良许可）的授权，包括 iQOS 加热设备和 3 种万宝路加热卷烟[16]，FDA 授权菲莫国际烟草公司在该产品宣传和营销中可使用的信息包括："现有证据显示：iQOS 系统加热烟草但不燃烧烟草；这大大减少了有害及潜在有害化学成分的产生；科学研究表明，从使用传统卷烟彻底转换成 iQOS 系统，可以显著减少使用者对有害或潜在有害化学成分的暴露。"这一暴露改良许可有效期是 4 年，到期后必须重新申请并获得授权。2021 年 12 月 23 日，FDA 批准了 22 世纪集团的 2 种极低烟碱卷烟的 MRTP（暴露改良许可）的授权。2022 年 3 月 11 日，FDA 批准了菲莫国际烟草公司的一款 iQOS 系统加热器具的 MRTP（暴露改良许可）的授权[16]。

**二、欧盟新型烟草制品的监管规定**

欧盟于 2014 年 4 月 29 日颁布了新修订的《烟草制品指令》（2014/40/EU）[10]，明确将新型烟草制品、含烟碱的电子烟及电子烟填充容器等纳入管制范围。烟草制品指令根据不同电子烟产品的特征，对电子烟烟液的填充容器、填充容器体积、添加剂、防护装置等各方面进行了限定。欧盟采取上市前通告的方式进行审核。指令规定，新型烟草制品、电子烟和填充容器的生产商和进口商应在产品拟上市前 6 个月，以电子文档形式向成员国主管当局提交其计划投放到有关国家市场的通告。通告应附有相关制品的详细说明、使用说明以及成分和释放物的信息。具体内容包括：产品的毒性、致癌性和吸引力，特别是产品的成分和释放物的现有科学研究结果；不同消费群体（包括年轻人和当前吸烟者）消费偏好研究报告和市场调查结果；其他可获得的相关信息，包括产品风险-收益分析、对停止烟草消费的预期影响、对开始烟草消费的预期影响以及消费者认知预期等。

欧盟新兴及新鉴定健康风险科学委员会（Scientific Committee on Emerging and Newly Identified Health Risks，SCENIHR）曾评价了无烟气烟草制品对健康的影响，采用的实验研究包括：体外试验、动物模型、人群实验以及流行病学研究等[17]，为新型烟草制品上市前通告的风险评估研究提供了一定的思路。欧盟委员会要求欧盟健康、环境与新兴风险科学委员会（Scientific Committee on Health, Environmental and Emerging Risks，SCHEER）对开展烟草添加剂全面研究的方法和标准提供指导。2016 年，SCHEER 发布了第 2 版《烟草制品中使用添加剂的建议》[18]，除了提供了相关研究方法的导则之外，还分析了 15 种优先添加剂的研究数据缺口，例如毒性、致癌性、香味特征以及热裂解产物等方面的信息，但尚未涉及电子烟和加热卷烟的相关研究。

## 第二节 新型烟草制品风险评估研究现况

国际各大烟草公司都在积极开展新型烟草制品的研发，并为产品的国际市场准入进行产品减害和健康风险评估研究。瑞典火柴公司、菲莫国际烟草公司和雷诺烟草公司等已经向 FDA 提交了相关烟草制品的 PMTA 和 MRTP 申请，开展的风险评估研究内容主要包括以下几个部分。

### 一、烟草制品使用者个体的健康风险评估

烟草制品使用者个体健康风险评估主要包括烟草制品产品设计和控制原则、化学和物理特性分析、非临床毒理学研究和人群实验研究四个方面。

（一）产品设计和控制原则

瑞典火柴公司口含烟产品风险评估报告的内容有：产品配方（包括成分、配料和添加剂的完整清单，以及每种产品的适用规格和预期功能的信息），烟叶掺配、重构、生产过程、质量控制措施信息，产品整体设计、材料、原料等信息[19]。

菲莫国际烟草公司 iQOS 产品风险评估中，产品设计和控制原则方面的评估内容包括：产品研发条件、生产质量标准、变更管理和可比性等。其目的是确保产品的一致性生产，满足性能参数要求[20]。

雷诺烟草公司口含烟的 MRTP 申请时，对产品的设计、产品配方、产品稳定性及使用条件也进行了评估[21]。

（二）化学和物理特性分析

瑞典火柴公司按照 MRTP 导则要求评估了口含烟产品的化学和物理特性，分析和报告了有害及潜在有害成分（Harmful and Potentially Harmful Constituents，HPHCs）的释放量水平[19]。

菲莫国际烟草公司关于 iQOS 的评估中，烟气气溶胶化学和物理特性分析是评估的第二步，分析测试了烟气气溶胶中 58 种 HPHCs 成分，其中 54 种是 FDA 公布的 93 种烟草制品、卷烟烟气有害及潜在有害成分清单[22]中的成分，另外 4 种为水、烟碱、总粒相物和焦油。气溶胶物理特性分析测试了两个主要参数，分别是质量中值粒径和几何标准偏差。这些测试结果均和常规卷烟进行比较，以证明 iQOS 具有实质性减害效果[20,23,24]。

雷诺烟草公司对于口含烟产品的评估，化学成分的分析数据主要来自文

献的综述分析结果，化学分析按照 FDA 推荐的有害及潜在有害成分清单进行测试[25]。

（三）非临床毒理学研究

瑞典火柴公司按照 MRTP 导则要求对口含烟产品进行了非临床毒理学研究，主要开展了口腔非致癌的潜在健康风险评估，如牙齿影响和牙周疾病、口腔黏膜损伤等评价。体外毒理学研究主要进行了 Ames 试验、TK－6 和 AHH-1 细胞致突变试验、姐妹染色单体交换试验、染色体畸变试验、基因突变试验、微核试验以及中性红细胞毒性试验等。动物实验研究主要进行了仓鼠颊囊和口腔黏膜实验、大鼠人工唇管实验、小鼠口腔黏膜实验、致癌的启动和促进实验、60～90d 喂养实验（研究致癌影响）、终生饮水实验（NNK，NNAL，4NQO）、大鼠口腔致癌实验、病毒实验（HPV 人乳头瘤病毒和 HSV 单纯疱疹病毒）以及转基因小鼠实验等[19,26-34]。

菲莫国际烟草公司对 iQOS 的毒理学评估主要开展了常规毒理学评估、烟草相关疾病模型研究和系统毒理学评估研究。通过体外试验和动物研究，证明了加热卷烟的气溶胶与传统卷烟（3R4F 参比卷烟）相比毒性显著降低。采用的体外试验包括：中性红细胞毒性试验，Ames 试验，小鼠淋巴瘤细胞致突变试验，口腔、鼻黏膜、支气管器官型组织培养的体外呼吸模型研究以及体外心血管模型研究。采用的动物实验包括：大鼠 90d 亚慢性吸入毒性研究、A/J 小鼠 18 个月吸入毒性研究、ApoE$^{-/-}$ 小鼠的转换抽吸模型研究等。在开展的系统毒理学研究中，使用计算方法综合分析了一系列的分子事件、常规毒性实验指标、动物疾病模型的疾病终点评估指标（肺气肿、肺功能、动脉粥样硬化板块大小）等[20,23,35-46]。

雷诺烟草公司对口含烟产品的非临床毒理学评估数据主要来自文献综述。对于口含烟的体外毒理学评估主要采用了 Ames 试验、哺乳动物细胞姐妹染色单体交换试验、哺乳动物细胞微核分析、中性红细胞毒性试验以及人尿液致突变实验等。动物实验研究主要采用了 2 周大鼠饲喂实验、2 周小鼠饲喂实验、2 周重复高剂量小鼠饲喂实验、28d 重复剂量大鼠实验、28d 重复剂量小鼠实验、90d 亚慢性重复剂量大鼠实验、90d 亚慢性重复剂量小鼠实验、2 年慢性毒性/致癌性大鼠饲喂实验等[47-54]。

各烟草公司在向 FDA 提交新型烟草制品 PMTA 或 MRTP 申请时，这些非临床毒理学评估的科学证据均是申请资料的重要内容。

**（四）人群实验研究**

瑞典火柴公司关于口含烟的人群实验研究采用已报道的文献结果，并按照MRTP导则要求进行了总结。主要包括：使用口含烟和传统卷烟疾病发病率和致死率的流行病学比较（癌症、心血管疾病、呼吸系统疾病、代谢疾病等）；转换口含烟、卷烟和口含烟双重使用以及戒烟三种行为下吸烟相关疾病发病率的比较；转换口含烟与转用烟碱替代疗法的疾病发病率比较；使用口含烟和抽吸卷烟的有害成分（烟碱、烟草特有亚硝胺、Cd、Se等）生物标志物评估[55-64]。

菲莫国际烟草公司开展的 iQOS 人群研究包括短期（5d）和中长期（90d）实验。实验主要采用生物标志物方法，对不同人群，包括持续吸烟者、戒烟者以及转抽加热卷烟者的有害成分暴露和疾病风险进行评估，目的是考察加热卷烟是否能降低吸烟者有害成分暴露量及疾病风险。评估的暴露生物标志物主要包括：烟碱、烟草特有亚硝胺（NNK）、CO、挥发性有机化合物（1,3-丁二烯、苯、丙烯腈、环氧乙烷、甲苯）、挥发性羰基物（丙烯醛、巴豆醛）、多环芳烃以及芳香胺（1-氨基萘、2-氨基萘、4-氨基联苯、邻甲苯胺）等；疾病风险标志物包括：心血管疾病、慢性阻塞性肺病和肺癌的标志物，如炎症、氧化应激、肺功能等[65-74]。

雷诺烟草公司关于口含烟的评估研究包括流行病学研究和临床试验。流行病学研究分析了转用无烟气烟草后与抽吸卷烟相比相关疾病的降低程度，包括肺癌、口腔癌、呼吸系统疾病和心脏病等；同时使用卷烟和无烟气烟草与只使用卷烟相比，以及使用无烟气烟草与其他烟草替代产品相比，疾病风险的增加情况。临床试验包括横断面研究和现场实验，主要采用生物标志物方法，比较无烟气烟草消费者和吸烟者之间、吸烟者转换无烟气烟草前后、转换无烟气烟草或烟碱替代疗法前后有害成分暴露和疾病风险情况。评估的暴露生物标志物包括：烟碱、烟草特有亚硝胺、CO、挥发性有机化合物（1,3-丁二烯、苯、丙烯腈、环氧乙烷、甲苯）、挥发性羰基物（丙烯醛、巴豆醛）、多环芳烃、芳香胺（1-氨基萘、2-氨基萘、4-氨基联苯、邻甲苯胺）、重金属等；疾病风险标志物包括心血管疾病、慢性阻塞性肺病和肺癌的标志物，如炎症、氧化应激等[75]。

**二、整体人群的健康风险评估**

整体人群健康风险评估的调查人群要涵盖现有产品使用者、吸烟者、非吸烟者。评估内容主要包括：对吸烟者使用行为的影响、对非吸烟者的影响、产品上市对消费者健康认知的影响、滥用性研究、对整体人群健康风险评估的模型研究以及上市后评估 6 个方面。

（一）对吸烟者使用行为的影响

瑞典火柴公司对吸烟者使用行为的影响研究主要包括：吸烟者开始使用口含烟产品的可能性；接受该产品后，吸烟者转抽或复抽其他风险更大烟草制品的可能性；消费者同时使用其他烟草制品的可能性；准备戒烟者使用产品的可能性；消费者按照产品设计使用的可能性等[76-80]。

菲莫国际烟草公司的研究考察了成年吸烟者全部转抽或部分转抽加热卷烟的可能性，转抽加热卷烟者停止使用烟草制品的可能性，转抽加热卷烟者重新抽吸卷烟的可能性，消费者遵循产品说明使用的可能性以及消费者错误使用产品的可能性等[81]。

雷诺烟草公司的研究主要包括：吸烟者开始使用产品的可能性，使用行为（完全转换、同时使用卷烟、戒烟等），准备戒烟者使用产品的可能性等[82]。

（二）对非吸烟者的影响

瑞典火柴公司对非吸烟者的影响研究主要包括：非吸烟者特别是青少年和年轻人使用口含烟制品的可能性，接受这种产品的非吸烟者转抽更高风险烟草制品的可能性以及戒烟者重新使用烟草制品的可能性[83,84]。菲莫国际烟草公司的研究主要包括非吸烟者使用和戒烟者使用烟草制品的可能性等[81]。雷诺烟草公司的研究主要包括吸烟者和戒烟者开始使用产品的可能性[82]。

（三）产品上市对消费者健康认知的影响

瑞典火柴公司对于口含烟、菲莫国际烟草公司对于 iQOS 加热卷烟以及雷诺烟草公司对于口含烟关于产品上市对消费者健康认知影响的研究基本一致，主要包括：消费者对风险改良宣传的理解能力以及对个人健康影响信息重要性的认识，对使用该产品的健康风险和对使用其他烟草制品包括同类产品的健康风险的认知，对使用产品与烟草替代品以及戒烟的健康风险认知等[81,82,85-87]。

（四）滥用性研究

瑞典火柴公司关于口含烟产品滥用性的研究主要为烟碱代谢动力学和药效学研究[88,89]。菲莫国际烟草公司关于 iQOS 产品滥用性的研究包括 3 个方面。

①产品特性。产品设计方面（如烟碱、薄荷醇的含量等）和气溶胶化学成分方面（如烟碱、丙烯醛和氨的递送）。

②使用的可能性。烟碱药代动力学（吸收速率和程度、烟碱摄入等）、药

效学效应（个体效应）和增强效应（产品使用行为、健康风险、成瘾风险认知理解、不同人群使用意愿等）。

③使用结果（功能损伤：认知评估、心理表现、戒断症状）、身体依赖性（戒断症状）和不良事件（厌恶性不良事件、神经系统紊乱）[90]。雷诺烟草公司关于口含烟产品滥用性的研究主要为烟碱代谢动力学研究[91]。

**（五）对整体人群健康风险评估的模型研究**

瑞典火柴公司在进行口含烟整体人群健康风险评估时采用了队列模型，主要考察不同暴露组（吸烟者、戒烟者、口含烟使用者）的致病率和致死率[92]。菲莫国际烟草公司在对 iQOS 进行评估时，评估模型为产品对消费者的风险或毒性与产品在人群中流行度的相关函数，需要考虑加热卷烟与传统卷烟的相对暴露量，美国市场中加热卷烟的接受度，产品初始使用、再次使用和停止使用的可能性以及消费者对不同烟草制品使用的可能性等[93]。雷诺烟草公司在进行口含烟评估时，模型研究采用 DPM（+1）模型，主要是评估不同暴露组（吸烟者、非吸烟者、口含烟使用者）在不同场景下（吸烟但不使用口含烟、转换成口含烟）的致死率[94]。这些评估的研究结果都作为了新型烟草制品进行 PMTA 或 MRTP 申请时提交的科学证据。

**（六）上市后评估**

瑞典火柴公司关于产品的上市后评估主要是收集证据说明口含烟使用者的公共健康情况、产品使用情况，监控和收集口含烟使用造成的不良事件等。除考虑 PMTA 中的相关问题外，还考虑消费者对不同烟草制品健康风险认知以及整体健康风险模型分析[95]。

菲莫国际烟草公司围绕 iQOS 产品的上市后评估主要包括四个方面：安全性考察（非临床数据、文献综述、主动安全性检测、被动安全性监管）、横断面流行病学调查（产品的流行度、使用及停止使用情况、使用行为）、队列研究（消费者情况、实际使用情况、产品接受度、暴露和效应生物标志物情况）和人群健康影响模型（综合个人风险、产品流行情况、产品使用情况评估整体人群健康风险）[81]。

雷诺烟草公司围绕口含烟产品的上市后评估包括：产品和申请说明差异监管，消费者抱怨和 FDA 报道的不良事件监管，口含烟的认知、行为和健康信息，产品销售数据，口含烟消费者、吸烟者、戒烟者和非吸烟者数据，模型分析等[96]。

### 三、环境影响评估

环境影响评估包括产品组成分析、大气环境污染评估以及陆地和水生环境评估 3 个部分。

瑞典火柴公司为获得风险改良许可，主要评估了口含烟产品生产、运输、使用和废置处理过程中是否增加任何明显的新的不利环境影响，包括空气环境、水生环境、陆生环境及生物有机体的环境影响评估。此外还进行了能源和资源消耗的评估，例如石油产品和煤炭等自然资源等的消耗[97]。

菲莫国际烟草公司对 iQOS 的评估内容主要包括环境烟草烟气评估、水生和陆生环境评估以及能源和资源消耗的评估，提供了加热卷烟对室内空气质量的影响研究数据，分析了室内空气污染物。在进行水生和陆生环境评估时采用烟碱作为标志物，评估的材料主要包括加热卷烟的烟支、烟草薄片、器具和包装材料等[81]。

雷诺烟草公司进行的口含烟对环境影响的评估也是为了获得风险改良许可，主要评估了产品在生产、使用和废置处理 3 类过程中是否增加任何明显的新的不利环境影响。此外还进行了能源和资源消耗的评估，主要包括电力、水、天然气、温室气体排放评估、生态环境评估等[98]。

## 第三节　新型烟草制品风险评估对比分析

通过分析相关导则及申请案例，发现各大烟草公司对新型烟草制品的风险评估框架略有差异，具体见表 1-1。

表 1-1　　　　　　　　　　　新型烟草制品风险评估框架对比

| 评估内容 | IOM MRTP 研究的科学标准 | MRTP 申请导则 | PMTA 导则 | 电子烟 PMTA 导则 | 菲莫国际烟草公司 iQOS MRTP 申请资料 | 瑞典火柴公司口含烟 MRTP 申请资料 | 雷诺烟草公司口含烟 MRTP 申请资料 |
|---|---|---|---|---|---|---|---|
| 产品性能和组成成分 | 性能和组成成分分析 | 产品分析 | 化学成分分析 | 产品分析和生产制造 | 产品设计和控制原则<br>气溶胶化学和物理特性分析 | 产品分析 | 化学成分分析 |

续表

| 评估内容 | IOM MRTP研究的科学标准 | MRTP申请导则 | PMTA导则 | 电子烟PMTA导则 | 菲莫国际烟草公司iQOS MRTP申请资料 | 瑞典火柴公司口含烟MRTP申请资料 | 雷诺烟草公司口含烟MRTP申请资料 |
|---|---|---|---|---|---|---|---|
| 毒理学 | 临床前毒理学研究 | 非临床研究 | 非临床研究 | 非临床研究 | 标准毒理学评价<br>系统毒理学评价 | 非临床研究 | 体外毒理学研究<br>体内毒理学研究 |
| 人群研究 | 临床试验研究<br>滥用和成瘾可能性研究<br>上市前风险认知和风险交流研究 | 成年人群研究<br>辅助数据分析和计算建模研究 | 成年人群研究 | 人群研究 | 临床研究<br>认知和行为评估<br>人群健康影响模型 | 人群研究<br>辅助数据分析和建模 | 临床研究<br>滥用倾向研究<br>认知和行为评估<br>人群模型研究 |
| 上市后研究和调查 | 上市后风险认知和风险交流研究 | 上市后监督和研究 | 未要求 | 未要求 | 上市后研究和调查 | 上市后研究和调查 | 上市后研究和调查 |
| 环境影响 | 未要求 | 对环境影响研究 | 对环境影响研究 | 对环境影响研究 | 对环境影响评估 | 对环境影响评估 | 对环境影响评估 |

从表1-1可知：

（1）在产品性能和组成成分分析方面，菲莫国际烟草公司分为产品设计和控制原则、气溶胶化学和物理特性分析两部分，其他资料均将这些内容作为一个部分。

（2）在毒理学研究方面，菲莫国际烟草公司分为标准毒理学评价和系统毒理学评价两部分，雷诺烟草公司分为体外毒理学研究和体内毒理学研究两部分，其他资料均以非临床研究一个部分进行评估。

（3）在人群研究方面，IOM建议的评估包括临床试验研究、滥用和成瘾可能性研究、上市前风险认知和风险交流研究三个部分，菲莫国际烟草公司分为临床研究、认知和行为评估两部分,雷诺烟草公司分为临床研究、滥用倾向研究、认知和行为评估三个部分。此外,MRTP 申请导则、菲莫国际烟草公司、瑞典火柴公司和雷诺烟草公司的评估还包含单独的人群预测模型研究,而其他资料将这部分内容合并到人群研究中来预测产品对整体人群风险的降低。

(4)PMTA 导则和电子烟 PMTA 导则未要求提供上市后研究和调查的资料。

(5)IOM 建议的评估框架中没有涉及对环境影响的评估。

FDA 关于 MRTP 申请需提交的科学证据仅为指导性纲要,没有具体的限制,可提供的研究证据越全面、越充分,将越能支撑新产品风险降低的结论,并且支撑新产品健康风险降低的科学证据可不断补充和更新。已批准的 PMTA 或 MRTP 申请,也有可能因为在市场上的表现有违减害原则而被取消。此外,为了确保评估中研究和分析数据的质量和完整性,MRTP 申请导则中要求,所有测试实验及研究需要严格遵照良好实验室规范(Good Laboratory Practice,GLP),实验测试操作人员要经过适当的培训并具备相应的资质,实验动物的使用要遵循优化、减少、替代的 3R(Refinement,Reduction,Replacement)原则,人群研究应当遵循药品临床试验管理规范(Good Clinical Practice,GCP),包括充分的受试人群保护,所有测试产品的接收、使用和处理要做好准确的记录和资料存档[9]。

综上所述,要评估新型烟草制品对公众健康的影响,须获取各方面的科学证据,需要设计和开展许多不同类型的研究,包括产品的组成研究、毒理学研究、人群健康影响、致瘾性和滥用可能性、公众对新型烟草制品认知和理解,以及对环境影响的研究等多方面。在后续章节中将针对相关的烟草制品风险评估指南和法规要求进行详细的介绍。

# 参考文献

[1] 陈超英. 变革与挑战:新型烟草制品发展展望 [J]. 中国烟草学报,2017,23(3):14-18.

[2] 刘亚丽,王金棒,郑新章,等. 加热不燃烧烟草制品发展现状及展望 [J]. 中国烟草学报,2018,24(4):91-106.

[3] 丁冬. 国外电子烟管制概况及其对我国的启示 [J]. 中国烟草学报,2017,23(4):

128-134.

［4］ 李磊, 周宁波, 屈湘辉. 新型烟草制品市场发展及法律监管［J］. 中国烟草学报, 2018, 24（2）：100-110.

［5］ US Congress. Family Smoking Prevention and Tobacco Control Act（FSPTCA）［L］. Public Law No. 807：111-31（June 22nd, 2009）［2020-05-11］. https：//www. govinfo. gov/content/pkg/PLAW-111publ31/pdf/PLAW-111publ31. pdf.

［6］ US IOM. Scientific standards for studies on modified risk tobacco products［M］. Washington, DC：The National Academies Press, 2012.

［7］ US FDA. Draft guidance for industry：applications for premarket review of new tobacco products［EB/OL］.（2011-09）［2020-05-11］. https：//www. fda. gov/media/81821/download.

［8］ US FDA. Guidance for industry：premarket tobacco product applications for electronic nicotine delivery systems［EB/OL］.（2019-06）［2020-05-11］. https：//www. fda. gov/media/127853/download.

［9］ US FDA. Draft guidance for industry：modified risk tobacco product applications［EB/OL］.（2012-03）［2020-05-11］. https：//www. fda. gov/media/83300/download.

［10］ European Commission. Directive 2014/40/EU of The European Parliament and of The Council of 3 April 2014 on the approximation of the laws, regulations and administrative provisions of the Member States concerning the manufacture, presentation and sale of tobacco and related products and repealing Directive 2001/37/EC［EB/OL］.［2020-05-11］. https：//eur-lex. europa. eu/eli/dir/2014/40/oj.

［11］ US Environmental Protection Agency（EPA）. Risk Assessment Guidance for Superfund（RAGS）：Part A. Volume I. Human health evaluation manual（Part A）interim final［M］. EPA 540-1-89-002. Washington, DC：US Environmental Protection Agency（EPA）, 1989.

［12］ National Research Council（US）Committee on Improving Risk Analysis Approaches Used by the U. S. EPA. Science and decisions：advancing risk assessment［M］. Washington, DC：The National Academies Press, 2009.

［13］ US FDA. Premarket tobacco product marketing orders［EB/OL］.（2022）［2022-04-02］. https：//www. fda. gov/tobacco-products/premarket-tobacco-product-applications/premarket-tobacco-product-marketing-orders.

［14］ US FDA. Guidance for industry：enforcement priorities for Electronic Nicotine Delivery Systems（ENDS）and other deemed products on the market without premarket authorization（revised）［EB/OL］.（2020-04）［2020-05-11］. https：//www. fda. gov/media/

133880/download.

［15］ US FDA. Modified risk tobacco products ［EB/OL］. （2019-10-22） ［2020-05-11］. https：//www. fda. gov/tobacco-products/advertising-and-promotion/modified-risk-tobacco-products#summary.

［16］ US FDA. Modified risk orders ［EB/OL］. （2022-04-02） ［2022-04-02］. https：//www. fda. gov/tobacco-products/advertising-and-promotion/modified-risk-orders? utm_source=Eloqua&utm_medium=email&utm_term=stratcomms&utm_content=landingpage&utm_campaign=CTP%20News%26Connect%26MRTP%20Updates%3A%20IQOS%20MRTP%20-%207720.

［17］ SCENIHR. Health effects of smokeless tobacco products ［M］. Brussels：European Commission, 2008.

［18］ SCHEER. Opinion on Additives used in tobacco products （Opinion 2）. Tobacco additives II ［M］. Luxembourg：European Commission, 2016.

［19］ Swedish Match USA, Inc. Information about Swedish match North America's modified risk tobacco product applications ［R/OL］. （2014） ［2020-05-11］. https：//digitalmedia. hhs. gov/tobacco/static/mrtpa/SwedishMatch/Summary%20of%20Applications. pdf.

［20］ Philip Morris Products S. A. Modified Risk Tobacco Product （MRTP） applications. Section 2. 7 executive summary ［R/OL］. （2017） ［2020-05-11］. https：//www. fda. gov/media/105437/download.

［21］ R. J. Reynolds Tobacco Company. Modified Risk Tobacco Product （MRTP） applications. Executive summary ［R/OL］. （2017） ［2020-05-11］. https：//digitalmedia. hhs. gov/tobacco/static/mrtpa/RJR/ExecutiveSummary. pdf.

［22］ US FDA. Harmful and potentially harmful constituents in tobacco products and tobacco smoke：established list ［EB/OL］. （2020-04）. https：//www. fda. gov/tobacco-products/rules-regulations-and-guidance/harmful-and-potentially-harmful-constituents-tobacco-products-and-tobacco-smoke-established-list.

［23］ Schaller J P, Keller D, Poget L, et al. Evaluation of the tobacco heating system 2. 2. Part 2：Chemical composition, genotoxicity, cytotoxicity, and physical properties of the aerosol ［J］. Regulatory Toxicology and Pharmacology, 2016, 81 Suppl 2：S27-S47.

［24］ Mitova M I, Campelos P B, Goujon-Ginglinger C G, et al. Comparison of the impact of the Tobacco Heating System 2. 2 and a cigarette on indoor air quality ［J］. Regulatory Toxicology and Pharmacology, 2016, 80：91-101.

［25］ R. J. Reynolds Tobacco Company. Modified Risk Tobacco Product （MRTP） applications. 6. 1. 5：chemistry ［R/OL］. （2018） ［2020-05-11］. https：//digitalmedia. hhs. gov/tobacco/static/mrtpa/RJR/6_RESEARCH/5% 20Section% 206. 1. 5% 20 -% 20 Chemistry_ Redacted. pdf.

[26] Coggins CRE, Ballantyne M, Curvall M, et al. The *in vitro* toxicology of Swedish snus [J]. Critical Reviews in Toxicology, 2012, 42 (4): 304-313.

[27] Nilsson R. The molecular basis for induction of human cancers by tobacco specific nitrosamines [J]. Regulatory Toxicology and Pharmacology, 2011, 60 (2): 268-280.

[28] Jansson T, Romert L, Magnusson J, et al. Genotoxicity testing of extracts of a Swedish moist oral snuff [J]. Mutation Research/Genetic Toxicology, 1991, 261 (2): 101-115.

[29] Shirnamé-Moré L. Forward mutation of S. typhimurium by smokeless tobacco extracts [J]. Mutation Research/Genetic Toxicology, 1991, 259 (1): 37-42.

[30] Shirnamé-Moré L. Smokeless tobacco extracts mutate human cells [J]. Carcinogenesis, 1991, 12 (5): 927-930.

[31] Summerlin D J, Dunipace A, Potter R. Histologic effects of smokeless tobacco and alcohol on the pouch mucosa and organs of the Syrian hamster [J]. Journal of Oral Pathology and Medicine, 1992, 21 (3): 105-108.

[32] Ashrafi S H, Das A, Worowongvasu R, et al. A light, transmission and scanning electron microscope study of snuff-treated hamster cheek pouch epithelium [J]. Scanning Microscopy, 1992, 6 (1): 183-193.

[33] Alonge O K, Ashrafi S H, Colvard M D. Mitochondrial volume densities in the smokeless tobacco-treated hamster cheek pouch epithelium [J]. Oral Diseases, 2003, 9 (3): 138-143.

[34] Theophilus E H, Hayes J R, Potts R J, et al. Toxicological evaluation of smokeless tobacco: 90-day rodent feeding studies [J]. Experimental and Toxicologic Pathology, 2012, 64 (1/2): 15-24.

[35] Tewes F J, Meisgen T J, Veltel D J, et al. Toxicological evaluation of an electrically heated cigarette. Part 3: Genotoxicity and cytotoxicity of mainstream smoke [J]. Journal of Applied Toxicology, 2003, 23 (5): 341-348.

[36] Zenzen V, Diekmann J, Gerstenberg B, et al. Reduced exposure evaluation of an Electrically Heated Cigarette Smoking System. Part 2: Smoke chemistry and *in vitro* toxicological evaluation using smoking regimens reflecting human puffing behavior [J]. Regulatory Toxicology and Pharmacology, 2012, 64 (2 Suppl): S11-S34.

[37] Gonzalez-Suarez I, Martin F, Marescotti D, et al. *In vitro* systems toxicology assessment of a candidate modified risk tobacco product shows reduced toxicity compared to that of a conventional cigarette [J]. Chemical Research in Toxicology, 2016, 29 (1): 3-18.

［38］ Titz B，Boué S，Phillips B，et al. Effects of cigarette smoke，cessation，and switching to two heat-not-burn tobacco products on lung lipid metabolism in C57BL/6 and Apoe$^{-/-}$ mice-an integrative systems toxicology analysis ［J］. Toxicological Sciences，2016，149（2）：441-457.

［39］ Lo Sasso G，Schlage W K，Boué S，et al. The Apoe$^{-/-}$ mouse model：a suitable model to study cardiovascular and respiratory diseases in the context of cigarette smoke exposure and harm reduction ［J］. Journal of Translational Medicine，2016，14：146.

［40］ Van Der Toorn M，Frentzel S，De Leon H，et al. Aerosol from a candidate modified risk tobacco product has reduced effects on chemotaxis and transendothelial migration compared to combustion of conventional cigarettes ［J］. Food and Chemical Toxicology，2015，86：81-87.

［41］ Zanetti F，Sewer A，Mathis C，et al. Systems toxicology assessment of the biological impact of a candidate modified risk tobacco product on human organotypic oral epithelial cultures ［J］. Chemical Research in Toxicology，2016，29（8）：1252-1269.

［42］ Iskandar A R，Mathis C，Martin F，et al. 3-D nasal cultures：systems toxicological assessment of a candidate modified-risk tobacco product ［J］. ALTEX，2017，34（1）：23-48.

［43］ Poussin C，Laurent A，Peitsch M C，et al. Systems toxicology-based assessment of the candidate modified risk tobacco product THS2.2 for the adhesion of monocytic cells to human coronary arterial endothelial cells ［J］. Toxicology，2016，339：73-86.

［44］ Phillips B，Esposito M，Verbeeck J，et al. Toxicity of aerosols of nicotine and pyruvic acid（separate and combined）in Sprague-Dawley rats in a 28-day OECD 412 inhalation study and assessment of systems toxicology ［J］. Inhalation Toxicology，2015，27（9）：405-431.

［45］ Phillips B，Veljkovic E，Peck M J，et al. A 7-month cigarette smoke inhalation study in C57BL/6 mice demonstrates reduced lung inflammation and emphysema following smoking cessation or aerosol exposure from a prototypic modified risk tobacco product ［J］. Food and Chemical Toxicology，2015，80：328-345.

［46］ Oviedo A，Lebrun S，Kogel U，et al. Evaluation of the Tobacco Heating System 2.2. Part 6：90-day OECD 413 rat inhalation study with systems toxicology endpoints demonstrates reduced exposure effects of a mentholated version compared with mentholated and non-mentholated cigarette smoke ［J］. Regulatory Toxicology and Pharmacology，2016，81 Suppl 2：S93-S122.

［47］ R. J. Reynolds Tobacco Company. Modified Risk Tobacco Product（MRTP）applications. 6. 1. 3：in vitro toxicology studies ［R/OL］.（2018）［2020-05-11］. https：//digital-media. hhs. gov/tobacco/static/mrtpa/RJR/6 _ RESEARCH/3% 20Section% 206. 1. 3%

20In%20vitro%20toxicology%20studies_Redacted. pdf.

[48] R. J. Reynolds Tobacco Company. Modified Risk Tobacco Product (MRTP) applications. 6. 1. 4: in vivo toxicology studies [R/OL]. (2018) [2020-05-11]. https: //digitalmedia. hhs. gov/tobacco/static/mrtpa/RJR/6_RESEARCH/4%20Section%206. 1. 4%20In% 20vivo%20toxicology%20studies_Release%20in%20Full. pdf.

[49] Merne M, Heikinheimo K, Saloniemi I, et al. Effects of snuff extract on epithelial growth and differentiation in vitro [J]. Oral Oncology, 2004, 40 (1): 6-12.

[50] Misra S, Mukherjee A, Karmakar P. Phosphorylation of PTEN at STT motif is associated with DNA damage response [J]. Mutation Research/Fundamental and Molecular Mechanisms of Mutagenesis, 2014, 770: 112-119.

[51] Bagchi M, Bagchi D, Hassoun E A, et al. Subchronic effects of smokeless tobacco extract (STE) on hepatic lipid peroxidation, DNA damage and excretion of urinary metabolites in rats [J]. Toxicology, 1998, 127 (1/3): 29-38.

[52] Bagchi M, Bagchi D, Hassoun E A, et al. Smokeless tobacco induced increases in hepatic lipid peroxidation, DNA damage and excretion of urinary lipid metabolites [J]. International Journal of Experimental Pathology, 1994, 75 (3): 197-202.

[53] Rickert W S, Joza P J, Trivedi A H, et al. Chemical and toxicological characterization of commercial smokeless tobacco products available on the Canadian market [J]. Regulatory Toxicology and Pharmacology, 2009, 53 (2): 121-133.

[54] Hecht S S, Rivenson A, Braley J, et al. Induction of oral cavity tumors in F344 rats by tobacco-specific nitrosamines and snuff [J]. Cancer Research, 1986, 46 (8): 4162-4166.

[55] Luo J H, Ye W M, Zendehdel K, et al. Oral use of Swedish moist snuff (snus) and risk for cancer of the mouth, lung, and pancreas in male construction workers: a retrospective cohort study [J]. The Lancet, 2007, 369 (9578): 2015-2020.

[56] Boffetta P, Hecht S, Gray N, et al. Smokeless tobacco and cancer [J]. The Lancet Oncology, 2008, 9 (7): 667-675.

[57] Haglund B, Eliasson M, Stenbeck M, et al. Is moist snuff use associated with excess risk of IHD or stroke? A longitudinal follow-up of snuff users in Sweden [J]. Scandinavian Journal of Public Health, 2007, 35 (6): 618-622.

[58] Hansson J, Pedersen N L, Galanti M R, et al. Use of snus and risk for cardiovascular disease: results from the Swedish Twin Registry [J]. Journal of Internal Medicine, 2009, 265 (6): 717-724.

[59] Lee P N. Summary of the epidemiological evidence relating snus to health [J]. Regulatory Toxicology and Pharmacology, 2011, 59 (2): 197-214.

［60］Janzon E, Hedblad B. Swedish snuff and incidence of cardiovascular disease. A population-based cohort study ［J］. BMC Cardiovascular Disorders, 2009, 9: 21.

［61］Roosaar A, Johansson A L, Sandborgh-Englund G, et al. Cancer and mortality among users and nonusers of snus ［J］. International Journal of Cancer, 2008, 123 (1): 168-173.

［62］Hatsukami D K, Lemmonds C, Zhang Y, et al. Evaluation of carcinogen exposure in people who used "reduced exposure" tobacco products ［J］. JNCI: Journal of the National Cancer Institute, 2004, 96 (11): 844-852.

［63］Gray J N, Breland A B, Weaver M, et al. Potential reduced exposure products (PREPs) for smokeless tobacco users: Clinical evaluation methodology ［J］. Nicotine & Tobacco Research, 2008, 10 (9): 1441-1448.

［64］Wennberg M, Lundh T, Bergdahl I A, et al. Time trends in burdens of cadmium, lead, and mercury in the population of northern Sweden ［J］. Environmental Research, 2006, 100 (3): 330-338.

［65］Frost-Pineda K, Zedler B K, Oliveri D, et al. 12-week clinical exposure evaluation of a third-generation electrically heated cigarette smoking system (EHCSS) in adult smokers ［J］. Regulatory Toxicology and Pharmacology, 2008, 52 (2): 111-117.

［66］Frost-Pineda K, Zedler B K, Oliveri D, et al. Short-term clinical exposure evaluation of a third-generation electrically heated cigarette smoking system (EHCSS) in adult smokers ［J］. Regulatory Toxicology and Pharmacology, 2008, 52 (2): 104-110.

［67］Roethig H J, Feng S X, Liang Q W, et al. A 12-month, randomized, controlled study to evaluate exposure and cardiovascular risk factors in adult smokers switching from conventional cigarettes to a second-generation electrically heated cigarette smoking system ［J］. The Journal of Clinical Pharmacology, 2008, 48 (5): 580-591.

［68］Lüdicke F, Baker G, Magnette J, et al. Reduced exposure to harmful and potentially harmful smoke constituents with the tobacco heating system 2. 1 ［J］. Nicotine & Tobacco Research, 2017, 19 (2): 168-175.

［69］Tricker A R, Stewart A J, Leroy C M, et al. Reduced exposure evaluation of an Electrically Heated Cigarette Smoking System. Part 3: Eight-day randomized clinical trial in the UK ［J］. Regulatory Toxicology and Pharmacology, 2012, 64 (2 Suppl): S35-S44.

［70］Tricker A R, Jang I J, Martin L C, et al. Reduced exposure evaluation of an Electrically Heated Cigarette Smoking System. Part 4: Eight-day randomized clinical trial in Korea ［J］. Regulatory Toxicology and Pharmacology, 2012, 64 (2 Suppl): S45-S53.

［71］Tricker A R, Kanada S, Takada K, et al. Reduced exposure evaluation of an Electrically Heated Cigarette Smoking System. Part 5: 8-Day randomized clinical trial in Japan ［J］.

Regulatory Toxicology and Pharmacology, 2012, 64 (2 Suppl): S54−S63.

[72] Tricker A R, Kanada S, Takada K, et al. Reduced exposure evaluation of an Electrically Heated Cigarette Smoking System. Part 6: 6−Day randomized clinical trial of a menthol cigarette in Japan [J]. Regulatory Toxicology and Pharmacology, 2012, 64 (2 Suppl): S64−S73.

[73] Leroy CM, Jarus−Dziedzic K, Ancerewicz J, et al. Reduced exposure evaluation of an Electrically Heated Cigarette Smoking System. Part 7: A one−month, randomized, ambulatory, controlled clinical study in Poland [J]. Regulatory Toxicology and Pharmacology, 2012, 64 (2 Suppl): S74−S84.

[74] Roethig H J, Zedler B K, Kinser R D, et al. Short−term clinical exposure evaluation of a second−generation electrically heated cigarette smoking system [J]. The Journal of Clinical Pharmacology, 2007, 47 (4): 518−530.

[75] R. J. Reynolds Tobacco Company. Modified Risk Tobacco Product (MRTP) applications. 6. 1. 2: clinical studies [R/OL]. (2018) [2020−05−11]. https://digitalmedia. hhs. gov/tobacco/static/mrtpa/RJR/6 _ RESEARCH/2% 20Section% 206. 1. 2% 20 −% 20Clinical%20Studies_Redacted. pdf.

[76] Furberg H, Bulik C M, Lerman C, et al. Is Swedish snus associated with smoking initiation or smoking cessation [J]. Tobacco Control, 2005, 14 (6): 422−424.

[77] Furberg H, Lichtenstein P, Pedersen N L, et al. Cigarettes and oral snuff use in Sweden: Prevalence and transitions [J]. Addiction, 2006, 101 (10): 1509−1515.

[78] Norberg M, Lundqvist G, Nilsson M, et al. Changing patterns of tobacco use in a middle−aged population−the role of snus, gender, age, and education [J]. Global Health Action, 2011, 4 (1): 5613.

[79] Lundqvist G, Sandström H, Öhman A, et al. Patterns of tobacco use: a 10−year follow−up study of smoking and snus habits in a middle−aged Swedish population [J]. Scandinavian Journal of Public Health, 2009, 37 (2): 161−167.

[80] Grøtvedt L, Forsén L, Stavem K, et al. Patterns of snus and cigarette use: a study of Norwegian men followed from age 16 to 19 [J]. Tobacco Control, 2013, 22 (6): 382−388.

[81] US FDA. Philip Morris Products S. A. Modified Risk Tobacco Product (MRTP) Applications [EB/OL]. (2018) [2020−05−11]. https://www. fda. gov/tobacco−products/advertising−and−promotion/philip−morris−products−sa−modified−risk−tobacco−product−mrtp−applications.

[82] R. J. Reynolds Tobacco Company. Modified Risk Tobacco Product (MRTP) applications. 6. 2: comprehension and perception [R/OL]. (2018) [2020−05−11]. https://digital-

media. hhs. gov/tobacco/static/mrtpa/RJR/6_RESEARCH/7%20Section%206. 2%20-%20Comprehension%20and%20Perception_Release%20in%20Full. pdf.

[83] Galanti M R, Rosendahl I, Wickholm S. The development of tobacco use in adolescence among "snus starters" and "cigarette starters": An analysis of the Swedish "BROMS" cohort [J]. Nicotine Tob Res, 2008, 10 (2): 315-323.

[84] Wiium N, Aarø L E. Outcome expectations and use of smokeless tobacco (snus): a cross-sectional study among young Norwegian snus users [J]. Scandinavian Journal of Psychology, 2011, 52 (1): 64-70.

[85] Borland R, Li L, Cummings K M, et al. Effects of a Fact Sheet on beliefs about the harmfulness of alternative nicotine delivery systems compared with cigarettes [J]. Harm Reduction Journal, 2012, 9: 19.

[86] Lund I, Scheffels J. Perceptions of the relative harmfulness of snus among norwegian general practitioners and their effect on the tendency to recommend snus in smoking cessation [J]. Nicotine & Tobacco Research, 2012, 14 (2): 169-175.

[87] Lund K E. Association between willingness to use snus to quit smoking and perception of relative risk between snus and cigarettes [J]. Nicotine & Tobacco Research, 2012, 14 (10): 1221-1228.

[88] Lunell E, Lunell M. Steady-state nicotine plasma levels following use of four different types of Swedish snus compared with 2-mg Nicorette chewing gum: a crossover study [J]. Nicotine & Tobacco Research, 2005, 7 (3): 397-403.

[89] Lunell E, Curvall M. Nicotine delivery and subjective effects of swedish portion snus compared with 4mg nicotine polacrilex chewing gum [J]. Nicotine & Tobacco Research, 2011, 13 (7): 573-578.

[90] Carter L P, Stitzer M L, Henningfield J E, et al. Abuse liability assessment of tobacco products including potential reduced exposure products. Cancer Epidemiology, Biomarkers & Prevention, 2009, 18 (12): 3241-3262.

[91] R. J. Reynolds Tobacco Company. Modified Risk Tobacco Product (MRTP) applications. 6. 1. 6: abuse liability [R/OL]. (2018) [2020-05-11]. https://digitalmedia. hhs. gov/tobacco/static/mrtpa/RJR/6 _ RESEARCH/6% 20Section% 206. 1. 6% 20% 20 -%20Abuse%20Liability_Redacted. pdf.

[92] Levy D T, Mumford E A, Cummings K M, et al. The relative risks of a low-nitrosamine smokeless tobacco product compared with smoking cigarettes: estimates of a panel of experts [J]. Cancer Epidemiology Biomarkers & Prevention, 2004, 13 (12): 2035-2042.

[93] Weitkunat R, Lee P N, Baker G, et al. A novel approach to assess the population health

impact of introducing a modified risk tobacco product [J]. Regulatory Toxicology and Pharmacology, 2015, 72（1）: 87−93.

［94］ R. J. Reynolds Tobacco Company. Modified Risk Tobacco Product（MRTP）applications. 6. 4: statistical modeling of the effects on the health of the population as a whole [R/OL]. （2018）［2020−05−11］. https: //digitalmedia. hhs. gov/tobacco/static/mrtpa/RJR/6_ RESEARCH/9%20Section%206. 4%20−%20Effect%20on%20Population%20as%20a% 20Whole_Release%20in%20Full. pdf.

［95］ O'Connor RJ. Postmarketing surveillance for "modified−risk" tobacco products [J]. Nicotine & Tobacco Research, 2012, 14（1）: 29−42.

［96］ R. J. Reynolds Tobacco Company. Modified Risk Tobacco Product（MRTP）applications. Module 9: proposed post−market surveillance program for camel snus products under a modified risk tobacco product order [R/OL]. （2017）［2020−05−11］. https: //www. fda. gov/tobacco−products/advertising−and−promotion/rj−reynolds−tobacco−company−modified−risk−tobacco−product−mrtp−applications? elq = 4a86256422df41d7b61 eea4a82c28c26&elqCampaignId = 3118&elqTrackId = c218389ccc8a43cfaa5ce0016aef3cb4& elqaid=3991&elqat=1.

［97］ US FDA. Swedish Match USA, Inc., MRTP applications [EB/OL]. （2019）［2020−05− 11］. https: //www. fda. gov/tobacco−products/advertising−and−promotion/swedish− match−usa−inc−mrtp−applications.

［98］ R. J. Reynolds Tobacco Company. Modified Risk Tobacco Product（MRTP）applications. Module 5: environmental assessments [R/OL]. ［2020−05−11］. https: //www. fda. gov/tobacco−products/advertising−and−promotion/rj−reynolds−tobacco−company−modified−risk−tobacco−product−mrtp−applications.

# 第二章
## 新型烟草制品风险评估相关权威报告

### 第一节　美国医学研究院报告

20世纪50年代，吸烟开始被认为是导致肺癌的一个危险因素[1-3]，后来又有证据表明吸烟与许多其他呼吸系统和心血管疾病有关[4]。鉴于吸烟者对健康的考虑和戒烟的困难，许多吸烟者开始寻求低危害烟草制品。一方面是烟草生产商的暗示，另一方面是当时无相关评价规范可依，在过去的几十年里，各种各样的新型烟草制品出现，并明确和/或暗示了更大的相对安全性，例如"轻度"（light）、"超轻度"（ultralight）、Eclipse™的"潜在减少暴露产品"（potentially reduced exposure products，PREPs）卷烟，以及"风险改良烟草制品"（modified risk tobacco products，MRTP）。然而事实上，这些产品与传统卷烟的危害性一样大。寻求危害较低的烟草制品本身并无任何不妥，重要的是要保证此类烟草制品"安全"声明的真实性。

鉴于此，时任美国总统奥巴马于2009年6月22日在白宫签署了《家庭吸烟预防与烟草控制法案》（Family Smoking Prevention and Tobacco Control Act，简称《法案》），授权FDA对烟草制品的制造、发行与销售进行管制，其中MRTP也在《法案》管制范畴。

《法案》规定，没有美国卫生及公共服务部（U. S. Department of Health and Human Services，HHS）颁发的销售许可，任何MRTP不得在市场上出售。《法案》同时规定，MRTP须达到下面两项公共卫生标准之一的方可销售：（1）实际使用经验证明产品确实具有其声明的减害作用；（2）产品符合《法案》第911节（g）条第（2）款中某些产品的特殊规则（Special Rule for Certain Products）的规定。

《法案》第911节（g）条第（2）款某些产品的特殊规定如下：

A）一般情况。FDA局长可就本条第（1）款规定不得在市场上销售的烟草制品发出命令，根据本条下的申请，可将烟草制品引入或交付用于州际贸易。本款要求的调查结果，并确定申请人已证明：i）该命令将适当地促进公众健康；ii）该产品的标签、标识和广告的任何方面都会导致该烟草制品成为（B）项所述的风险改良的烟草制品，但限于该烟草产品或其烟气中不包含或不含某种成分或某种成分含量降低，或减少了烟草烟气中物质的暴露量；iii）没有科学证据，而且，如果不进行长期的流行病学研究以求达到第（1）款所述的标准，就无法使用最佳的科学方法来提供科学证据；iv）未进行长期流行病学研究而获得的科学证据表明，在随后的研究中，个别烟草使用者的发病率或死亡率有可能出现大幅度的降低。

B）其他情况。为了根据（A）项发布的命令，申请人还需要提供更多的证据：i）所涉及的一种或多种成分的总体减少暴露的幅度是巨大的，这种或多种成分是有害的，实际使用的产品会使消费者暴露于所指定的一种或多种减少的成分水平；ii）与市场上同类烟草制品相比，消费者实际使用的制品不会将其暴露于更高水平的其他有害成分中，除非这种增加幅度很小，并且使用该产品可能产生的合理的可能的总体影响仍然很大，并且个体烟草使用者的总体发病率和死亡率有可观的降低；iii）对实际消费者认知的测试表明，随着申请人提议对产品进行标签和营销，不会误导消费者相信该产品：Ⅰ）被证明或已被证明危害较小；Ⅱ）与一种或多种其他商业销售的烟草制品相比，呈现或已被证明具有较低的患病风险；Ⅲ）考虑到烟草制品的使用者和目前不使用烟草制品的人，签发关于该申请的命令有望使整个人民的健康受益。

C）营销条件。i）一般来说。根据本款要求下达命令的申请的期限不得超过5年，但可以由局长根据新申请的提交，裁定继续满足本款的要求后可以续签。ii）申请人的协议。根据本款作出的命令应以申请人同意进行事后市场监督和研究，并向秘书处提交此类监督和研究的结果为条件，以确定该命令对消费者的感知，行为和健康的影响，并使其能够根据秘书处批准的协议审查该命令所依据的判断准确性。iii）每年提交。第（ii）款所述的此类上市后监督和研究的结果应每年提交一次。

依据公共卫生标准（1），申请者必须用科学数据证明消费者实际使用的产品会：①显著降低吸烟者罹患烟草相关疾病的风险，或能减少疾病危害；②整体有利于公众（包括使用者和非使用者）的健康。

依据公共卫生标准（2），当缺乏长期流行病学资料来支持标准（1），即产品不符合风险改良标准时，若现有证据表明该产品具有大幅降低致病率和致死率的合理的可能性，美国卫生及公共服务部部长可签署另一种销售许可，准许其以低暴露水平烟草制品（reduced-exposure product，REP）身份进行销售。

尽管《法案》对最终是否能有真正的减害烟草制品进入市场持保留意见，但该《法案》通过之后，政府可以确保的是，只要有减害烟草制品进入市场，此类烟草制品就一定具有名副其实的减害作用。依照《法案》规定，美国医学研究院召集了来自各个领域（包括成瘾研究、心脏病学、肺病学、肿瘤学、流行病学、方法设计研究、生物统计学、风险认知研究、青少年行为研究、药物与设备管理与立法研究、群体健康研究、吸烟与戒烟研究以及毒理学）的 15 名专家组成了 MRTP 研究科学标准委员会。FDA 在就如何开展 MRTP 研究制定管制措施和指导意见时，应向美国医学研究院寻求咨询，而具体咨询任务则由美国医学研究院下辖 MRTP 研究科学标准委员会来完成。

在为期 10 个月的时间内，委员会召开了 5 次会议，详细研究了以往的文献资料，分别听取了来自烟草行业、公共卫生宣传组织与监管机构代表的意见，并且听取了外界专家的建议后，美国医学研究院最终于 2012 年发布了《风险改良烟草制品研究的科学标准》。该科学标准提出了评估产品对个体和群体的健康效应所须开展的研究类型及研究设计方法，包括三部分：①讨论减害烟草制品健康效应研究，内容包括产品组成、生物标志物、临床前研究、临床研究以及流行病学研究；②讨论减害烟草制品致癌潜力评估方法，内容包括 MRTP 对人类行为模式的影响、对公众健康的影响；③主要讨论如何开展风险认知以及风险交流研究，其他讨论内容包括如何招募受试者、如何开展研究以及如何进行数据分析等。

本章主要针对《风险改良烟草制品研究的科学标准》要求评估产品所需开展的研究做简要概括，以期解读美国关于 MRTP 进入市场前需要提供的支持证据。

### 一、健康效应评估依据及方法

MRTP 健康效应评价与其机制联系紧密，其研发过程应当以现阶段人们对烟草相关疾病发展过程的认知作为基础。一般来说，MRTP 的设计使其能够去除或阻断烟草暴露与疾病发生两者之间的因果途径。因此，如果想证明 MRTP 的有效性，就应提供其可以干预该因果途径的证据；而且这些证据并不能只是以前已有烟草疾病的因果途径的知识，有关 MRTP 的独立健康效应证据对监管的决策是非常重要的。在研究 MRTP 对个体和群体的健康效应时，可同样借鉴揭示病因途径时所使用的研究方法。本部分主要讨论哪些证据可以证明烟草制品的健康效应，同时为美国食品与药物管理局（FDA）在制定政策过程中如何使用这些参考依据提供指导意见。MRTP 研究科学标准委员会首先介绍烟草制品主要成分；接下来对 MRTP 生物标志物［包括暴露生物标志物和效应（风险）生物标志物］进行讨论；在此之后介绍临床前研究和临床研究及其各自优缺点，以及这些研究方法各自能为 FDA 政策制定过程提供哪些参考依据。

（一）烟草制品化学成分

无烟气烟草制品（如口含烟、鼻烟）和燃烧型烟草制品（如传统卷烟）是市场主要的烟草制品类型[5]。自 20 世纪 50 年代以来，研究人员倾尽全力揭示烟草及其烟气中的物质组成，美国疾病与预防控制中心于 2010 年的报告指出，卷烟烟气中含有 7000 多种化学成分[6]。目前许多烟草及烟气成分可以进行有效定量分析[7]，研究人员亦已认识到，烟草及烟气组成在很大程度上可以影响烟草制品的潜在健康风险。烟草企业在推出任何一款新的烟草制品时，很重要的一项工作就是对产品成分进行分析，以及和其他产品成分进行比较。目前市场上新的烟草制品层出不穷，但仅以较为常见的无烟气烟草制品和燃烧型卷烟的成分分析方法为主要考虑对象。

1. 无烟气烟草制品

常见的无烟气烟草制品主要包括浸渍烟草或湿鼻烟（Dip）、口含烟（Snuff、Snus）和咀嚼烟草（Chewing Tobacco）（图 2-1）。2019 年，美国有 4.8% 的高中生（约 72 万人）和 1.8% 的中学生（约 28 万人）使用无烟气烟草制品。

无烟气烟草制品分析方法有标准方法[8-14]。无烟气烟草制品分析内容主要包括水分含量、pH 以及各主要成分含量。在对任何新型无烟气烟草制品进行评估时，首先要对产品成分进行分析。分析流程通常较为明确，所有步骤均须标准化操作，包括提取、纯化、成分鉴定以及定量分析。各实验室对不同品牌产品的分析结果可汇总在一起进行比较，不过目前文献报道的分析结果在表述方式上还存在一些差异：有些是以产品干重作为基准单位，有些是以产品湿重作为基准单位，有些是以一份产品（如一小袋）作为基准单位。传统湿鼻烟产品通常水分含量在 50% 以上，因此在对各实验室分析结果进行

**图 2-1　常见的无烟气烟草制品**

比较时，应尤其注意结果的表述方式。标准的表述方法应该是以产品干重作为基准单位，同时附上产品水分含量数据。考虑到消费者实际使用产品时，是以每一小袋为单位进行计数的，同时每袋装填量相对固定，因此有必要附带报道以每一小袋产品为基准表述的数据。

应当注意的是，实验室分析结果未必能真实反映消费者在实际使用状态下的摄入量。后文中提到的生物标志物，可更准确地反映人体与产品各成分的实际暴露程度。

未经燃烧的烟草中已鉴定出的成分高达数千种，不过针对无烟气烟草制品的常规分析只关注其中很少一部分，通常认为这些代表成分具有关键的生理作用[8-14]。报道中较为常见的成分包括：烟草特有亚硝胺、烟碱、微量烟草生物碱、硝酸根和亚硝酸根及其他阴离子、金属、醛类以及多环芳烃。其中烟碱须附带报道质子化和非质子化的比例（通过测定产品 pH 进行推断），这是因为，非质子化的烟碱与质子化烟碱相比，前者更容易被口腔黏膜吸收；血浆中烟碱水平与血浆 pH 直接相关：pH 越高，烟碱水平也就越高[8]。微量烟草生物碱可能与烟碱一样具有致癌作用。与卷烟烟气不同的是，无烟气烟草制品中致癌作用最强的成分为烟草特有亚硝胺：大量数据表明，无烟气烟草制品中烟草特有亚硝胺的水平（以百万分之一计）要显著高于其他消费品（经口使用）中亚硝胺的水平。针对多环芳烃和醛类水平的报道相对较少。

无烟气烟草制品中已鉴定的成分同样高达数千种，而报道中常见的可致癌成分仅有 28 种，只占总体很小一部分。除此之外，一些貌似无害的成分（如氯化钠，在某些无烟气烟草制品中含量占到 5%以上，也有可能通过诱发局部炎症来加剧致癌物的效应。

2. 燃烧型烟草制品

卷烟依然是当前消费比例最高的燃烧型烟草制品。2019 年，全美每 100 名 18 岁及以上的成年人中有近 14 人（14.0%）为当前吸烟者（current smoker）*。这意味着美国约有 3410 万成年人吸烟。从 20 世纪 60 年代中期到 2019 年，成人群体中卷烟使用者比例从 42%左右降到了 14%，其他如雪茄、斗烟、水烟等，也有不同程度的降低。

由于使用方法不同，燃烧型烟草制品不能像无烟气烟草制品那样单纯进行成分提取分析，因此研究人员试图用吸烟机模拟吸烟过程，并对烟气进行收集和分析[15]。然而，不同组织机构所使用的抽吸方法存在较大差异。

（1）国际标准化组织（International Organization for Standardization）和美国联邦贸易委员会采用的抽吸方法为：35mL 抽吸量，60s 抽吸间隔，2s 抽吸持续时间，通气孔不封闭。

（2）加拿大卫生部（Health Canada）采用的深度抽吸方法为：55mL 抽吸量，30s 抽吸间隔，2s 抽吸持续时间，通气孔 100%封闭。

（3）美国马萨诸塞州卫生部采用的抽吸方法为：45mL 抽吸量，30s 抽吸间隔，2s 抽吸持续时间，通气孔 50%封闭。

---

　　*　当前吸烟者被定义为，在一生中至少吸烟 100 支的人，在对他们进行吸烟调查时，他们每天或近几天都吸烟。

目前普遍承认的是，任何吸烟机抽吸方法都不能准确重现吸烟者多样化的实际抽吸行为，不过吸烟机抽吸方法可用于比较不同品牌的卷烟产品[16]。

研究人员可分别收集主流烟气和侧流烟气进行分析。当烟气通过玻璃纤维过滤介质后，气相和粒相被分开，粒相被截留在过滤介质上。对截留粒相的分析方法与无烟气烟草制品的分析方法类似。烟草燃烧的产物通常比未经燃烧的提取物要复杂，因此要进行多步萃取以及纯化，然后再使用气相色谱–质谱联用或液相色谱–串联质谱进行测定。

在对任何新型燃烧型烟草制品进行评估时，首先要完成的是收集吸烟机抽吸获得的烟气（尽管吸烟机抽吸存在诸多局限性），并对烟气成分进行测定。吸烟者受各种因素影响，其抽吸方式会呈现多样化的特征，因此吸烟机并不能准确复制吸烟者的抽吸行为。尤其应注意的是，吸烟者自己具有补偿行为，即如果烟草中烟碱及其他成分的含量较低（相应的吸烟机抽吸法所测定水平也会较低），吸烟者会下意识地改变抽吸方式来满足自身对烟碱及其他成分的需求，如增加抽吸量、缩短抽吸间隔以及堵住滤嘴通气孔[17]。假如固定吸烟机抽吸方法，对特定烟气成分的分析过程可被标准化，不同的实验室可借此对特定烟气成分的水平进行比较。然而，目前只有少数几种烟气成分可进行不同实验室间的比较。因此，任何实验室在报道其测定结果时，都应附上其所使用的吸烟机抽吸方法。

鉴于吸烟机抽吸法不能重复吸烟者实际抽吸行为，WHO依据烟草控制框架公约（Frame work Convention on Tobacco Control，FCTC）做出规定：报道使用吸烟机抽吸法获取的烟气成分水平时，应当以1mg烟碱为基准计量单位，如此可大概推测吸烟者自身补偿行为所带来的效果[18]。但该规定尚未真正施行。

对全烟气成分的测定较为困难，实际上，即使是对一些相对简单的参数进行测定，也有可能出现截然相反的结果[15-19]。

FDA曾发布过"烟草及烟草烟气中有害及潜在有害成分"列表（表2-1），列表中含有100多种成分，分属不同类别[20-21]，包括：焦油、烟碱和微量烟草生物碱、一氧化碳、氮氧化物、多环芳烃、烟草特有亚硝胺、可挥发亚硝胺、醛类、芳族胺、金属、酚类、酮类、可挥发碳氢化合物（如苯和丁二烯）、乙烯和环氧丙烷、呋喃、肼类、氰化氢、杂环芳族胺、氮化物、吡啶、氯乙烯、钋-210以及其他。

表 2-1　　　　　　　FDA 初定的 110 种烟草烟气有害成分名单

| 序号 | 化合物英文名称 | CAS 号 | 化合物中文名称 | 烟气 | 无烟气烟草 | IARC致癌分级 | 毒性作用 |
|---|---|---|---|---|---|---|---|
| 1 | Acetaldehyde | 75-07-0 | 乙醛 | S | ST | 2B | CA, RT, AD |
| 2 | Acetamide | 60-35-5 | 乙酰胺 | S | | 2B | CA |
| 3 | Acetone | 18523-69-8 | 丙酮 | S | | | RT |
| 4 | Acrolein | 107-02-8 | 丙烯醛 | S | | | RT, CT |
| 5 | Acrylamide | 1979/6/1 | 丙烯酰胺 | S | | 2A | CA |
| 6 | Acrylonitrile | 107-13-1 | 丙烯腈 | S | | 2B | CA, RT |
| 7 | Aflatoxin B-1 | 1162-65-8 | 黄曲霉毒素 $B_1$ | | ST | 1 | |
| 8 | 4-Aminobiphenyl | 92-67-1 | 4-氨基联苯 | S | | 1 | CA |
| 9 | 1-Aminonaphthalene | 134-32-7 | 1-萘胺 | S | | | CA |
| 10 | 2-Aminonaphthalene | 91-59-8 | 2-萘胺 | S | | 1 | CA |
| 11 | Ammonia | 7664-41-7 | 氨 | S | | | CA |
| 12 | Ammonium Salts | 90506-15-3 | 铵盐 | ST | | | |
| 13 | Anabasine | 40774-73-0 | 新烟碱 | ST | | | |
| 14 | Anatabine | 2743-90-0 | 新烟草碱（去氢新烟碱） | ST | | | |
| 15 | o-Anisidine | 134-29-2 | 邻甲氧基苯胺 | S | | 2B | RT |
| 16 | Arsenic | 7440-38-2 | 砷 | S | ST | 1 | AD |
| 17 | 2 - Amino - 9H - pyrido（2,3-b）indole（A-α-C） | 26148-68-5 | 2-氨基-9H-吡啶并［2,3-b］吲哚 | S | | 2B | CA |
| 18 | Benz（a）anthracene | 56-55-3 | 苯并［a］蒽 | S | ST | 2B | CA, CT, RDT |

续表

| 序号 | 化合物英文名称 | CAS 号 | 化合物中文名称 | 烟气 | 无烟气烟草 | IARC致癌分级 | 毒性作用 |
|---|---|---|---|---|---|---|---|
| 19 | Benzo（b）fluoranthene | 205－99－2 | 苯并［b］荧蒽 | S | | 2B | CA |
| 20 | Benz（j）aceanthrylene | 479－23－2 | 1,2－二氢苯［j］并苊 | S | | 1 | CA, CT |
| 21 | Benz（k）fluoranthene | 207－08－9 | 苯并［k］荧蒽 | S | ST | 2B | CA |
| 22 | Benzene | 71－43－2 | 苯 | S | ST | 2B | CA, CT, RDT |
| 23 | Benzofuran | 271－89－6 | 苯并呋喃 | S | | 2B | CA, CT |
| 24 | Benzo（a）pyrene | 50－32－8 | 苯并［a］芘 | S | ST | 1 | CA, CT |
| 25 | Benzo（c）phenanthrene | 195－19－7 | 苯并［c］菲 | S | | 2B | CA |
| 26 | Beryllium | 7440－41－7 | 铍 | S | ST | 1 | CA |
| 27 | 1,3-Butadiene | 106－99－0 | 1,3-丁二烯 | S | | 1 | CA |
| 28 | Butyraldehyde | 123－72－8 | 丁醛 | S | | | CA |
| 29 | Cadmium | 7440－43－9 | 镉 | S | ST | 1 | CA, RT, RDT |
| 30 | Caffeic acid | 331－39－5 | 咖啡酸 | S | | 2B | CA, RT, RDT |
| 31 | Carbon monoxide | 630－08－0 | 一氧化碳 | S | | | CA |
| 32 | Catechol | 120－80－9 | 儿茶酚（邻苯二酚） | S | | 2B | RDT |
| 33 | Chlorinated dioxins and furans | — | 氯化二噁英和呋喃 | S | | | CA |
| 34 | Chromium | 7440－47－3 | 铬 | S | ST | 1 | CA, RDT |
| 35 | Chrysene | 218－01－9 | 苯并［a］菲 | S | ST | 2B | CA, RT, RDT |
| 36 | Cobalt | 7440－48－4 | 钴 | S | | 2B | CA, CT |

续表

| 序号 | 化合物英文名称 | CAS 号 | 化合物中文名称 | 烟气 | 无烟气烟草 | IARC致癌分级 | 毒性作用 |
|---|---|---|---|---|---|---|---|
| 37 | Coumarin | 91-64-5 | | | ST | | |
| 38 | Cresols | 1319-77-3 | 煤酚 | S | | | CA, CT |
| 39 | Crotonaldehyde | 123-73-9 | 巴豆醛 | S | ST | | Banned in food |
| 40 | Cyclopenta (c, d) pyrene | 27208-37-3 | 环戊烯 [c, d] 芘 | S | | 2A | CA, RT |
| 41 | Dibenz (a, h) acridine | 226-36-8 | 二苯并 [a, h] 杂蒽 | S | | 2B | CA |
| 42 | Dibenz (a, j) acridine | 224-42-0 | 二苯并 [a, j] 吖啶 | S | | 2B | CA |
| 43 | Dibenz (a, h) anthracene | 53-70-3 | 二苯蒽 | S | ST | 2A | CA |
| 44 | Dibenzo (c, g) carbazole | 194-59-2 | 7H-二苯并咔唑 | S | | 2B | CA |
| 45 | Dibenzo (a, e) pyrene | 192-65-4 | 二苯并 [a, e] 芘 | S | | 2B | CA |
| 46 | Dibenzo (a, h) pyrene | 189-64-0 | 二苯并 [a, h] 芘 | S | | 2B | CA |
| 47 | Dibenzo (a, i) pyrene | 189-55-9 | 二苯并 [a, i] 芘 | S | | 2B | CA |
| 48 | Dibenzo (a, l) pyrene | 191-30-0 | 二苯并 [a, l] 芘 | S | | 2A | CA |
| 49 | 2,6-Dimethylaniline | 87-62-7 | 2,6-二甲苯胺 | S | | 2B | CA, RDT |
| 50 | Ethyl Carbamate (urethane) | 51-79-6 | 氨基甲酸乙酯 | S | ST | 2B | CA |

续表

| 序号 | 化合物英文名称 | CAS 号 | 化合物中文名称 | 烟气 | 无烟气烟草 | IARC致癌分级 | 毒性作用 |
|---|---|---|---|---|---|---|---|
| 51 | Ethylbenzene | 100-41-4 | 乙基苯 | S | | 2B | CA, RT, RDT |
| 52 | Ethylene oxide | 75-21-8 | 环氧乙烷 | S | | 1 | CA, RT |
| 53 | Eugenol | 97-53-0 | 丁香油酚 | S | | | CA |
| 54 | Formaldehyde | 50-00-0 | 甲醛 | S | ST | 1 | CA |
| 55 | Furan | 110-00-9 | 呋喃 | S | | 2B | CA |
| 56 | 2-Amino-6-methyldipyrido（1,2-a:3′,2′-d）imidazole（Glu-P-1） | 67730-11-4 | 2-氨基-6-甲基二吡啶［1,2-a：3′,2′-d］咪唑盐酸盐水合物 | S | | 2B | CA, RT |
| 57 | 2-Aminodipyrido（1,2-a：3′,2′-d）imidazole（Glu-P-2） | 67730-10-3 | 2-氨基二吡啶并［1,2-a：3′,2′-d］咪唑盐酸盐 | S | | 2B | RT, CT |
| 58 | Hydrazine | 302-01-2 | 肼 | S | | 2B | CA |
| 59 | Hydrogen cyanide | 74-90-8 | 氰化氢 | S | | | CA |
| 60 | Hydroquinone | 123-31-9 | 对苯二酚 | S | | | CA |
| 61 | Indeno（1,2,3-cd）pyrene | 193-39-5 | 茚并［1,2,3-cd］芘 | S | ST | 2B | CA, CT, RDT |
| 62 | 2-Amino-3-methylimidazo（4,5-f）quinoline（IQ） | 76180-96-6 | 2-氨基-3-甲基-3H-咪唑并喹啉 | S | | 2A | CA |
| 63 | Isoprene | 78-79-5 | 异戊二烯 | S | | 2B | CA, RDT |
| 64 | Lead | 7439-92-1 | 铅 | S | ST | 2A | RT |
| 65 | 2-Amino-3-methyl-9H-pyrido（2,3-b）indole［MeA-α-C］ | 68006-83-7 | 2-氨基-3-甲基-9H-吡啶［2,3-b］吲哚 | S | | 2B | CA |

续表

| 序号 | 化合物<br>英文名称 | CAS 号 | 化合物<br>中文名称 | 烟气 | 无烟气<br>烟草 | IARC<br>致癌<br>分级 | 毒性<br>作用 |
|---|---|---|---|---|---|---|---|
| 66 | Mercury | 92786-62-4 | 汞 | | ST | 2B | |
| 67 | Methyl ethyl ketone（MEK, 2-butanone） | 78-93-3 | 甲基乙基酮（2-丁酮） | S | | | CA |
| 68 | 5-Methylchrysene | 3697-24-3 | 5-甲基-1,2-苯并菲 | S | | 2B | CA, RT |
| 69 | 4-（methylnitrosami-no）-1-（3-pyridyl）-1-butanone（NNK） | 64091-91-4 | 4-甲基亚硝胺基-1-3-吡啶基-1-丁酮 | S | ST | 1 | CA, RT |
| 70 | 4-（methylnitrosami-no）-1-（3-pyridyl）-1-butanol（NNAL） | 76014-81-8 | 4-（甲基亚硝基苯）-1-（3-吡啶基）-1-丁醇 | S | ST | | RDT, AD |
| 71 | Myosmine | 532-12-7 | 麦斯明 | | ST | | |
| 72 | Naphthalene | 91-20-3 | 萘 | S | ST | 2B | CA, RT, RDT |
| 73 | Nickel | 7440-02-0 | 镍 | S | ST | 1 | CA |
| 74 | Nicotine | 54-11-5 | 烟碱 | S | ST | | CA |
| 75 | Nitrate | 7631-99-4 | 硝酸钠 | S | ST | | CA |
| 76 | Nitric oxide/nitrogen oxides | 10102-43-9 | 氮氧化物 | S | | | CA |
| 77 | Nitrite | 14797-65-0 | 亚硝酸盐 | | ST | | |
| 78 | Nitrobenzene | 10389-51-2 | 硝基苯 | S | | 2B | CA |
| 79 | Nitromethane | 75-52-5 | 硝基甲烷 | S | | 2B | CA |
| 80 | 2-Nitropropane | 79-46-9 | 2-硝基丙烷 | S | | 2B | CA |
| 81 | N-nitrosoanabasine（NAB） | 1133-64-8 | N-亚硝基假木贼碱 | S | ST | | CA |

续表

| 序号 | 化合物英文名称 | CAS 号 | 化合物中文名称 | 烟气 | 无烟气烟草 | IARC致癌分级 | 毒性作用 |
|---|---|---|---|---|---|---|---|
| 82 | *N* – Nitrosodiethanolamine（NDELA） | 1116−54−7 | *N*−二乙醇亚硝胺 | S | ST | 2B | CA |
| 83 | *N* – Nitrosodiethylamine | 55−18−5 | *N*−亚硝基−二乙胺 | S | | 2A | CA |
| 84 | *N* – Nitrosodimethylamine（NDMA） | 62−75−9 | *N*−亚硝基二甲胺 | S | ST | 2A | CA |
| 85 | *N*−Nitrosoethylmethylamine | 10595−95−6 | *N*−亚硝基甲基乙基胺 | S | | 2B | AD |
| 86 | *N*−Nitrosomorpholine（NMOR） | 59−89−2 | 4−碘−1H−咪唑 | | ST | 2B | |
| 87 | *N*−Nitrosonornicotine（NNN） | 16543−55−8 | *N*−亚硝基降烟碱 | S | ST | 1 | RT, CT |
| 88 | *N* – Nitrosopiperidine（NPIP） | 100−75−4 | *N*−亚硝基哌啶 | S | ST | 2B | CA |
| 89 | *N*−Nitrosopyrrolidine（NPYR） | 930−55−2 | *N*−亚硝基吡咯烷 | S | ST | 2B | CA |
| 90 | *N* – Nitrososarcosine（NSAR） | 13256−22−9 | *N*−亚硝基肌氨酸 | | ST | 2B | |
| 91 | Nornicotine | — | 降烟碱 | | ST | | |
| 92 | Phenol | 108−95−2 | 苯酚 | S | | | RT, CT |
| 93 | 2 – Amino – 1 – methyl−6−phenylimidazo（4, 5 − b）pyridine（PhIP） | 105650−23−5 | 2−氨基−1−甲基−6−苯基咪唑［4, 5−b］吡啶 | S | | 2B | CA, RT |
| 94 | Polonium−210（Radio−isotope） | — | 钋−210（放射线同位素） | S | ST | 1 | CA |
| 95 | Propionaldehyde | 123−38−6 | 丙醛 | S | | | RT |

续表

| 序号 | 化合物英文名称 | CAS 号 | 化合物中文名称 | 烟气 | 无烟气烟草 | IARC致癌分级 | 毒性作用 |
|---|---|---|---|---|---|---|---|
| 96 | Propylene oxide | 75-56-9 | 环氧丙烷 | S | | 2B | CA |
| 97 | Pyridine | 110-86-1 | 吡啶 | S | | | CA |
| 98 | Quinoline | 91-22-5 | 喹啉 | S | | | RT, RDT |
| 99 | Resorcinol | 108-46-3 | 间苯二酚 | S | | | CA |
| 100 | Selenium | 7782-49-2 | 硒 | S | ST | | CA |
| 101 | Styrene | 100-42-5 | 苯乙烯 | S | | 2B | CA, RT |
| 102 | Tar | — | 焦油 | S | | | CA, RT |
| 103 | 2-Toluidine | 95-53-4 | 邻甲苯胺 | S | | 2A | CA, RT |
| 104 | Toluene | 108-88-3 | 甲苯 | S | | | CA |
| 105 | 3-Amino-1,4-dimethyl-5H-pyrido(4,3-b) indole (Trp-P-1) | 62450-06-0 | 3-氨基-1,4-甲基-5氢-吡啶［4,3-b］哚吲 | S | | 2B | |
| 106 | 3-Amino-1-methyl-5H-pyrido(4,3-b) indole (Trp-P-2) | 72254-58-1 | 3-氨基-1-甲基-5氢-吡啶［4,3-b］哚吲 | S | | 2B | |
| 107 | Uranium-235 (Radio-isotope) | — | 铀-235（放射线同位素） | | ST | 1 | |
| 108 | Uranium-238 (Radio-isotope) | — | 铀-238（放射线同位素） | | ST | 1 | |
| 109 | Vinyl Acetate | 108-05-4 | 醋酸乙烯酯 | S | | 2B | |
| 110 | Vinyl Chloride | 75-01-4 | 氯乙烯 | S | | 1 | |

注：—表示无信息；S 表示化学成分存在于烟气中，ST 表示存在于非燃烧的烟草制品中；IARC 致癌分级，1 为确定的人类致癌物，2A 为可能的人类致癌物，2B 为可疑的人类致癌物；毒性作用，CA 为致癌性（Carcinogen），RT 为呼吸系统毒性（Respiratory Toxicant），CT 为心血管毒性作用（Cardiovascular Toxicant），RDT 为生殖发育毒性（Reproductive or Developmental Toxicant），AD 为致瘾性（Addictive）。

燃烧型烟草制品与无烟气烟草制品存在类似的问题：无法确定现有的这份列表是否囊括了燃烧型烟草制品中所有有害及潜在有害的成分。在总计8000多种烟草及烟气成分中，有可能存在其他重要性尚未被认识到的成分。同时应注意到，致癌物可与肿瘤促进物（Tumor promoters）或协同致癌物（Cocarcinogens）相互作用，如果只是单纯分析列表中的成分，有可能会将其之间的相互作用忽视掉[22,23]。

3. 小结

无烟气烟草制品和燃烧型烟草制品中的许多成分都可使用标准化的方法进行分析。不同实验室对于同一款产品进行分析的结果可能有些差异，不过仍可进行比较。如果要比较的是无烟气烟草制品，要注意不同实验室使用的提取方法以及结果表述方式；如果要比较的是燃烧型烟草制品，要注意不同实验室使用的吸烟机抽吸方法。任何标准吸烟机抽吸方法都无法重复吸烟者实际抽吸行为，不过如果使用的吸烟机抽吸方法相同，可对不同品牌的产品进行比较。

（二）生物标志物

在研究烟草和烟草相关疾病时，研究人员会使用生物标志物，生物标志物的有效性会直接决定研究本身的有效性。考虑到烟草制品的负面健康作用通常在销售开始很长一段时间后才会表现出来，FDA 在对 MRTP 进行管制时也会使用生物标志物。《家庭吸烟预防与烟草控制法案》规定，FDA 发布的管制意见或指导措施，应"包括有效生物标志物、中期临床终点（Intermediate clinical endpoint）或其他合适的检测指标"[24]。

由于不同资料来源对同一术语的使用有所不同，甚至产生矛盾，MRTP 科学标准委员会根据美国医学研究院 2010 年《慢性疾病生物标志物和替代终点评估报告》，对生物标志物相关术语做了定义。

（1）生物标志物（Biomarker）　客观测定和评价的某项特征，该特征可用于指示人体对干预措施的正常生物反应、发病过程或药理反应。

（2）暴露生物标志物（Biomarker of exposure）　所测定的存在于人体某部位的某种化学物质，或其代谢物，或其与目标分子或细胞相互作用后的产物。

（3）风险生物标志物（Biomarker of risk）　用于指示人体罹患某种疾病风险的生物标志物。

（4）临床终点（Clinical endpoint）　可反映患者或消费者身体感受、机体功能或存活状态的某项生化特征或生理参数。

（5）替代终点（Surrogate endpoint）　可替代临床终点的生物标志物；在参考流行病学、治疗学、病理生理学或其他科学依据的基础上，可使用替代终点预测临床治疗是否有益（或有害，或没有明显效果）。

1. 暴露生物标志物

与烟草制品特定成分对应的暴露生物标志物可以是该成分本身，或是存在于尿液、血液、呼出气、唾液、指甲或头发中该成分的代谢物，也可以是该成分或该成分代谢物与蛋白质或 DNA 相互结合的产物（加合物）。暴露生物标志物可排除分析过程中的许多不确定因素，从而提供较为真实和直接的有关人体致癌物或有害物质剂量水平的评估结果。到目前为止，没有哪一种生物标志物可以单独预测烟草制品使用者的患病风险。通常使用液相色谱-串联质谱或气相色谱-串联质谱或相关技术对暴露生物标志物进行定量分析。

暴露生物标志物的有效性首先取决于分析方法的有效性，其次取决于暴露生物标志物在人体中出现是否与发生烟草制品暴露切实相关。验证两者之间关系最有效的方法是在受试人员停止使用烟草制品后，检测其体内暴露生物标志物的水平。另一个方法是比较吸烟者和非吸烟者体内该标志物的水平。表 2-2 所示为与烟草致癌物和有害成分暴露有关的生物标志物[25]。

表 2-2　　　与典型烟草致癌物和有害成分对应的暴露生物标志物

| 生物标志物 | 来源 | 近期报道平均水平范围 | |
|---|---|---|---|
| | | 吸烟者 | 非吸烟者 |
| 尿液中的暴露生物标志物① | | | |
| 烟碱等价物<br>（Nicotine equivalents） | 烟碱 | 70.4~154<br>$\mu$mol/24h | N/A② |
| 总 NNAL | NNK | 1.1~2.9<br>nmol/24h | N/A② |
| 总 NNN | NNN | 0.049~0.24<br>nmol/24h | N/A② |

续表

| 生物标志物 | 来源 | 近期报道平均水平范围 | |
|---|---|---|---|
| | | 吸烟者 | 非吸烟者 |
| 1-HOP | 芘 | 0.50~1.45 | 0.18~0.50 |
| | （Pyrene） | nmol/24h | nmol/24h |
| MHBMA | 1,3-丁二烯 | 15.5~322 | 0.65~7.5 |
| | （1,3-Butadiene） | nmol/24h | nmol/24h |
| SPMA | 苯 | 3.2~32.1 | 0.17~3.14 |
| | （Benzene） | nmol/24h | nmol/24h |
| HPMA | 丙烯醛 | 5869~11190 | 1131~1847 |
| | （Acrolein） | nmol/24h | nmol/24h |
| HBMA | 巴豆醛 | 1965~26000 | 242~3200 |
| | （Crotonaldehyde） | nmol/24h | nmol/24h |
| HEMA | 环氧乙烷 | 19.1~102 | 6.51~38.8 |
| | （Ethylene oxide） | nmol/24h | nmol/24h |
| 镉 | 镉 | 2.3~12.8 | 1.34~8.04 |
| （Cd） | （Cadmium） | nmol/24h | nmol/24h |
| 血红蛋白（Hemoglobin）加合物[3] | | | |
| 氰乙基缬氨酸 | 丙烯腈 | （112±81） | （6.5±6.4） |
| （Cyanoethylvaline） | （Acrylonitrile） | pmol/g 球蛋白 | pmol/g 球蛋白 |
| 甲氨酰乙基缬氨酸 | 丙烯酰胺 | （84.1±41.8） | 27.8±7.1 |
| （Carbamoylethylvaline） | （Acrylamide） | pmol/g 球蛋白 | pmol/g 球蛋白 |
| 羟乙基缬氨酸 | 环氧乙烷 | （132±92） | 21.1±12.7 |
| （Hydroxyethylvaline） | | pmol/g 球蛋白 | pmol/g 球蛋白 |
| 4-氨基联苯球蛋白 | 4-氨基联苯 | （0.26±0.006） | （0.067±0.009） |
| （4-Aminobiphenylglobin） | （4-Aminobiphenyl） | pmol/g 球蛋白[4] | pmol/g 球蛋白[4] |

续表

| 生物标志物 | 来源 | 近期报道平均水平范围 | |
| --- | --- | --- | --- |
| | | 吸烟者 | 非吸烟者 |
| 其他⑤ | | | |
| 呼出气中一氧化碳 | 一氧化碳 | 17.4~34.4μL/L | 2.6~6.5μL/L |
| 碳氧血红蛋白 | 一氧化碳 | 3.4%~7.1% | 0.35%~1.45% |

注：①除非另有说明，数据单位均是 nmol/24h（吸烟者数据对应 1.3g 肌酐/24h；非吸烟者数据对应 1.5g 肌酐/24h 或 1.5L 尿液/24h）。

②N/A＝不适用（not applicable），即非吸烟者尿液中无法检测到这些物质；当非吸烟者开始使用烟草制品或烟碱替代产品（此时可在其尿液中检测到烟碱等价物，有时也会检测到 NNN，或与二手烟气发生暴露（此时这些物质在其尿液中的水平为吸烟者水平的 5% 以下）时，才有可能在其尿液中检测到这些物质。

③数据以 pmol/g 球蛋白为单位，表述形式为平均值±标准差。

④加权平均值±标准差。

⑤平均浓度。

1-HOP—1-羟基芘及其葡糖醛酸化物/硫酸酯（1-hydroxypyrene and its glucuronides/sulfates）。

HEMA—2-羟乙基硫醇尿酸（2-hydroxyethyl mercapturic acid）。

HBMA—4-羟基-2-取代硫醇尿酸（4-hydroxybut-2-yl mercapturic acid）。

HPMA—3-羟基丙基硫醇尿酸（3-hydroxypropyl mercapturic acid）。

MHBMA—1-羟基-2-（N-乙酰半胱氨酸）-3-丁烯［1-hydroxy-2-（N-acetylcysteinyl）-3-butene］和 1-（N-乙酰半胱氨酸）-2-羟基-3-丁烯［1-（N-acetylcysteinyl）-2-hydroxy-3-butene］的总和。

SPMA—S-苯基硫醇尿酸（S-phenylmercapturic acid）。

烟碱等价物—烟碱、可替宁（cotinine）、3′-羟基可替宁（3′-hydroxycotinine）以及上述三种物质葡糖醛酸化物的总和。

总 NNN—N-亚硝基降烟碱及其葡糖醛酸化物。

目前烟草制品中许多致癌物和有害成分对应的有效暴露生物标志物已被找到，对这些暴露生物标志物水平进行检测，可以较为准确地评估致癌物和有害成分的摄入量。许多此种类型研究都表明，烟草制品中致癌物和有害成分水平与人体中暴露生物标志物水平存在关联性，但并非直接关联。如果所检测的暴露生物标志物水平降至非吸烟者水平以下，则说明受试烟草制品有可能较常规产品更有益于人体健康，不过该推论尚未被证实。尽管分子流行病学研究已经证实，一些暴露生物标志物（如可替宁和总 NNAL）水平与癌症风险相关，但委员会倾向于把本部分讨论的大部分生物标志物仅仅作为暴露生物标志物看待，在有更多支持数据出现之前，不认为其可用做其他类型生物标志物。

2. 风险生物标志物

风险生物标志物的有效性决定了使用风险生物标志物的研究的有效性。使用风险生物标志物进行研究的前提假设是，生物标志物不仅与临床终点存在关联性，还能全面表现出任何干预对临床终点造成的影响[26]。

风险生物标志物包括血液、其他体液以及可以反映疾病自然发展过程的组织标记物或风险因子，但是不能将风险生物标志物视作疾病已经发生的标志。有些风险生物标志物可预测多种生理变化，如细胞因子、C-反应蛋白、免疫球蛋白 A 和嗜酸性粒细胞计数等均可单独预测系统炎症和免疫系统功能障碍发生风险；类似的，高水平氧化应激预示将可能发生多种生理变化。其他生物标志物仅可预测特定的生理变化，如高密度或低密度脂蛋白胆固醇可预测心血管疾病发生风险；葡萄糖耐受不良、空腹血糖水平、糖化血红蛋白水平可预测成人型糖尿病发生风险。不过如前文所述，无论哪种风险生物标志物都不代表疾病本身。某些生物标志物可能在细胞或分子水平会极其复杂（如 DNA 修复速率，可预测多种癌症发生风险），但同样也不代表疾病已经发生。

从更长远的角度考虑，将来的烟草制品中有可能添加一些能够起到"化学预防"作用的药物，而此类药物干预有可能对风险生物标志物的检测准确性造成影响。目前已出现一些可能具有化学预防癌症作用的药物，如维生素、白藜芦醇、多胺以及黄酮类化合物；尽管此类药物还停留在基础研究阶段，尚未开展人体试验，不过我们可以想象得到，将来部分药物的化学防癌作用会得到证实。如果将来的烟草制品中添加了此类药物，对烟草制品健康声明的管制将会变得很复杂。就目前来讲，此类药物可能会以营养补充剂或营养保健品的身份添加到烟草制品中，而监管人员可依据《联邦食品、药品和化妆品法案》第 201（rr）（4）条（已依据《家庭吸烟预防与烟草控制法案》进行修正）的规定对上述类型烟草制品进行管制："烟草制品不可与本法案中提及的任何其他产品（包括药品、生物制剂、食品、化妆品、医疗设备或营养补充剂）结合在一起进行销售。"

风险生物标志物被认为是临床终点的替代。临床终点指一系列临床上不明显，但是可预示疾病发生或早期发展过程的指标或生理变化。使用替代终点的前提假设是，这些生理变化最终将导致临床明显的症状。在药物管制历史上曾有过对替代终点加以控制（如控制血压、抗心律失常、降低胆固醇水平）却不能对疾病加以预防和改善的反例，因此多年来人们一直在怀疑，替代终点是否能够独立反应临床试验效果。

若将风险生物标志物用做替代终点，对风险生物标志物的要求将会更加严格，因为"替代终点应完美地展示出干预措施对疾病最终结局造成何种影响"。然而实际上，替代终点经常不能有效预测疾病最终结局，预测失败是因为：①所监测的替代终点并不能影响疾病发生的病理生理途径；②特定临床结局可能存在多种因果途径，而临床干预过程只通过替代终点改变了其中一种因果途径；③替代终点受临床干预过程影响不大，或与其无关；④临床干预过程会导致其他作用机制，比如针对心肌梗死使用抑制类药物可导致室性心律失常：在心肌损伤或缺血的情况下出现室性早搏，此时替代终点的预测作用将会大打折扣；人们认为对心肌梗死患者抑制类药物治疗有益于患者，不过心律失常抑制试验表明该方法实际上有害。

替代终点理想的使用条件是：替代终点处于唯一的病因途径上，并且可以表现出临床干预的全部效果。因此，人们应详细了解疾病发展过程和病因途径，以及临床干预的作用机制。涉及减害烟草制品研究时，显然无法达到上述要求（减害烟草制品具有多重作用），那么应当对研究过程所使用的替代终点有效性进行验证。考虑到大部分慢性疾病发病过程是连续不间断的，在某些情况下，一些接近疾病最终结局的替代终点（如冠状动脉钙化水平、骨结构和骨密度异常）可用于评估减害烟草制品。尽管需要对替代终点有效性进行验证，不过考虑到一些疾病最终结局需要通过侵入性操作才能知晓，使用替代终点还是有可能有助于减害烟草制品评估过程。

应当注意的是，生物标志物是否能够有效反映临床终点尚存争议。考虑到许多记录显示控制生物标志物水平并不能让疾病按既定的方向发展，生物标志物有效性并不比临床终点高[27,28]，一般情况下，不能完全替代真实临床终点。

（三）临床前研究

临床前研究是进行任何新型产品评估时的既定步骤。在进行 MRTP 评估时，第一步是对产品中有害或潜在有害的成分进行分析（见前文所述）；第二步即是使用细菌和动物细胞进行体外毒性试验和遗传毒性试验。在此类试验中，MRTP 将会与标准传统烟草制品进行对照。虽然任何体外试验都存在局限性，其提供的数据还是能够提供一些潜在有用的信息。如果在体外试验中，MRTP 的测试指标相对标准传统烟草制品有所降低，评估将进入实验室动物研究阶段，此阶段会使用合适的动物模型对 MRTP 和标准传统烟草制品继续进行对照。最后，研究人员会对 MRTP 使用者和标准传统烟草制品使用者进行短期遗传性试验评估。从以上所述可以发现，在 MRTP 评估过程中，选用何种标准传统烟草制品进行对照显得尤为重要。

1. 无烟气烟草制品

（1）体外试验　体外试验包括 Ames 试验、细胞毒性试验、增殖试验以及程序性细胞死亡试验，这些体外试验一起构成常规毒理学分析。Ames 试验主要观察无烟气烟草制品提取物诱导的鼠伤寒沙门氏菌突变。无烟气烟草制品提取物可通过物理方法（如研磨、冷冻干燥）制备，亦可通过溶剂萃取制备。常用的有机萃取溶剂包括二甲基亚砜、二氯甲烷、甲醇、丙酮和乙醇；常用的无机萃取溶剂包括缓冲盐溶液（如汉克斯缓冲盐溶液、生理盐水或磷酸盐缓冲生理盐水）、纯水或人工唾液[29-32]。在对无烟气烟草制品提取物进一步开展遗传性评估时，不仅提取方法须标准化，水分含量和保湿剂含量同样也须标准化。

除进行上述细胞试验外，还可使用多光谱流式细胞仪来对上皮细胞和间质细胞分子表达模式进行研究，以确定无烟气烟草制品提取物的毒性大小。三维培养是细胞培养方法上的一大改进，用该方法培养的细胞可模拟人类黏膜结构，在此基础上可进行遗传毒性评估。除上述方法外，目前市场上已出现可检测目标细胞遗传毒性的分子试剂盒，其中一些试剂盒可实现的功能包括：在细胞作用位点进行化学物质标记和鉴定、特定 RNA 沉默、遗传物质转染以改变细胞途径和上皮细胞永生化[33-35]。

当前的细胞培养技术可以保证细胞数目、类型和分化特征呈高度一致性。应当注意的是，原代细胞和永生化细胞（以及转化的永生化细胞、恶性肿瘤细胞）之间存在特征差异。依据实践经验，如果无烟气烟草制品在试验中表现出持久的遗传毒性，则应重新设计试验。细胞生理过程异常除表现在癌化外，还可表现为感染、炎症、呼吸道或心血管疾病；应当注意的是，尽管细胞试验中无法观察到这些病理现象，无烟气烟草制品有可能会切实导致上述病理作用。

（2）动物模型　评估无烟气烟草制品（或其提取物）危害所使用的动物

模型包括叙利亚仓鼠及各品系大鼠。可使用叙利亚仓鼠颊囊开展无烟气烟草制品暴露毒性研究；或向大鼠饮食中添加无烟气烟草制品开展饮食暴露毒性研究；或可通过手术制造出唇管，将无烟气烟草制品置于其中评估其暴露毒性。也曾有报道使用转基因小鼠进行饮食暴露毒性研究。

使用动物模型进行无烟气烟草制品毒性评估时，应尽量模拟人体与无烟气烟草制品的暴露程度（即暴露浓度和暴露方式最好一致），不过实际操作中一般无法实现该要求。早期研究使用动物模型进行研究时，所使用的无烟气烟草制品提取物（或衍生物）浓度多是正常使用时人体暴露浓度的几倍[36]。除此之外，研究过程中还应注意无烟气烟草制品（及其提取物）的储存条件，以免生成烟草特有亚硝胺[37,38]。

使用动物模型进行研究的最理想状态是能够模拟人体组织反应，不过考虑到当前已经出现无痰型无烟气烟草制品（如通过添加风味物质来实现），达到上述要求将会变得越来越困难，阐述化学物质与生理过程之间的相互作用也将越来越不容易。研究重点应集中于无烟气烟草制品与动物模型口腔、牙龈/牙周病变位点的直接暴露，或与呼吸道、心血管病变组织的间接暴露（该过程受口腔组织影响）[39]。

通过动物模型研究可直接进行组织损伤评估，还有可能在口腔发生肿瘤病变之前确定感染、炎症或主要器官损伤的发生位点。

多项研究表明，动物模型或人类在无烟气烟草制品（或其提取物）暴露后，会导致口腔上皮病变、生成良性肿瘤或恶性肿瘤，不过在同等实验条件下，并非所有研究都观察到有肿瘤生成。为使实验结果一致，可结合使用化学启动子来诱导生成原发肿瘤和远处转移肿瘤。不过在有化学启动物存在的情况下，要重新对无烟气烟草制品中人类致癌物（如苯并［a］芘）作用或病毒感染过程进行评估。

应当指出的是，不同种属的动物模型之间存在一系列差异，如肝微粒体活性、细胞色素 P450 表达、对无烟气烟草制品耐受能力或无烟气烟草制品提取物可诱导的肿瘤类型。不过在使用不同种属动物模型对无烟气烟草制品进行遗传毒性或组织危害性评估时，所得到的结果趋势应该一致[40]。如果动物试验结果表明实验组总是伴发肿瘤、感染、炎症、呼吸道或心血管疾病，那么需要对受试无烟气烟草制品重新进行设计。

2. 燃烧型烟草制品

研究人员曾开展一系列体外试验、动物试验（表2-3）和人体研究来调查燃烧型烟草制品对各种癌症相关和非癌症相关临床终点的影响。

（1）体外试验

①氧化应激和氮化应激的评估模型。燃烧型烟草制品可导致人体产生氧化应激和氮化应激。氧化活性物质（Reactive oxygen species，ROS）和氮化活性物质（Reactive nitrogen species，RNS）均可对DNA、蛋白质和脂类进行修饰。烟气中的氧化/氮化活性物质可通过收集粒相或用盐溶液吸收气相之后进行提取，其中一些氧化/氮化活性物质可直接进行检测。

②炎症的评估模型。上皮细胞、平滑肌细胞和炎症细胞均可产生细胞因子和趋化因子，对炎症进行体外评估即基于该原理。一些细胞因子可同时在蛋白质水平和mRNA水平进行检测：蛋白质水平检测可通过酶联免疫吸附反应或免疫印迹完成；mRNA水平检测可通过定量PCR完成。核因子-κB是一种重要的前炎症介质转录因子，其转录活性与炎症程度存在关联性[41]，可通过DNA结合分析法确定其转录活性。其他级联信号［如有丝分裂原活化蛋白激酶（Mitogen-activated protein kinase，MAPK）］亦可导致前炎症反应。级联放大路径中的关键效应蛋白经磷酸化后可与特定抗体结合，使用该方法可以确定前炎症反应的激活程度[42]。

③黏液产生过程的评估模型（两相培养）。黏液由呼吸道上皮细胞分泌，近年来由于两相培养体系的发明，使得体外培养呼吸道上皮细胞在技术上得以实现。在两相培养体系中，呼吸道上皮细胞停留在空气-液体培养基界面生长[43]，相界面即代表体内生长环境。可依据黏蛋白的自身特性（如氨基酸组成、糖分组成、分子质量大小、酶催化能力以及是否有O-糖苷键存在来对呼吸道上皮细胞合成黏蛋白的过程进行定量分析[44]。然而涉及实验室常规分析以及黏液细胞计数时，上述分析方法不再适用；不过目前已出现黏液细胞鉴别与黏蛋白定量分析专用的单克隆抗体[45]。

④内皮细胞激化程度的评估模型。近期研究表明，内皮细胞会参与到烟气诱导疾病（如肺气肿、慢性阻塞性肺疾病）的发病过程。内皮细胞被卷烟烟气提取物激化后，其产生的许多生化物质都可进行检测[46-48]。比如，细胞间黏附分子-1（Inter-cellular adhesion molecule-1，ICAM-1）、E-选择素以及血管细胞黏附分子-1（Vascular cell adhesion molecule-1，VCAM-1）等黏附

分子可通过免疫印迹或酶联免疫吸附反应检测；血管性血友病因子与血栓调节蛋白亦可通过酶联免疫吸附反应检测；激化后的内皮细胞还可表达白细胞介素-8（Interleukin-8，IL-8）、单核细胞趋化蛋白-1（Monocyte chemotactic protein-1，MCP-1）等细胞因子，此类细胞因子亦可通过免疫印迹或酶联免疫吸附反应检测。上述产物会促使内皮细胞与白细胞结合；在共培养实验（将单核细胞添加到单层内皮细胞上）中可观察到该现象，通过计算所结合单核细胞的个数，可以定量表述内皮细胞的黏着程度。

表 2-3　　　　　　　　用于评估卷烟烟气毒性的临床前研究模型

| 试验类型 | 摘要 |
| --- | --- |
| **细胞模型** | |
| 氧化/氮化应激 | 卷烟烟气提取物（CSE）可使细胞内产生氧化/氮化活性物质，超氧化物和氮氧化物水平升高，导致大分子被氧化修饰（如生成 8-羟基脱氧鸟苷、4-羟基壬烯醛和 3-硝基酪氨酸，可通过相应抗体检测），同时细胞抗氧化能力（如谷胱甘肽水平，可通过显色反应测定）降低，其结果是抗氧化基因加强表达，可通过定量 PCR 测定 |
| 炎症 | 炎症可通过细胞因子表达模型（通过酶联免疫吸附反应、免疫印迹法测定，或检测相关基因表达水平）、前炎症反应级联信号（如核因子-κB、MAPK）模型来进行评估 |
| 上皮细胞 | 卷烟烟气提取物可诱导前炎性细胞因子（如白细胞介素-8 和单核细胞趋化蛋白-1）表达 |
| 平滑肌细胞 | 卷烟烟气提取物可诱导分泌白细胞介素-8、嗜酸粒细胞趋化因子以及血管内皮生长因子 A（VEGF-A） |
| 炎症细胞 | 树突细胞和单核细胞可分泌细胞因子（通过酶联免疫吸附反应、免疫印迹法测定），同时上调核因子-κB 表达水平（可测定其与 DNA 结合活性） |
| 黏液产生 | 卷烟烟气提取物可诱导气管上皮细胞分泌黏液（抗体检测）和糖蛋白 |
| 两相培养 | 可分泌黏液的上皮细胞停留在空气-液体培养基界面生长以模拟体内生长环境 |
| 内皮细胞活化 | 卷烟烟气提取物可诱导细胞黏附蛋白（如 ICAM、VCAM 及 E-选择素）以及凝固因子（如血栓调节蛋白和血管性血友病因子，可通过酶联免疫吸附反应测定）表达水平升高 |
| 单核细胞黏附 | 被激化的内皮细胞可与单核细胞黏附在一起，通过共培养实验，即将单核细胞添加到单层内皮细胞上，可以定量表述内皮细胞的黏着程度 |

续表

| 试验类型 | 摘要 |
|---|---|
| **动物模型** | |
| 炎症和肺气肿 | |
| 全身暴露 | 受试动物每天全身与卷烟烟气暴露若干小时。全身暴露会导致氧化应激、炎症、细胞凋亡以及气腔扩张（Airspace enlargement） |
| 鼻暴露 | 将啮齿动物鼻子置于小室，每天暴露时间相对全身暴露较短。鼻暴露可导致与全身暴露程度相当的氧化应激、炎症、细胞凋亡以及气腔扩张 |
| 先天免疫功能 | |
| 细菌感染 | 卷烟烟气可导致先天免疫功能缺失，被细菌感染的概率增大。受试动物于卷烟烟气暴露后，除出现炎症外，对细菌（绿脓杆菌、流感嗜血杆菌、金黄色葡萄球菌及其他）的清除和杀死能力也有所降低 |
| 病毒感染 | 受试动物被甲型 H1N1 流感病毒、鼻病毒感染后暴露烟草烟气，炎症反应程度加剧；同时卷烟烟气会加剧病毒［试验采用合成病毒病原相关分子模式（PAMP）和聚肌胞苷酸］诱导的肺气肿症状 |

注：CS—卷烟烟气（Cigarette smoke）；CSE—卷烟烟气提取物（Cigarette smoke extract）；H1N1—甲型 H1N1 流感病毒（Influenza A virus）；ICAM—细胞间黏附分子（Inter-cellular adhesion molecule）；PAMP—病原相关分子模式（Pathogen-associated molecular patterns）；poly（I:C）—聚肌胞苷酸（Polyinosinic:polycytidylic acid）；VCAM—血管细胞黏附蛋白（Vascular cell adhesion protein）；VEGF-A—血管内皮生长因子 A（Vascular endothelial growth factor A）。

（2）动物模型　研究人员已使用过多种动物模型开展烟草烟气暴露研究，所使用的动物模型包括仓鼠、大鼠、小鼠、狗、兔、非人灵长类动物以及雪貂。观察烟草制品对活体动物所造成的影响固然能提供一些有用的信息，但是实验室动物无法重现人类使用燃烧型烟草制品的方式，如此则不能通过动物试验结果有效外推燃烧型烟草制品会对人类造成何种影响。

啮齿动物非癌症疾病模型：在临床前研究中需要评估燃烧型烟草制品导致肺部炎症和慢性阻塞性肺病的风险；目前多种动物模型可进行肺气肿研究[49,50]。市场上现有的各种烟气暴露系统大致可分为两类：全身暴露系统（Whole-body exposure systems）和仅鼻暴露系统（Nose-only exposure systems）。全身暴露系统优点在于可以控制暴露室的烟气浓度；仅鼻暴露系统优点在于可以使小鼠直接与剂量已知的卷烟烟气进行暴露，暴露时间较短但比较有效。仅鼻暴露啮齿动物与全身暴露啮齿动物相比，前者体内碳氧血红蛋白水平较高[51]。不过该两种测试方法应用均较为广泛，无论是采用全身暴露[52]还是仅鼻暴露[53]，受试动物在持续暴露烟气六个月后均表现出肺气肿症状。两种暴露方式均可导致受试动物出现氧化应激、炎症以及肺部细胞凋亡，同时伴随肺泡破坏与气腔扩张。肺泡破坏与气腔扩张是肺气肿的典型症状，不过啮齿动物无法表现出慢性支气管炎症状。综上所述，啮齿动物可用于评估燃烧型烟草制品所导致的氧化应激、炎症、细胞凋亡与肺气肿。

吸烟者慢性暴露燃烧型烟草制品可导致肺先天性免疫反应缺失，随之而来的细菌和病毒感染会加重慢性阻塞性肺病或其他肺部疾病症状[54]。小鼠慢性暴露卷烟烟气会导致免疫功能低下、细菌感染可能性增加[55]。研究显示，小鼠持续暴露卷烟烟气一个月后，注射金黄色葡萄球菌肠毒素可加剧 T 细胞和 B 细胞响应程度[56]。

曾有研究使用弹性蛋白酶诱导仓鼠肺气肿病变，与此同时观察细菌定殖与炎症发生过程[57]。感染甲型 H1N1 流感病毒的小鼠与卷烟烟气暴露会加剧其肺部炎症反应[58]。也曾有研究表明，感染鼻病毒的慢性阻塞性肺病患者病情会加剧[59]。上述三项研究中，研究人员均观察到受试动物/患者体内趋化因子和蛋白酶分泌过程增强。因此，在使用啮齿动物对可吸入烟草制品进行评估时，可观察其在促进肺部炎症反应与病毒（或病原相关分子模式，如聚肌胞苷酸）感染过程中的协同作用程度。

啮齿动物癌症疾病模型：之前曾有一些研究表明，动物模型吸入烟草烟气后会生成肿瘤以及发生癌变，但是相关数据并不具有说服力。不过针对仓鼠的研究切实证明，仓鼠与卷烟烟气暴露后，喉部发生病变或癌变的可能性会增大；实验组仓鼠喉部病变的严重程度取决于暴露剂量和暴露持续时间，而对照组仓鼠喉部未发生任何病变[60]。前期针对小鼠和大鼠的研究结果并不完全一致，不过近期开展的两项研究证明，烟草烟气导致小鼠/大鼠呼吸道生成肿瘤的可能性大幅提高：在 Mauderly 等[55]的研究中，与烟草烟气暴露的大鼠肺部和鼻腔黏膜部位肿瘤发生率有所上升（尽管上升幅度不大）；在 Hutt 等[61]的研究中，与烟草烟气暴露的小鼠肺腺瘤发生率显著上升（实验组28.2%，对照组 6.7%），腺癌（实验组20.3%，对照组 2.8%）和总良性肺肿瘤（实验组30.9%，对照组 6.7%）发生率也显著上升，同时伴随有其他变化。上述两项研究典型的特征是，烟草烟气浓度高，暴露时间长。如此两项研究结果能够重复，可选出其中合适的一项用做卷烟烟气评估的标准模型[62,63]。

A/J 小鼠属肺部肿瘤易感品系，广泛应用于致癌性评估；A/J 小鼠肺部肿瘤易感性与 K-ras 原癌基因被激活有关，其表观结果即有肺腺瘤生成。研究人员曾让此品系小鼠暴露于 89% 侧流烟气 +11% 主流烟气构成的混合烟气中，持续时间 5 个月，恢复期 4 个月，结果表明混合烟气的致肿瘤作用与其气相成分相关；该项研究可用于调查二手烟气与肺癌之间的关系[64]。另有研究曾让 A/J 小鼠和 SWR/J 小鼠与稀释后的主流烟气发生全身暴露，暴露持续时间 5 个月，恢复期 4 个月，结果表明主流烟气致肿瘤作用（主要是肺腺瘤）取决于其浓度；使用此项研究方法，Stinn 等[65]证明主流烟气中起致肿瘤作用的主要是粒相成分。若想采用此类动物模型对燃烧型烟草制品致癌作用进行常规评估，则仍须进行深入研究。

研究人员亦曾让实验室动物与烟草烟气单一成分或烟草烟气冷凝物暴露，以评估烟气中各成分的致癌性。无论是对烟气冷凝物还是冷凝物亚组分进行小鼠皮肤测试，均可同时诱导生成良性与恶性肿瘤。小鼠皮肤测试对多环芳烃、肿瘤促进物以及协同致癌物反应较为灵敏，应当纳入常规评估测试项目。皮肤测试同样适用于兔、大鼠以及叙利亚仓鼠[66]。

（3）人体相关研究 在定量描述人体与燃烧型烟草制品所产生诱变物暴露程度时，吸烟者尿液中的诱变物是较为有效和可靠的指标[61]。将吸烟者尿液中有机物浓缩后，可通过 Ames 试验对混合有机物的致诱变性进行测定。Ames试验对芳族胺和杂环芳族胺反应较为灵敏，因此试验结果有可能主要反映尿液中此类有机物的浓度。研究显示尿液致突变性与个体吸烟量（以支计）呈正相关性[67]；加热型烟草制品使用者尿液致突变性与非吸烟者相近[65]，除进行 Ames 实验外，还可检测吸烟者体内发生的细胞遗传损伤，如是否有微核出现、姊妹染色单体交换以及其他染色体畸变。吸烟者外周血淋巴细胞发生姐妹染色体交换的概率要普遍高于非吸烟者[25]。

（四）临床研究

设计得当的临床试验有助于证明 MRTP 是否如烟草生产商所宣传的那样，可减少人体与有害成分的暴露程度，或使替代标志物水平发生正面变化。从道德上讲，我们不能随机挑选非吸烟者开展 MRTP 临床试验，不过可以考虑类似于评估烟草戒断产品的临床试验设计方法，允许传统烟草制品使用者改用 MRTP。在短期和中期临床试验中，受试者可随意使用 MRTP，不像在实验室中受到各种限制，更近似于现实世界中烟草制品使用方式，因此能够回答 MRTP 是否可以替代传统烟草制品的问题。"强制转换"研究即是较为典型的临床试验方法之一，在强制转换研究中，受试者在一段时期内停止使用传统烟草制品，改用 MRTP。所设计的临床试验可对受试者使用 MRTP 的方式加以限制，也可允许受试者自由使用；可不对试验地点做出要求（如允许受试者将 MRTP 带回家），也可限制受试者试验地点。限制试验地点的好处是，暴露/风险生物标志物水平可不受饮食、环境等外来因素干扰，不过这是理想条件下的设计方法，实际设计试验时不一定非得面面俱到。若对试验地点不做要求，结果也将相应地不易控制，有可能不会符合预期推测，但是该条件下，受试者行为更接近实际生活。涉及受试人数，目前约定俗成的做法是每个实验组 10~20 人，总计 12~120 人。从已开展的临床试验来看，中期试验较为常见，不过设计侧重点多不一样：有的侧重限制使用条件，有的侧重结果观察。中期试验足够保证结果的稳定性。

不难想象，大样本、长期临床试验更有利于得到实际可观测的临床终点变化，不过大样本、长期临床试验存在可行性问题，其成本无疑会很高，而且经过若干年后才能得到有用的数据。IOM 的报告《风险改良烟草制品研究的科学标准》所列举的大部分临床研究都是以暴露生物标志物（如 NNAL、可替宁和 1-羟基芘）和/或风险生物标志物［如 8-表氧-前列腺素 F2α、1s 用力呼气容积（Forced expiratory volume in one second, FEV1）和 C-反应蛋白］作为评估指标。如果在随机化临床试验中，所使用的大部分暴露/风险生物标志物水平显著降低，且没有哪种暴露/风险生物标志物水平显著升高，那么试验结果将很有利于受试 MRTP。

随机化临床试验可用于评估 MRTP 的特殊健康效应。一般认为，烟草所致各种原发性慢性疾病（如癌症、心脏病和中风）的发病过程需要很多年时间，不过有些疾病发病时间较短（<2 年），可以通过此类短期临床终点来获取 MRTP 的部分健康效应信息。表 2-4 所示为可用于 MRTP 评估的一些临床终点。

临床试验应至少设立一组对照，目前已开展的各临床试验使用的对照形式不一，有的以继续吸烟作为对照，有的以戒烟作为对照，有的以改服医用

表 2-4 可用于 MRTP 评估的一些短期临床终点

| 序号 | 临床终点 |
|---|---|
| 1 | 短期血管疾病（如间歇性跛行、雷诺氏病），踝肱指数较低时有可能发病 |
| 2 | 吸烟可能导致的皮肤疾病，如银屑病、多汗症 |
| 3 | 手术伤口愈合过程，对烟草敏感 |
| 4 | 牙周疾病发病过程及症状，对烟草敏感 |
| 5 | 口腔黏膜癌前病变加剧或消退过程，须经常对其予以检查 |
| 6 | 骨折愈合时间，与烟草接触水平相关 |
| 7 | 不良妊娠，如胎儿死亡、早产、初生儿体重偏低 |
| 8 | 肺功能 |
| 9 | 血压 |

烟碱作为对照。以继续吸烟作为对照，有助于比较 MRTP 和传统烟草制品试验组的暴露/风险生物标志物水平；以戒烟作为对照（受试者可采取辅助医疗手段戒烟，也可不采取），则可知道 MRTP 实验组暴露/风险生物标志物水平可降低的最大幅度。理想的结果应该是，MRTP 实验组暴露/风险生物标志物水平接近戒断水平。对临床试验结果进行分析时，应当采取标准分析方法（如意向治疗分析）；同时应注意，单个随机对照临床试验不可能研究 MRTP 的所有健康效应；除此之外，临床试验应具可重复性，即在同等条件下重复试验可得到相同的结果，不过从心理测量学的角度来看，如果能通过不同的试验方法得到相同的试验结果，结果将更具说服力。

受试者选择范围将决定临床试验结果适用范围。孕期和哺乳期妇女、儿童、患有不稳定疾病和精神疾病患者不宜参加减害烟草制品临床试验；典型受试吸烟者日均最小吸烟量应有一定要求（通常>10 支/d），受试者不应同时使用其他形式的烟碱，之前也不应使用过 MRTP。可通过社区广告（如传单、报纸）来征集自愿受试者。

（五）观察流行病学研究

在评估减害烟草制品时，观察流行病学研究起着至关重要的作用。尽管不具备试验研究的科学可信度，流行病学观察结果仍是所有受管制产品评估研究的基础，在初期评估阶段如此，在批准/认证后的评估阶段更是如此。

鉴于使用烟草制品可导致多种不良健康效应，确定减害烟草制品是否具有减害潜力、是否有益于公众健康将变得极为困难，需要开展长时间、大样本和可靠性强的观察流行病学研究以和传统烟草制品进行比较。

观察流行病学研究的规划和执行应须十分详尽，且有可能同时横跨多个学科——如此才能评估各种减害烟草制品对群体行为、生化、遗传以及病理过程产生何种影响。仅靠单项观察流行病学研究可能无法全面回答上述问题；不过在多数情况下，如果研究设计得当，其结果将相当有用，足以指导制定公共健康政策。

观察流行病学研究主要涉及以下四个方面：①研究烟草制品暴露-疾病关系；②在开展流行病学研究时应当注意的若干事项；③选用何种指标来表述减害烟草制品所导致疾病/负面健康效应结局；④常用的流行病学研究设计方法。

1. 研究烟草制品暴露-疾病关系

在研究减害烟草制品健康效应时会面临一个很现实的问题，即将来减害烟草制品种类和使用方式有可能变得多样化。不同类型产品可能具有不同的减害机制，评估其健康效应时所须开展的流行病学研究类型也相应不同。如果大部分减害烟草制品都具有其独特的药理学和生理学作用，从实际操作上讲，对每一种产品分别进行评估将不再适用。而观察流行病学研究要求研究对象是明确的、毋庸置疑的，如此才能将研究对象和其他烟草制品区别开来。

一种较为可行的方法是，根据现有信息，将各种减害烟草制品分成几个大类，对每一类分别进行统计分析。如此除要求分类依据必须科学严谨外，同时应考虑一些实际问题：减害烟草制品使用者可能不定期改用其他烟草制品；可能使用频率会发生改变；可能交替使用不同类型减害烟草制品；还有可能同时使用减害烟草制品和传统烟草制品，出现上述情况时将有可能无法记录产品使用方式，最终观察流行病学研究结果也会受到影响。类似地，如果减害烟草制品在公众群体中普及率不高，观察结果的可信性也将受到质疑。因此，只有那些（在产品被认证后）能够长期占有市场且市场占有率高的减害烟草制品才适合开展流行病学评估。如此一来又会出现新的问题：因为长期占有市场，产品及释放物成分可能会发生改变，又将加大评估过程的复杂程度。

2. 在开展流行病学研究时应当注意的若干事项

（1）应预先界定好合适的"效应程度" 既然流行病学研究目的在于评估减害烟草制品的健康效应，那么最好应在研究开展之前做出规定，对健康效应程度强弱进行界定。即致病率降低多大幅度才值得让个体改用减害烟草制品，减害烟草制品在多大程度上区别于传统烟草制品才值得对其进行推广。不过尽管流行病学研究统计结果相当重要，上述规定不应建立在统计结果的基础上。比如说，在一段时期内，假定其他研究条件一致，某款减害烟草制品与传统烟草制品相比，可使肺癌和膀胱癌发生率降低2%，那么2%是否就可以作为规定的界限或消费者改用该产品的依据呢？如果可以，研究时间拉长后数值发生变化又该如何？如果此款减害烟草制品其他健康效应尚属未知，那么就更不能仅依靠肺癌和膀胱癌数据来做出规定。如果反过来，在开展流行病学研究之前先界定好"效应程度"，则可在此基础上确定样本数及其他研究条件。

（2）提高流行病学研究效率 若使用传统队列研究对潜在减害烟草制品和传统烟草制品进行比较，有可能需要许多年时间才能得到结果。这是因为，许多烟草相关疾病潜伏期可长达几十年，即使在研究中人为下调受试者与有害烟草成分的累积暴露水平（在队列研究中确实可以做到，因为队列中许多人都曾是吸烟者，疾病在研究开始之前就已经有所发展），我们也无法知道减害烟草制品和传统烟草制品的区别到底需要多长时间才能显现出来。但是以下措施可以缩短研究时间：

当个体开始使用烟草制品后，某些疾病发病时间要早于其他疾病；或当个体停止使用烟草制品后，某些疾病痊愈时间要短于其他疾病，那么可以此类疾病为依据对减害烟草制品进行评估。冠心病即是一个较为典型的例子：研究显示，当个体停止使用烟草制品后，罹患冠心病的风险会在几年内显著降低。另外一个例子是烟草制品对妇女妊娠的影响：虽然我们强烈建议妊娠妇女停止使用烟草制品，但总有个例不能或不愿戒烟，如果这些个例改用减害烟草制品，那么很快就会知道减害烟草制品能引发多大水平的流产率和早产率。有鉴于此，在使用此类疾病/健康效应进行研究时，应当慎之又慎，且必须通过伦理审查。

另外一种方法是以某种疾病的高危群体作为研究对象，即让具有高危因素（除吸烟外）的个体参与到研究中来。如此可不需要太多的样本数，研究时间也会缩短。比如，高血压、高胆固醇个体，或患有家族性高胆固醇血症和糖尿病的个体，罹患心血管疾病的风险相对较高；又如，某些特定职业群体（如铀矿和石棉矿工、纺织工人等），因为职业暴露，罹患肺癌的风险较高；再如，曾得过肿瘤（如头颈癌）且被治愈的吸烟者复发的风险较高。所有上述群体均可作为临床研究对象和观察流行病学研究对象。

第三种方法是以传统烟草制品使用率高的群体作为研究对象，如某些少数族裔、社会经济地位较低的群体、性少数群体以及存在精神问题的群体。将上述群体作为研究对象可提高研究效率，缩短研究时间，可作为观察流行病学研究的候选群体。

将减害烟草制品多项健康效应综合在一起分析，也可提高研究效率。传统队列研究一般只关注烟草制品某一项健康效应，并在各种前提假设的基础上，从生化和毒理学角度阐述疾病发生过程。如果同时研究多项重要健康效应，研究的可信度和效率将会大大提高。典型的综合性研究可以某一种主要疾病作为主要研究目标，事实上，一些队列研究和临床研究就是采用此种方法；考虑到烟草制品所引发的任何一种足以致死的严重疾病同时也会阻止其他可致死疾病的发生，该研究方式可用于评估不同的致死原因。减害烟草制品主要作用是预防各种疾病和减缓痛苦，综合性的研究指标——类似于自我报告的健康状况或伤残调整寿命年（Disability-adjusted life years，DALY）——可更切实际地反映个体健康状况。在研究中甚至可以考虑根据各种疾病在临床上的重要程度（或与烟草相关程度）对其进行加权处理。从上述内容可知，对各种疾病进行综合分析，并不会对个体健康状况的评估过程造成影响。

（3）流行病学研究中的干扰因素 如果对干扰因素不做考虑，几乎所有流行病学研究结果都将失去其有效性。通常干扰因素是高血压、高胆固醇、动脉粥样硬化和糖尿病等高危因素，具有这些高危因素的个体罹患其他疾病的风险相对较高。如果试验组和对照组之间的差异是由这些干扰因素引起的，研究结果就没有意义了。

如果将传统烟草制品使用者和改用减害烟草制品的使用者进行对比，也有可能引入干扰项：后者可能对烟草的依赖程度不高，与烟草暴露程度要低于前者。那么在评估减害烟草制品时，就应把减害烟草制品使用者在使用方式和暴露程度方面的差异考虑进去。

存在精神问题的群体（如酒精和药物滥用群体）烟草制品使用率较高，如果将此群体纳入研究对象，同样也有可能引入干扰因素。为保证研究的有效性，有必要了解所有受试人员的精神疾病史和药物滥用史。如果改用减害烟草制品的个体大多不存在精神问题和药物滥用问题，即表明引入了干扰项。

在以下情况下，也有可能引入干扰项。

①吸烟者经常尝试戒烟。吸烟者戒烟或改用其他烟草制品，有的是因为已罹患烟草相关疾病，有的是因为已自我感知到身体异常征兆。在开展流行病学研究时，有必要了解受试人员是否存在上述情况，否则有可能出现改用减害烟草制品后患病风险升高的假象。

②吸烟者经常使用辅助戒烟产品来戒烟，如含烟碱的药物或其他产品。辅助戒烟产品通常具有临床副作用[68]，在此情况下，应当记录辅助戒烟产品使用情况，以免误认为其副作用是减害烟草制品健康效应。

③无论是传统烟草制品还是减害烟草制品导致的疾病都有可能引发合并症，而合并症也是潜在的干扰项。一般来说，吸烟者与非吸烟者相比，前者出现各种健康问题的风险要高得多。如果在研究开始之前，受试者就已经因为吸烟出现各种健康问题，那么将对减害烟草制品的评估过程造成干扰，因此在研究开始前应严格记录受试者健康状况。

④无论是传统烟草制品还是减害烟草制品，其药理作用都会受到个体遗传因素影响，同时遗传因素也会影响个体使用行为，因此在流行病学研究中，个体在遗传上的差异也有可能成为干扰项。

⑤在过去的几年里，美国境内社会经济地位较低的群体吸烟率较高，即受教育程度低的群体、个人或家庭收入低的群体以及"蓝领"群体更有可能因为吸烟或职业原因产生负面健康效应。因此在开展流行病学研究以对减害烟草制品和传统烟草制品进行比较时，应消除各组在社会经济地位上的差异以避免形成干扰。

⑥出于社会和禁烟法令的压力，吸烟者倾向于聚集在特定场地吸烟，此时如果要研究减害烟草制品准确的健康效应，或测定受试者生物标志物水平，二手烟暴露可能会对结果造成影响。因此，在观察流行病学研究中，应当注意收集二手烟暴露数据。

⑦当前与烟草有关的公共健康政策、立法（如提高烟草税）均在快速发展，新的医学研究成果不断涌现。有可能某一事件即可对吸烟者行为造成影

响（如改用减害烟草制品、体育锻炼、服用他汀类药物）。在研究中除了对这些事件本身进行评估外，还应对事件可能造成的影响进行评估，如此可将这些事件作为协变量加以分析。

⑧观察流行病学研究存在一定的观测偏差。比如，改用减害烟草制品的吸烟者群体，相较于其他群体可能会受到更多关注；研究中可能需要对一些高危因素进行额外检测，这些都将使最终结果出现偏倚。在开展长期观察流行病学研究时，尤其应当注意观测偏差。

（4）减害烟草制品健康效应的"基准对照" 在对减害烟草制品进行评估时，通常默认以传统烟草制品健康效应作为基准对照。不过在流行病学研究中，该基准对照在实际上无法实现：通常我们无法知道对照组使用传统烟草制品的准确累积时间。研究人员可以将其他减害烟草制品健康效应，或将非吸烟者健康状况作为基准对照，这同样也能为后期政策制定提供有用信息。鉴于基准对照在提供后期指导过程中极具重要性，应当在研究一开始就加以申明。

3. 选用何种指标来表述减害烟草制品所导致疾病/负面健康效应结局

在观察流行病学研究（其他群体研究或临床研究也是如此）中，可选用的响应变量（结局）有若干种。我们曾在本章最开始就使用生物标志物和替代终点作为响应变量的优缺点进行过讨论。应当注意的是，目前对生物标志物是否能够替代真实疾病结局尚存在争议，许多病例记录显示，生物标志物水平变化趋势并不能真实预测疾病发展方向[69]。到目前为止，还没有哪种指标可以替代真实的疾病终点。

在药物管制历史上曾有过对替代终点加以控制（如控制血压、抗心律失常、降低胆固醇水平）却不能对疾病加以预防和改善的反例，因此多年来人们一直在怀疑，替代终点是否能够独立反映临床试验效果。

4. 常用的流行病学研究设计方法

一般来说，药理学、毒理学研究和行为干预研究所需时间较短。尽管减害烟草制品致病风险评估工作可部分通过临床试验完成，但主要还是通过观察流行病学研究来完成的。目前学术界已发展出整套的观察流行病学研究设计方法，而我们在这里只讨论最基本的几种。

（1）队列研究 队列研究长年来一直被用做评估烟草制品的基本研究工具，显然可用来评估减害烟草制品。队列研究会持续跟踪具有不同产品使用习惯的个体，直到得到其最终结局。

队列研究优点如下：

①可获取受试者与传统烟草制品和减害烟草制品基线暴露水平，提供有关暴露水平的无偏估计。

②从研究开始就开始并持续收集信息，可追溯前期产品使用情况。

③随着研究进行，可同步监测消费者使用习惯发生何种改变。

④研究结果可统一记录，便于后期核实。

⑤可同时研究多种疾病结局。

队列研究允许评估受试者综合健康状况，但是，队列研究也存在局限性：

①即使是吸烟者，也有可能需要许多年才发展出一些不常见、但是很重要的严重慢性疾病。因此队列研究可能需要较长时间和较大样本数，并且可能会消耗掉大量资源。

②如果只有某个群体使用减害烟草制品，队列研究将不再适用。

③受试者产品使用习惯可能会发生改变，使得对暴露水平的测定的分析过程复杂化。

如果队列研究只比较使用单一产品（传统烟草制品或减害烟草制品）的受试者，可部分提高研究效率，缩短研究所需时间。研究人员可根据对照组受试者是非吸烟者（非吸烟者可能以前吸烟）还是从不吸烟者（Never smoker），来决定是否设立"起始队列"（Inception cohorts），即该队列中的受试者均为第一次使用减害烟草制品。该做法类似于使用队列研究评估药品时候设立"新使用者"队列，但是如果在多年内维持该队列，在实际操作上会存在一定难度。

回顾性队列研究是一种可能更为有效的队列研究设计方法。回顾性队列研究所分析的都是业已收集好的数据。如果某一大样本群体的产品使用行为及其健康结局在之前曾被良好记录下来，即可使用回顾性队列研究对该群体进行分析。不过回顾性队列研究不适合对从未出现在市场上的减害烟草制品进行评估，也无法对干扰项进行分析。回顾性队列研究不大可能在将来得到广泛应用。

最后一种提高前瞻性队列研究效率的方法是在研究中同时使用生物标志物。

（2）病例对照研究　观察流行病学研究另一种设计方法是病例对照研究，

病例对照研究将患有某特定疾病的群体（病例）和健康群体进行暴露史对照以获取有用信息。病例对照研究在收集病例方面不存在困难（即使是不常见的病例），因此也是较为常见的研究设计方法。除此之外，病例对照研究也广泛应用于预防性干预措施效果评估[70]。在病例对照研究中，可对具有不同生物标志物水平和疾病结局的群体与具有正常生物标志物水平的"对照"群体进行比较。

在设计病例对照研究时，除了像队列研究一样应注意干扰项问题外，还应注意以下问题：

①病例和对照群体来源应当一致以确保对照可信度。

②受试者使用减害烟草制品的时间应该足够长，以确保评估有效性。

③一次只能分析一种疾病（病例），不能分析总体健康效应。

④因为受试者与减害烟草制品暴露程度是通过后期回顾来进行评估的，因此不可避免地存在回忆偏差。

在所有病例对照研究中，受试者回顾暴露程度的准确性决定了研究的可信性。不过如果某个群体已经广泛使用减害烟草制品，病例对照研究仍然是较为可行的分析方法。

（3）交叉设计研究 如果所研究的结局是短期的或可复发的（特别是使用生物标志物或中期临床终点作为结局指标时），此时适用交叉设计研究。最简单的情形是：受试者以自己作为对照，在发生不同暴露后对相应结局进行分析。比如，可以对同一个体使用传统烟草制品和减害烟草制品的不同结局进行比较。这种自我对照的方法可消除许多潜在干扰项。不过交叉设计有一项基本假设，即前一种暴露结局不会影响到后一种暴露结局。交叉设计适合研究那些在研究过程中改变所使用产品的个体（如前期使用减害烟草制品，之后改用另一种减害烟草制品，或重新使用传统烟草制品）。

（4）比较效果研究 比较效果研究（Comparative Effectiveness Research，CER）通常用于比较针对某种特定疾病的不同临床干预措施，以期获取相关措施或政策的真实效果。虽然比较效果研究中包含有临床试验，其主要手段还是观察。比较效果研究可对传统烟草制品使用者、非使用者和减害烟草制品使用者的比较过程进行深化和拓展。非比较效果研究（Non-CER research）一般通过倾向性计分（指改用减害烟草制品或改用传统烟草制品的可能性）和辅助变量分析（以消除干扰项影响）来寻找因果关系；比较效果研究可通过调查医学文献来寻找因果关系，推动分析方法进步。比较效果研究不会像随机试验设计那样可以给出可信程度高的因果推论，其最终目的是，在有限的观察数据基础上，尽可能提高因果推论的可信性。

**二、依赖性评估方法**

依据《家庭吸烟预防与烟草控制法案》，对 MRTP 公共健康效应的评估，主要是观察 MRTPs 是否会导致公众出现下述情况。

①开始并持续使用风险改良烟草制品。

②停止使用危害较高的烟草制品（如传统卷烟）并开始使用 MRTP。

③双重使用（Dual use），即同时使用危害较高的烟草制品（如传统卷烟）和 MRTP。

④戒断后又开始复吸危害较高的烟草制品（如传统卷烟）。

所有上述可能结果均取决于 MRTP 的强化作用，即可为使用者提供何种程度的报偿。

对于特定的烟草制品（如无烟气烟草制品或卷烟）或特定的烟草制品成分（如烟碱），其强化作用可通过动物试验进行测定，然而当前动物试验并非最理想的方法。首先，动物试验适用于那些短期内即可表现出显著健康风险的产品，考虑到受试 MRTP 多已通过临床前研究，其健康风险应该不大；其次，通过动物试验对某些类型 MRTP（如鼻烟）暴露方式进行模拟存在较大难度；再次，人体试验可供选择的方法较多，易于取得有意义的评估结果；最后，因存在种间差异，从动物试验结果外推到人体时存在较大误差，在涉及烟碱强化作用时更是如此[71]，而人体试验则不存在该问题。

在开展人群研究时，MRTP 是否引起使用者产生依赖性可通过随机对照临床试验（Randomized controlled trial，RCT）进行解答。特别地，RCT 在解答如下问题时具有较大优势：①公众对 MRTP 的接受程度和使用情况；②MRTP是否可促使使用者完全戒断或减少使用传统烟草制品；③是否会出现双重使用，即同时使用 MRTP 和传统烟草制品的情况。

理论上，RCT 还可解答如下问题：①有多少使用者戒断传统烟草制品后，还会继续使用 MRTP；②使用者对 MRTP 的认知是否会随着使用时间延长发生改变；③MRTP 是否有助于缓解烟草戒断症状。

如果 MRTP 可有助于缓解烟草戒断症状，那么 MRTP 用作辅助戒断产品的可能性将会增加。

但是，没有任何一项 RCT 可以独立描述 MRTP 所有公共健康效应。若想全面回答所有问题，最好开展两项或多项 RCT。比如可以设计两项随机对照临床试验，其中一项侧重数据内部有效性，另一项侧重数据外部有效性 [即与真实世界证据（Real world evidence，RWE）的相关程度]。如果预先开展若干实验室研究并得出一些基本结论，在此基础之上再开展 RCT，则可大幅节省时间，避免浪费资源，降低受试者的健康风险。

开展高质量的 RCT 研究，需要重点考虑：设计方法、观测方法、如何向受试者提供受试产品、如何开展跟踪调查以及数据分析。

（一）RCT 的设计方法

RCT 设计时，需要注意一些事项。①RCT 的设计应当与试验目的紧密联系。如果要观察 MRTP 是否会对将来传统烟草制品消费产生影响，那么应当设置对照，让受试者随机使用 MRTP、安慰剂和/或其他对照产品[72,73]。②是否要为具有戒断意愿的受试者设定明确的戒断截止日期。设定戒断日期有助于考察受试者通过 MRTP 戒断的可能性。如果所设计的随机对照临床试验更偏重内部有效性，受试者也多具有戒断意愿，研究人员可鼓励受试者设定戒断截止日期，并将对戒断效果的评估集中在截止日期前后。如果设定戒断日期，对一些指标（如戒断症状）的测定将会比原来重要。然而，该设计并不能反映 RWE 中 MRTP 使用情况，在现实情况中，许多人使用 MRTP 并非为了戒烟（最起码在开始时如此）。如果设计更偏重外部有效性（至少有一项随机对照临床试验应当如此），则不应设定戒断截止日期，且应以不具戒断意愿的受试者为样本主体。③主要终点。涉及 MRTP 的 RCT，其中一项主要终点应当是传统卷烟（或其他传统烟草制品，取决于实际所开展的研究）使用者戒断 1 年或 2 年后的复吸率。其他可用的临床终点包括：具有双重使用行为的吸烟者比率、具有双重使用行为的吸烟者对传统卷烟制品消费量、吸烟者对 MRTP 消费速度以及偏好程度、吸烟者对 MRTP 的态度和认知程度（对 MRTP 的喜好程度，对 MRTP 相对健康风险、致癌能力以及遏制使用传统烟草制品能力的认知程度）、尚未成功戒烟的吸烟者是否仍有戒烟动机以及后期戒烟计划、吸烟者自我估测能够成功戒烟的可能性（分使用和不使用 MRTP 两种情况）、在任何尝试戒烟的过程中表现出戒断症状的严重程度、尝试戒烟的次数、烟碱依赖程度、自我戒烟成功率等。④如果 MRTP 在基础研究（实验室研究）阶段表现出一定毒性，那么在临床研究阶段应当同时评估受试者身体健康状况（如进行肺功能测试），如此就能知道 MRTP 是否导致受试者体内有害物质或相关疾病的生物标志物水平发生变化。

系统考虑上述情况后，选择参与 RCT 的样本，涉及样本属性、样本特征描述和受试者招募与随机分配。

1. 样本属性

RCT 最佳受试群体应当是长期使用传统卷烟制品的当前吸烟者。考虑到 RCT 结果应当对真实世界的吸烟者具有普适性，样本群体中应当同时包括轻度吸烟者（每日吸烟量须≥2 支）和重度吸烟者（每日吸烟量没有上限）。当然，轻度吸烟者参与受试的前提是，试验不会对其产生预期之外的健康风险。超轻度吸烟者（very light smoker）参与受试的前提是：①他们自己认为减害烟草制品致病风险较低；②具有与其他吸烟者不同的吸烟动机[73]。如果要观察减害烟草制品将来可能的普及程度，样本群体中应该同时包括具有戒断意愿和不具有戒断意愿的吸烟者。因此，至少应在一项随机对照临床试验中，不同受试个体戒断意愿的强烈程度不同。

RCT 需要解答的另外一个问题是，MRTP 是否有助于年轻吸烟者和青少年吸烟者戒烟（或促使其改用 MRTP）。如果所设计的 RCT 旨在回答该问题，则应招募年轻吸烟者和青少年吸烟者。需要注意的是，样本主体无论是哪类人群，都应尽量包含有不同的性别、种族和社会经济地位。

根据以往研究，烟碱替代产品对无烟气烟草制品使用者和传统卷烟制品使用者的效果不尽相同。有鉴于此，如果要研究减害烟草制品对无烟气烟草制品使用者的作用，应确保试验强度合理，如此才能得到有用的推论。

2. 样本特征描述

重要的样本特征包括：性别、年龄、种族、受教育程度和社会经济地位、烟草/烟碱使用史（烟草使用峰值水平、戒断史、起始使用年龄和不同烟草/烟碱制品使用史）、对受试产品期望、有无戒断动机、自我戒断的能力、烟草/烟碱依赖程度、血液或呼出气中烟草/烟碱暴露水平指标、当前和过往身体和心理健康水平、有无共同依赖（如除烟草依赖外还存在酒精依赖和麻醉品依赖）以及精神药物使用情况。其中，精神药物使用情况除了能够反映个体过往及当前精神健康状况之外，某些精神药物也具有辅助戒烟功能（如安非他酮和去甲替林），因此在试验开展之前应予以检测。除此之外，一些能够影响烟草戒断成功率的环境因素，如家庭和工作单位对吸烟的态度、个体是否与其他吸烟者共同居住等，也应当予以了解[74]。上述样本特征都会对个体的烟碱依赖程度、自我给药行为严重程度以及自我对烟草使用控制能力造成影响。

烟草依赖程度评估方法有法格斯特伦烟碱依赖测试，或多因素依赖程度评估方法，如烟碱依赖症量表[75]和威斯康辛吸烟依赖动机调查详表，要比《精神疾病诊断和统计手册》中的评估方法更准确[76]。

3. 受试者招募与随机分配

可通过媒体发布招募启示，也可依据在基层健康诊所了解的患者情况进行受试者招募。如果是效力研究（侧重内部有效性），则适合用前一种方法招募具有强烈戒断动机的个体；如果是效果研究（侧重外部有效性），则适合用后一种方法招募，毕竟效果研究对受试者是否有戒断动机不作要求，而记录在案的吸烟者不一定都有戒断动机。应当注意的是，在招募和筛选受试者过程中，不能给予受试者不切实际的承诺（即在实际使用过程中该承诺无法实现）。

为获取大样本数据，研究可能会同时在多个地区开展。所有地区的受试者招募和筛选过程、研究和测试方法必须一致，同时应了解各地区的样本特征。在获取各地区数据后应进行池容性分析以确认各地点数据是否具有一致性。

样本数应足够大，至少应足以观察到主要临床效应，如戒断率等。至于戒断率多大才会显著有益于公众健康，目前尚没有明确规定。一种方法是比较长期使用减害烟草制品和处方类戒断药物的戒断效果，通常情况下，使用时间越长戒断率越高，如使用处方类戒断药物后6个月后的戒断率会翻倍[77]。不过该领域研究资助通常也较多，足够观察到长期（如6个月）戒断率提高10%（比如对照组10%，实验组20%）。Lancaster等在其所做的循证医学研究报告中建议，戒断率提高6%及以上可认为显著有益于公众健康[78]。考虑到将来减害烟草制品会被成千上万人使用，同时结合上述寻找医学报告观点，应至少资助一项随机对照临床试验，观察到5%~6%或更高的长期戒断率提高值。

当然，在随机对照临床试验中还可收集其他临床终点的信息，即使是次要终点也无不可，在进行受试者招募时就应考虑到一些特别有意义的次要终点的数据采集问题。比如说，尽管一些疾病生物标志物或替代终点的有效性仍有待商榷，但由于其数据采集过程十分方便，在试验过程中应注意收集相关数据。有些疾病（如内皮功能紊乱）的生物标志物和替代终点有可能会在临床试验后续过程中发生变化，应注意持续采集。

随机对照临床试验设计和开展过程应当遵循《临床试验报告统一标准》。如果受试者在多个地区招募，应注意各地区随机分配的平衡性。在随机分配的过程中应注意盲测问题（至少应尽可能对试验人员保密）。除此之外，一些能够显著影响试验结果的因素（如受试者是否具有戒断意愿）应当视作分组依据，而不应视为无关变量。

（二）RCT 的检测方法

1. 生化指标检测

一些可代表受试者与烟草/烟碱暴露程度的生化指标能够反映受试者前期自我给药行为严重程度或对烟草/烟碱的耐受程度，这些生化指标水平通常也会影响到受试者将来戒断成功的可能性[79,80]。呼出气中 CO 水平可作为吸烟者检测指标；血液、唾液或尿液中烟碱或可替宁的水平可作为其他类型烟草/烟碱制品（如无烟气烟草制品和烟碱替代产品）使用者的检测指标，特别地，单次或重复使用减害烟草制品过程中，血液烟碱的急性吸收速率可反映减害烟草制品的致瘾潜力。RCT 通常不关注吸烟导致的急性效应，因此多用可替宁作为检测指标。可替宁半衰期较长，可更准确地反映长期使用烟草制品的过程，如果样本群体中有轻度吸烟者，可替宁的优势将会凸显出来。如果受试产品为非燃烧型减害烟草制品，CO 则并不能真实反映受试者有效使用剂量。若想在研究初期获取基线水平以和后期进行对比，烟碱或/和可替宁是较为理想的生化指标。尿液中可替宁可很好地指示血浆中可替宁水平，其浓度可用肌酐进行校正[81]。如果要估算烟碱代谢速率，可同时检测可替宁和 3′-羟基可替宁水平[82]。烟碱代谢速率可反映受试者烟草制品使用强度，及判断是长期使用减害烟草制品来替代传统烟草制品还是完全戒断所有烟草制品的结果。

2. 样本基线水平的确定

理想条件下，应当通过计算机数据采集系统来收集所有可以描述样本基线水平的数据，如此方能确保数据的完整性，同时也有助于剔除异常数据。所有临床终点、调节因素、协变量以及样本特征参数都可用做描述基线水平的数据，比如吸烟速度、都使用哪些烟草制品、生化指标、烟碱依赖程度、社会经济背景和教育背景、戒断症状、过往精神健康状况、过往及当前身体健康状况、药物使用情况、是否对烟草有厌恶感（由烟碱毒性导致）、吸烟史（起始使用年龄、曾经尝试过的戒断最长时间、是否使用过辅助戒断方法）、自我戒断能力、对减害烟草制品认知程度、是否有戒断意愿、家庭和工作单位对吸烟的态度、是否饮酒等。在获取样本基线水平数据时，研究人员应当尽可能使用常规仪器及分析检查方法，以便能够和以往研究中的样本群体进行对比。

3. 戒断试验的评估

戒断试验主要关注受试者使用传统卷烟制品和减害烟草制品的情况。此类数据可通过多种方法进行收集，如借助交互式语音应答（Interactive voice response，IVR）系统，通过手机或固定电话对受试者进行回访，除此方法外亦可向受试者邮寄调查问卷进行回访，或可借助网络进行回访。如果受试者给自己设定好了戒断截止日期（在效力研究中需要这么做），对受试者的回访可集中在截止日期前后进行，除此情况外，应定期进行回访以获取准确的数据。如果记录下每日吸烟量（以支计），可反映出受试者吸烟强度（将一周之内的数据汇总可反映该周内吸烟情况）。那么我们有理由相信，在测试减害烟草制品时，受试者也可以记录下类似的信息。

如果条件允许，研究人员可以定时获取受试者在过去 24h 内使用传统烟草制品和减害烟草制品的数据（比如，通过交互式语音应答系统进行回访），并借此评估受试者使用烟草制品的强度，该跟踪方式可持续几周甚至几个月。在近些年开展的借助交互式语音应答系统进行回访的戒断试验中，研究持续跟踪时间可达一年或更长[83,84]。如果是效力研究，跟踪时间可能需要持续几个月，为确保受试者配合进行回访，可适当对其予以补偿。该方法除用于跟踪受试者吸烟强度外，还可用于跟踪受试者尝试戒断次数、戒断症状、自我戒断效果以及烟草厌恶症状。

在某些情况下可不用收集生化指标，特别是在效果研究中，研究人员通常也无需过多暴露受试者，更没有必要检测生化指标[85]。然而，对于那些需要准确掌握受试者吸烟强度（并非简单的非是即否判断）的研究，生化指标检测则必不可少，研究人员除了检测受试者尿液中可替宁以及呼出气中 CO 水平外，还应注意自我报告中提及的可影响生化指标检测水平的药物使用情况（如烟碱替代产品）。对此有人曾提出，对于任何随机对照临床试验，研究人员应至少每隔 6 个月造访一次受试者并提取生物样本[86]。在造访受试者的过程中，研究人员除了能够获取（额外的）受试者烟草使用强度信息外，还能了解一些次要临床终点是否发生变化，比如受试者对减害烟草制品的态度和喜好程度、戒断动机、烟草依赖程度、环境因素（比如家庭中是否有其他吸烟者）、受试者社交网络中是否还有其他人使用减害烟草制品（如果是售后研究的话）等。

试验自始至终，研究人员都应遵照《临床试验报告统一标准》将所有必要的事件记录在报告中，需要记录的事件包括：

①报名参加试验且符合要求的人数。

②报名参加但排除在外的人数及排除原因。

③符合要求但在试验开始前退出的受试人数、退出时间及退出原因。

④每个试验组分配的受试人数。

⑤接受了哪些测试评估。

⑥试验开始后退出的受试人数及退出原因。

⑦无法继续跟踪（失去联系）的受试人数。

⑧被纳入意向治疗分析过程但最终退出的受试人数及退出原因等。

也就是说，涉及样本自身及试验的所有必要信息都应进行记录。当然，《临床试验报告统一标准》在以后会不断更新，研究人员应当确保其当下使用的是最新标准。

最后需要说明的是，试验开展过程中除了需要对数据进行仔细处理外，同时应保持数据种类及获取间隔始终不变，如此方是设计较好的试验。

（三）受试样品的提供

对于如何向受试者提供减害烟草制品，首先需要考虑两个问题。

①减害烟草制品是否有助于吸烟者戒烟？如果可以，其辅助戒断效果如何？与其他辅助戒断产品（如烟碱替代产品）相比又如何？该问题需要通过在接近理想的条件下开展效力研究来回答。

②在现实情况中，许多吸烟者根本不想戒烟，也不会考虑使用减害烟草制品来辅助戒烟，那么，即使减害烟草制品具有辅助戒断效果，在现实情况中又能起到多少作用？该问题需要通过接近现实情况的效果研究来回答。

如果是效力研究，则应该向受试者提供尽可能多的减害烟草制品，如免费提供并鼓励受试者使用减害烟草制品，甚至提供使用方法培训，进行产品推广等。如此可得到减害烟草制品在理想使用条件下的辅助戒断效果。如果条件允许，在受试者使用减害烟草制品的同时，还可为其提供戒烟咨询等干预措施，毕竟这些辅助干预措施也存在于现实情况中[87,88]。

RCT通常要解答多重问题（主要问题可能只是其中一两项），比如，研究人员除了要确定减害烟草制品辅助戒断效果外，还有可能要了解公众在长期非监督状态下使用减害烟草制品的健康风险，以及减害烟草制品缓解烟草戒断症状的可能性。除非在试验过程中为部分受试者定期提供减害烟草制品，否则将无法解答上述问题。其他问题还包括：重度使用是否会增加使用者对减害烟草制品的喜好程度？现实情况中重度使用是否会影响使用者与烟碱和有害物质的暴露程度？折中的解决办法是，至少开展一项效力研究和一项效果研究。在效果研究早期可允许受试者免费试用减害烟草制品，后期可逐渐终止免费供应，让受试者自己购买以节省试验成本。

任何设计良好的RCT都应注意如下事项：应根据试验目的（效力研究还是效果研究）给受试者提供适量的减害烟草制品以及使用信息；应当明确告知受试者可能的健康风险以及如何识别不良反应；应当为受试者提供反映健康问题的途径，同时为其提供专业建议；应当通过多种途径了解受试者使用情况，如药物服用情况、常规自我报告、通过生态瞬时评估法（Ecological momentary assessments，EMA）获取的自我报告以及医疗仪器记录等。最后需要注意的是，不应告知受试者所使用产品的预期作用或效果，否则有可能会引入主观偏差（如失望情绪、安慰剂效应等）。比如可以告知受试者，试验目的仅仅是为了确定有多少人会使用减害烟草制品，观察减害烟草制品如何影响其他形式烟草制品使用情况以及受试者对减害烟草制品持何种态度等。

（四）跟踪调查的开展

涉及如何保证试验有人参与并长期进行的问题，我们可以参考前人研究中使用的各种方法：

①在试验开始前明确受试者的任务。

②定期支付一定报酬。

③允许受试者重新安排评估事项。

④使用内容简短、清晰明确的调查问卷。

⑤发展固定的研究人员与受试者关系。

⑥通过多种途径（电话与电子邮件联系、造访家庭及工作单位、通过第

三方（担保人等）与受试者保持联系以确保试验能够长期进行。

⑦及时了解受试者地址变更情况。

⑧向受试者明确表示，允许其中途退出，如果将来想返回试验也未尝不可。

采用上述方法，跟踪时间可延长至数年之久，并能有效避免研究人员与受试者发生矛盾，提高确诊率。

正如前文所述，对受试者的跟踪调查应当通过多种渠道开展，包括电话联系、邮寄调查问卷、开展网络调查问卷以及当面造访等。通常情况下，信息收集的渠道越多，数据也就越全面，确诊率也就越高。比如说，如果每半年当面造访一次受试者，可以在造访时了解受试者身体健康状况，获取生物样本，但每次造访只能获取受试者在上一周使用减害烟草制品的详细情况（比如在过去的一周中，每天使用了多少减害烟草制品和传统卷烟制品）。如果与此同时保持与受试者定期电话联系（比如每月联系一次），可了解到更详细的情况。

**（五）数据分析**

典型的数据分析报告中应当给出：

①《临床试验报告统一标准》中所规定的主要临床终点和次要临床终点。

②试验过程中发生的任何与原定方案的偏离。

③一份完整的《临床试验报告统一标准》项目流程图。

④是否遵循了意向治疗分析原则，每项分析中的受试个体数目。

⑤是否进行了试验误差校正（验证主要假设或评估对受试者有益的结果时候可不进行误差校正）。

⑥是否进行了协变量分析并消除了Ⅱ类误差。

⑦试验过程出现的不良事件，与所使用的减害烟草制品有何关系。

除此之外，在报告中应对减害烟草制品使用情况与试验最终结果之间的关系进行分析，如有必要应当遵循和药品类似的标准的分析步骤[89,90]，减害烟草制品的某些特殊使用方式有可能具有显著益处/害处，对受试者使用方式进行实时监测评估（有可能需要通过电子监控手段），可将此类特殊使用方式鉴别出来[91,92]。为确保能够全面掌握减害烟草制品对公众健康的效应，同时为了确保后期能够模拟这些效应，开展随机对照临床试验结局分析时应逐项考察如下内容：

①受试者使用减害烟草制品的情况。

②减害烟草制品获取难易程度（取决于各组处理分配）及使用情况是否会影响传统烟草制品使用情况，如节制状态下的吸烟率是多少，双重使用状态下的吸烟率。

③受试者使用减害烟草制品是否会促使其戒断其他烟草制品以及戒断持续时间；减害烟草制品是否会减弱其他辅助戒断措施的效果（有可能总的戒断效果没有发生改变，只是戒断方式发生改变而已，比如减害烟草制品使烟碱替代产品戒断效果减弱）。

④当受试者减少传统烟草制品用量或在进行戒断时使用减害烟草制品，是否会增加其对烟草的渴求。

⑤受试者在使用传统烟草制品和减害烟草制品两种情况下，对烟碱分别呈何种依赖程度。

⑥受试者使用减害烟草制品一段时间后，对传统烟草制品和减害烟草制品的认知（喜好程度、依赖程度以及认为其是否安全等）是否发生改变。

⑦受试者在使用传统烟草制品和减害烟草制品两种情况下，是否具有戒断意愿以及戒断效果如何。该结局应通过两个指标同时进行评估，其中一个指标是特定时间点的戒断率（如 6 个月后的戒断率），另一个指标是采用EMA 所获取的长期跟踪数据。

### 三、风险认知与风险交流评估方法

（一）对烟草相关风险和益处的认知程度

曾有大量研究关注非吸烟者和吸烟者对各种烟草相关风险（包括短期和长期健康风险、社会风险、成瘾风险、二手烟风险以及累积风险）的认知程度。通过回顾已有文献，观察公众如何认知烟草相关风险，以及其使用行为是否会受认知程度的影响。

早期的风险认知研究主要关注公众对长期健康风险（如心脏病和肺癌）的认知情况。近年来一些学者认为，研究青少年（甚至是成年人）对烟草相关社会风险和短期健康风险的认知程度更为贴切一些。这些社会风险和短期健康风险包括吸烟带来难闻气味的风险、牙齿变黄的风险以及自身因吸烟惹上麻烦的风险等[93-96]。有些研究关注的是，个体对烟草相关风险的认知程度是否会对其使用行为造成影响。比如，有人曾依据横断面调查数据来观察青少年对烟草相关风险的认知程度与其使用行为之间的关系，结果显示，吸烟青少年与非吸烟青少年相比，前者对烟草相关风险的认知程度较低[97,98]。借助前瞻性纵向研究数据，Song 等[99]发现：对烟草相关长期风险认知程度最低的青少年群体与认知程度最高的青少年群体相比，前者在以后开始使用烟草制品的可能性是后者的 3.64 倍；对烟草相关短期风险认知程度最低的青少年群体与认知程度最高的青少年群体相比，前者在以后开始使用烟草制品的可能性是后者的 2.68 倍。

在了解个体对烟草相关风险认知程度是否会影响使用行为的同时，有必要了解个体对烟草相关益处的认知情况是能在多大程度上诱导其使用烟草制品。研究显示，在影响个体使用行为方面，对烟草相关益处的认知与对风险的认知至少具有同等重要性。比如，Prokhorov 等[100]发现，对烟草相关益处了解得越多的青少年群体，其对烟草相关风险了解得越少，同时也越有可能在以后开始吸烟。Pallonen 等[101]发现，非吸烟者了解的烟草相关益处越多，也就越有可能在以后开始吸烟，相反地，如果了解的烟草相关风险越多，在以后开始吸烟的可能性也就越小。

总而言之，青少年对吸烟相关风险和益处的认知程度会左右其相关的行为决策，对烟草相关风险认知程度低的青少年群体更易开始使用烟草制品。因此，在减害烟草制品风险认知研究中，有必要观察烟草生产商提供的信息是否会影响消费者对其产品风险和益处的认知程度，以及消费者认知上发生的改变会对其使用行为造成何种影响。考虑到青少年群体对烟草制品的抵制能力较差，尤其有必要考察该群体是否能够正确理解烟草生产商所声称的"益处"。

有些烟草相关风险并没有被多数青少年和年轻人正确理解（比如烟碱致瘾的本质），他们会高估自己的戒断能力。研究显示，无论是吸烟者还是非吸烟者，都没有完全理解吸烟成瘾的本质。也有研究显示，青少年吸烟者不关心吸烟所具有的长期健康风险，是因为他们相信自己可以在任何时候轻松戒烟[102]。

从吸烟成瘾的本质上讲，无论是为了满足自己身体需要吸烟，抑或为了满足自己感情需要或社交需要（如为了避免消极情绪或为了融入社交群体）而吸烟，都会导致吸烟者成瘾。Rugkåsa 等[103]发现，青少年群体通常会错误地认为，只有成年人才对烟草有依赖性；他们认为自己只是出于社交需要而吸烟，并不像成年人那样是为了缓解生活压力而吸烟。

Weinstein 等[104]考察了吸烟者对吸烟成瘾以及戒断难易程度的认知情况，发现超过 96% 的青少年和成年人都认为，越早开始吸烟，戒断也就越不容易，大部分人也都承认致瘾过程发展很快。不过研究也显示，吸烟者通常对成瘾持乐观态度，认为戒烟并不困难，也即是说，他们会低估戒烟的容易程度。当问及戒烟难易程度时，有过吸烟经历的青少年都认为他们可以较为轻松地戒烟[105]。Arnett 等[106]在其研究中发现，60% 的青少年吸烟者和几乎一半的成年吸烟者认为，他们可以先吸几年烟，然后在想戒烟的时候戒掉。Weinstein 等[107]发现，有戒烟计划和没有戒烟计划的吸烟者对烟草相关风险的认知程度存在差异，其中有戒烟计划的吸烟者对吸烟导致肺癌的风险有较为清醒的认识。

综上所述，公众对烟草相关风险（包括短期和长期风险、成瘾风险、二手烟风险以及其他潜在风险）的认知程度较低，有必要对公众进行知识普及。公众对烟草相关风险的认知程度可以预测其烟草使用情况以及使用方式会发生何种改变。烟草生产商在为其某款产品申请减害声明时，应当向美国食品与药物管理局提交类似于上述研究中提供的数据。

1. 对不同类型烟草制品风险和益处的认知

曾有少量文献研究公众对不同类型烟草制品风险和益处的认知是否存在差异。此类研究大多集中在对"淡味"（Light）"超淡味"（Ultra light）和"低焦油"（Low tar）类型卷烟的考察上。研究显示，成年人对淡味和超淡味卷烟存在错误认知，多数成年人相信此类卷烟可递送较少的焦油和烟碱，口感较为柔和，负面健康效应也较少[108]。研究同时显示，吸烟者为减少因吸烟所带来的健康风险，会改用所谓的淡味卷烟[109]。Shiffman 等[110]考察了成年日常吸烟者对淡味、超淡味和低焦油卷烟的认知程度，发现受试者都认为淡味和超淡味卷烟比常规卷烟风险低，超淡味卷烟危害最少。类似，Etter 等定量考察了吸烟者对不同类型卷烟的使用情况，受试者在其研究中承认，要吸 2 支淡味卷烟或 4 支超淡味卷烟才抵得上 1 支常规卷烟，同时发现，淡味卷烟使用者普遍认为，罹患肺癌的风险要比普通卷烟使用者低[108]。

2. 人口统计学因素对认知程度的影响

令人不解的是，截至目前，很少有人关注人口统计学因素（除年龄外）会对烟草相关的认知情况造成何种影响，这些被忽略的人口统计学因素包括性别、种族/族裔和社会经济地位等。我们在本小节仅回顾一下已有的少量文献。

根据以往研究，在对吸烟相关益处的认知程度上，男性吸烟者和女性吸烟者存在有限的差异。在成人群体中，女性吸烟者比男性吸烟者更在意戒烟后体重上升的问题，她们通常会以担心体重增加为借口而拒绝戒烟或开始复吸。McKee 等[111]发现成年女性对吸烟相关风险和益处的认知程度比成年男性更深入些。也有人认为，女性不大可能会承认戒烟对人体健康有益[112]，而男性则更有可能会为了身体健康戒烟[113]。青少年男性对身体健康的担心比青少年女性要少；对于一些可以影响健康的危险行为（如吸烟），青少年男性会认为其益处要多于害处[114]。综上所述，男性和女性对吸烟相关风险和益处的认知存在差异，该差异或可解释为什么女性吸烟者戒断率要比男性低出许多[115]。因此，针对男性和女性消费者的（减害烟草制品的）减害声明应当有所区别。

3. 青少年吸烟原因

有些定性研究会采用面对面采访或群体讨论的方式来了解青少年的吸烟动机[95]。此类研究显示，青少年吸烟最常见的原因包括：为满足好奇心、为融入团体、为缓解压力或打发无聊、为了节食或为增加饮酒或吸毒时的兴奋程度等，有些青少年则吸烟则是因为其父母也吸烟[116]。美国医学研究所在其2007年报告中写道："青少年对吸烟有着自己独特的印象，比如有的青少年会认为非吸烟者更成熟些[117]；青少年吸烟者对自己的身份定位也较为特别（有别于一般的吸烟者、非吸烟者和受试者）[118]。"青少年个体对吸烟的印象会影响其行为决策。Gerard 等通过原初意愿模型分析青少年的风险行为，发现青少年对典型吸烟者和非吸烟者的印象会决定其是否愿意尝试吸烟，以及最终是否会发展成吸烟行为。对吸烟者印象较好的青少年会更愿意尝试吸烟并承担因吸烟导致的后果[119]。

烟草行业会根据不同人口统计学因素——如年龄（青少年、年轻人或成人）、性别、种族、社会经济地位、精神需求——来划分消费者群体，根据各群体吸烟的主要原因制作相应的烟草广告，并且会在烟草广告中努力展示出较好的吸烟者形象，以此来增加销售量。因此，涉及减害烟草制品，无论是售前研究还是售后研究，都应证明所有消费者群体对减害烟草制品的认知正确，不会因为认知错误而出现继续使用更多的有害烟草制品或同时使用减害烟草制品和传统烟草制品的情况。

（二）风险认知和风险交流的科学标准

对于每一款风险改良烟草制品，都有必要考察消费者对其致病风险、致瘾可能性以及降低他人与有害物质（如二手烟）暴露水平可能性的认知程度，以及对其相对风险（与市场上已有的烟草制品相比）的认知程度。对风险改良烟草制品风险认知的研究，可归类为对普通风险（如总体有害的风险或致瘾风险）认知程度的研究以及对特殊风险（如导致肺癌或心脏病的风险）认知程度的研究。在开展风险认知研究的同时，有必要考察消费者（无论当前是否使用任何形式的烟草制品）是否有使用风险改良烟草制品的意愿，其中需要重点考察的是，青少年群体对风险改良烟草制品风险和益处的认知程度，以及是否会因为相信风险改良烟草制品相对"安全"而开始使用风险改良烟草制品。上述问题都应通过售前研究和售后研究予以解答。

风险认知研究所使用的调查问卷应较为全面，其问题应当囊括有关风险认知的所有事项，即使是在研究者看来一些不言自明的问题也应包括在内。比如，无论是针对哪一款风险改良烟草制品开展的风险认知研究，都应含有考察受试者对二手烟风险认知程度的问题，无论该产品是否为吸入型烟草制品。这么做的好处是，研究者和决策者可以更好地了解有关风险认知的所有事项。如果开展的是纵向售后研究，应当着重考察不同年龄、种族、社会经济地位、受教育程度的群体在风险认知程度和/或使用倾向上的差异，以及该差异是否能够预测其使用情况，如是否会改用风险改良烟草制品或同时使用风险改良烟草制品和传统烟草制品。

如何在售前和售后研究中考察消费者对减害烟草制品的认知程度进行讨论？讨论终点将集中在研究过程所涉及的道德问题、如何界定目标人群、如何招募受试者以及如何进行测定和分析。

1. 研究设计

为考察公众对减害烟草制品的认知程度，以及对减害烟草制品的认知是否会影响其使用行为，在售前和售后都有必要开展风险认知研究。依据售前研究结论，可以限定烟草行业能够向消费者传递的减害烟草制品信息内容。通过售前研究我们可以知道的是，消费者是否有能力正确理解烟草行业向其传递的有关减害烟草制品风险/益处和适用条件的信息，以及这些信息会反过来怎样影响其对减害烟草制品风险/益处以及致瘾可能性的认知程度。毋庸置疑的是，无论烟草行业向公众传递有关减害烟草制品的何种信息，都不应对公众产生严重误导，不应导致公众曲解或夸大理解减害烟草制品的"减害"作用。比如，烟草公司在声明其产品烟碱含量较低时，不应让消费者或潜在消费者误以为该产品同时具有降低致癌风险的作用。换句话说，公众所理解的新产品的健康效应，即应是该产品能起到的实际健康效应。

售前研究第一阶段，应当是以群体讨论的形式做一些基础性的工作。一群人聚集在一起就某个问题进行讨论，特别是就以往没有出现过的问题进行讨论时，往往能够提出有深度和内涵的见解。如果现有课题毫无资料可寻，可通过群体讨论理出头绪，找出一些问题，进行后续研究调查[120]。开展群体讨论时需要注意的是，应当以何种人群为参与主体。在初始阶段，应当与各式各样的群体进行讨论，了解哪些信息在他们看来最容易被理解、最适合用在减害烟草制品标签和销售声明上，即该讨论阶段需要解决的问题是什么样的信息最准确，也最容易被理解。在第二阶段，参与讨论的个体应当有相似的背景，讨论的目的是确认消费者会怎样理解第一阶段所提供的信息。该阶段特别需要确认的是：潜在消费者是否会准确理解这些信息，这些信息是否会使潜在消费者改变其原来的使用意愿。

在群体讨论阶段确定了能够传递有关减害烟草制品潜在风险和益处的有效信息后，接下来需要做的就是考察这些信息会对消费者的认知造成何种影响。无论这些信息是以产品标签的形式出现，还是以销售声明的形式出现，还是以非语言信息的形式出现，都应进行考察。比如，在一些国家明令禁止卷烟包装上出现"淡味"或"柔和"等描述性用语后，其烟草行业开始使用淡色包装来表示"淡味"卷烟，其结果是，吸烟者会认为淡色包装卷烟危害较小，戒断也较容易些[121]。因此，如果我国烟草行业也使用图像、色调或其他视觉手段（文字除外）来传递有关减害烟草制品的信息，那么在售前和售后研究中也应同时考察这些视觉信息对消费者认知的影响，同时在售后研究中还应考察这些视觉信息对减害烟草制品消费情况的影响。

测试消费者对减害烟草制品相关信息认知程度的最低标准方法是：将这些信息以随机顺序展示给受试者，评估受试者对这些信息的理解程度以及受这些信息影响的程度（详见风险交流有效性评估小节），同时评估受试者对减害烟草制品潜在风险/益处、致癌风险的认知程度。研究者也可使用一些技术方法（如眼球跟踪技术）来考察受试者如何理解警告标志、文本或广告中的信息以及做出何种反应。在测试过程中有必要同时考察消费者对市场上现有产品的认知程度以和减害烟草制品进行对照。如果能考察消费者认知程度如何影响其使用行为，则可获取更多有用信息。

除进行认知程度测试外，还有必要考察消费者是否有使用减害烟草制品的意向，并与市场上现有产品进行比较（详见使用意向评估小节），即当消费者了解减害烟草制品相关信息后，需要考察其：①是否打算通过减害烟草制品来尝试烟草；②是否打算通过减害烟草制品来辅助戒断卷烟或其他传统烟草制品；③是否打算同时使用减害烟草制品和传统烟草制品；④抑或根本没有使用减害烟草制品的意愿。

美国食品与药物管理局规定，处方药申报转非处方药时，须开展消费者认知研究。处方药生产商应向美国食品与药物管理局提供的证据包括：非处方药产品标签能为消费者提供何种信息，以及消费者是否能够正确理解以及应用标签中提供的信息（在研究过程中受试者无须服药）。尽管此类认知研究无法预测消费者实际药物使用行为，不过多少有助于制定明确的药物产品标签。减害烟草制品研究科学标准委员会认为，处方药申报转非处方药过程中的消费者认知研究，可为减害烟草制品申报提供借鉴。

当减害烟草制品通过美国食品与药物管理局批准且进入市场后，有必要在售后研究中继续跟踪消费者的认知情况和使用行为。如果开展纵向队列研究，每年最好至少调查三次（即每季度一次），直至观察到使用行为发生改变为止。纵向设计有助于跟踪消费者认知程度和使用意向发生何种改变，以及认知上的改变对使用行为造成何种影响；队列设计则可以消除使用史、年龄等因素对最终观察结果（如对健康风险和致癌风险的认知程度以及实际烟草使用情况）造成的误差。至于每一队列应跟踪多长时间则应取决于该队列的年龄分布。考虑到多数人都是在成年早期（约25岁）出现烟草使用行为，对儿童和青少年群体应至少跟踪至该时期。对25岁以后的成人群体跟踪时间可短些，有可能3~5年即可终止。

2. 对认知程度的评估

受试者对减害烟草制品风险、益处以及致癌可能性的认知程度，可通过条件假设风险评估来进行考察。所谓条件假设风险评估指，为受试者假设一特定情境，规定受试者在该情境下的使用行为，然后让受试者自己评估该使用行为可能导致的后果。以往研究显示，条件假设风险评估结果要比非条件假设风险评估能更准确地反映受试者的认知程度[122]。比如，在评估吸烟短期或长期风险和益处时，可为受试者假设如下场景："你刚开始吸烟，每天吸2~3支。有时你独自吸烟，有时你和朋友一起吸烟。那么，如果你每天吸2~3支，发生……（某种结果）的可能性有多少？"[123]；若仅评估吸烟长期风险和益处，可为受试者假设如下场景："你决定今后每天都吸2~3支烟，那么发生……（某种结果）的可能性有多少？"

受试者会在特定情境下判断发生某些事件（无论是发生在自己身上还是发生在他人身上）的可能性，据此可评估受试者对相关风险的认知程度。通过条件假设风险评估，可以了解受试者对吸烟一般危害或特殊危害（如肺癌、心脏病等）的认知程度。减害烟草制品研究科学标准委员会认为，如果笼统地考察受试者对吸烟一般危害的认知程度，其考察结果往往也会泛化，变得难以解释。相反，如果考察受试者对特定危害的认知程度，受试者本身不会误解问题，研究者也可据此了解受试者对减害烟草制品的错误认知出现在哪里。

3. 对风险交流有效性的评估

一般来讲，公众对数字的理解和应用能力是非常低下的[124]。大部分人——包括健康专家和接受过教育的非专业人士在内——在理解用数值代表的烟草相关风险/益处信息时都存在一定的难度。这就要求烟草生产商须将有关减害烟草制品风险/益处的信息以清晰明了的方式陈述给公众，并且要证明公众准确无误地理解了这些信息。

首先，公众需要了解减害烟草制品相关风险，包括非烟草使用者使用减害烟草制品的健康风险，或使用者改用减害烟草制品后健康风险（相对于原先使用的产品）会降低多少，以及一些特定风险（如一氧化碳暴露的风险、罹患心脏病的风险以及罹患各种癌症的风险）是多少。除此之外公众需要了解的是，减害烟草制品相关风险/益处是针对何种使用方式（比如是每天使用一次、每小时使用一次还是依据产品包装上推荐的使用频率）而言。最后，公众需要了解减害烟草制品对特定群体（如女性、非裔美国青少年）的风险。当然，烟草生产商向公众陈述此类风险信息的前提是已经针对不同的群体开展过相关科学研究。

研究显示，采用绝对风险，而非相对风险，更有助于公众理解风险大小。比如说，针对某一事实可做如下不同陈述：①每100名减害烟草制品使用者中会有5人出现气短症状，每100名传统卷烟使用者中会有10人出现气短症状；②减害烟草制品与传统卷烟制品相比，可使气短发生风险降低 50%。两种陈述方法描述的是同一事实，但是①比②传达信息的效果要好。

根据以往研究结论，减害烟草制品研究科学标准委员会认为，烟草生产商在向公众陈述有关减害烟草制品风险/益处的信息时，应遵循如下要求：

①陈述中使用绝对风险而非相对风险。

②明确表述使用减害烟草制品具有何种风险，会导致何种结果。

③明确表述在何种使用条件下减害烟草制品才具有风险/益处。

④明确表述减害烟草制品在与何种产品做比较（即对照产品）。

⑤明确表述减害烟草制品对特定群体（如使用者群体/非使用者群体、男性/女性群体、处于特定年龄阶段的群体或特定种族/族裔）具有何种风险/益处。

烟草生产商在做出陈述后，应当依照前述方法测试陈述内容是否能够被正确理解。

4. 对使用意向的评估

有关减害烟草制品的如下使用意向需要分别进行评估：尝试减害烟草制品的意向；使用减害烟草制品辅助戒断的意向；双重使用，即同时使用减害烟草制品和原先产品的意向。评估消费者使用减害烟草制品的意向时所使用的一些范例问题如：

①在未来 6 个月中，你尝试减害烟草制品的可能性有多大？

②在今后的生活中，你尝试减害烟草制品的可能性有多大？

③将来你使用减害烟草制品的可能性有多大？

④将来你使用减害烟草制品辅助戒断卷烟/嚼烟/其他烟草制品的可能性有多大？

⑤将来你同时使用减害烟草制品和原先产品的可能性有多大？

⑥如果未来 6 个月内，你最好的朋友向你提供减害烟草制品，你会使用吗？（该问题只针对青少年）等。

5. 对使用结果期望的评估

除风险认知程度外，其他可影响个体使用行为的因素也应当予以关注。许多研究小组曾根据受试者对使用结果的期望来预测其烟草使用行为（如是否会开始使用或戒断后是否会重新使用）。期望指个体对自身行为可能结果持何种主观态度，个体自身行为受期望指导，期望本身则取决于个体知识储备、信念和经验等[125]。评估吸烟者对吸烟行为期望最常用的方法是吸烟结果调查问卷（Smoking consequences questionnaire）[126]。广义上讲，期望可分为对正向结果的期望（预期有益）和对负向结果的期望（预期有害）。如果个体对吸烟抱有正向期望（如吸烟所具有的正向强化作用和负向强化作用，以及吸烟所具有的其他好处如控制体重等），其戒断症状会更严重些；如果个体对吸烟抱有负向期望，戒断成功率会高些。对青少年群体的研究显示，如果青少年对吸烟抱有正向期望（比如能够消除负面情绪），则更有可能开始吸烟并最终形成烟碱依赖。一项针对减害烟草制品的期望调查显示，抱有正向期望的受试者，无论其有无烟草使用经验，都表现出了尝试减害烟草制品（Quest 和 Eclipse品牌）的兴趣[127]。因此减害烟草制品研究科学标准委员会建议，对减害烟草制品风险认知的研究应当包括对使用结果期望的评估。

6. 对情绪反应的评估

在过去几十年的研究中，研究者也注意到，消费者在做出健康相关行为决策（包括使用烟草制品）时，个体情绪因素也会起到重要作用[128,129]。传统理论认为，人们大多会根据理性思维做出判断和决策；然而越来越多的证据显示，感性思维也会在决策过程中起到指导作用，其常见的表现形式就是直觉推断。新理论认为，个体在特定情况下（如需要进行复杂分析或时间紧迫时）做出决策时，可能会更多地依赖感性思维。广义上讲，人们会认为风险低/收益高的行为是"正向"的，风险高/收益低的行为是"负向"的。有证据显示，如果新信息能够引起个体情绪波动，则可被记得更牢固些，个体对信息的认知程度也会更深入些[130]。因此，在考虑使用者和非使用者对减害烟草制品的反应时，不能忽视直觉（或者更宽泛地说，情绪因素）所起到的作用。目前人们有许多成熟方法来考察个体对事物的情绪反应。有些是量表的形式，让受试者对一些判断自己当前情绪的语句或词语打分（即用分数高低表示同意或反对），分数记录在单坐标轴或双坐标轴上；一些临床用表，如情绪状态量表（Profile of mood states，POMS）[131]和正性负性情绪量表（Positive and negative affect schedule，PANAS）[132]即是此种形式。另一种考察方法是用图片刺激受试者，让受试者评估图片的愉悦度（从愉悦到不愉悦）、唤醒度（从兴奋到冷静）和优势度（从支配到被支配）。该评估方式所使用图片多来自国际情绪图片系统（International Affective Picture System，IAPS）[133]。IAPS 中的图片分五大子类：愉悦-兴奋、愉悦-冷静、中性、不愉悦-冷静以及不愉悦-兴奋。减害烟草制品研究科学标准委员会建议，在评估受试者对减害烟草制品相关刺激（如广告、包装和销售等）的情绪反应时，应当同时从 IAPS 的每个子类中挑选出一些图片用作对照。

Wakefield 等曾尝试评估青少年对吸烟相关信息的情绪反应[134,135]，他们发现，在了解广告对青少年所造成影响，或对不同广告进行比较时，应当着重注意以下五点：①受试者是否有过烟草暴露，对普通反烟草信息会做出何种反应，对受试反烟草广告会做出何种反应；②受试者理解能力；③受试者对受试反烟草广告会做出何种评价；④受试反烟草广告与普通反烟草信息相比，其效果如何；⑤测试完成后一周内要撤销受试反烟草广告。以上五点适用于任何媒体（如电视、印刷物、互联网等）广告。

## 第二节　欧盟科学委员会报告

2008 年欧盟科学委员会成立了三个科学委员会，分别为新兴及新鉴定健康风险科学委员会（Scientific Committee on Emerging and Newly Identified Health Risks，SCENIHR）、消费者安全科学委员会（Scientific Committee on Consumer Safety，SCCS）、健康及环境风险科学委员会（Scientific Committee on Health and Environmental Risks，SCHER）。2015 年欧盟科学委员会重组科学委员会结构，将 SCHER 和 SCENIHR 合并，成立了消费者安全科学委员会（Scientific Committee on Consumer Safety，SCCS）和健康、环境与新兴风险科学委员会（Scientific Committee on Health，Environmental and Emerging Risks，SCHEER）。

**一、新兴及新鉴定健康风险科学委员会《无烟气烟草制品对健康的影响》报告**

新兴及新鉴定健康风险科学委员会的工作内容是针对一些广泛、复杂或多学科的问题提供意见。这些问题主要涉及新出现或新发现的健康和环境风险、需要全面评估的消费者安全或公共卫生风险，以及其他风险评估机构尚未涵盖的健康风险。

《无烟气烟草制品对健康的影响》报告主要从以下几个方面进行阐述：无烟气烟草制品对健康的影响、致瘾性、与替代烟碱药物相比辅助戒烟效果、无烟气烟草制品使用后对随后开始吸烟的影响，以及无烟气烟草制品的使用模式是否可以外推至其他国家等。该报告的总体结论是，使用无烟气烟草制品会上瘾，并且对健康有害。无烟气烟草制品作为辅助戒烟手段的有效性证据尚不充分，不同国家的无烟气烟草制品发展趋势存在差异。

该报告指出，评估无烟气烟草制品的健康风险需要多领域的综合研究，如流行病学研究、吸烟者个体实验研究、动物实验研究和体外细胞研究等，应对每个领域的相关证据分别进行研究，然后对各个领域证据进行权衡，形成综合性评估结果。这种综合评估解决的是，一方面无烟气烟草制品是否存在健康风险问题，即暴露与某些不良健康效应之间是否存在因果关联。另一方面，如果存在健康风险问题，还应说明关联大小和剂量反应关系，并表征各种暴露水平和暴露风险模式。正向研究与负向研究在风险评估中同样重要，都应纳入到综合评估中。另外，还应评估无烟气烟草制品人群暴露的疾病负担。

**二、健康、环境与新兴风险科学委员会《对烟草制品用添加剂的意见》报告**

2016 年，健康、环境与新兴风险科学委员会发布了《对烟草制品用添加剂的意见》报告。该报告主要针对欧盟烟草指令（Tobacco Product Directive，TPD）中"成分管制"和"添加剂的优先清单及义务扩展报告"的相关内容，提供烟草制品评估的标准意见。

（一）"成分管制"和"添加剂的优先清单及义务扩展报告"内容

1. "成分管制"中禁止下列行为

（1）生产特有风味的烟草制品。

（2）含有下列添加剂的烟草制品：

①给人留下烟草制品有益健康或降低健康风险印象的维生素或添加剂。

②咖啡因、牛磺酸或其他与能量和活力相关的添加剂或刺激性化合物。

③单纯染色用途的物质。

④有助于烟草制品的吸入或烟碱吸收的添加剂。

⑤未燃烧状态下具有 CMR 特性（致癌、致畸及生殖毒性）的添加剂。

（3）烟草制品的组成部分（如滤嘴、纸张、包装、胶囊）中含有香料或使用了改变烟草制品的气味、味道或其烟雾浓度的技术；过滤嘴、滤纸和胶囊中含有烟草或烟碱。

（4）添加剂的用量增加了烟草制品的毒性、成瘾性或 CMR 特性达到了显著、可测量水平。

2. "添加剂的优先清单及义务拓展报告"规定

在其他司法管辖区，已有初步的研究或法规表明，添加剂具有以下特性之一：

（1）对烟草制品的毒性、成瘾性有贡献或将烟草制品的毒性、成瘾性增加到显著或可测量水平。

（2）产生一种特有风味。

（3）有助于烟草制品的吸入或烟碱摄取。

（4）将 CMR 特性提高到显著或可测量水平。

根据成分报告结果，对于常用的以质量或数量计的添加剂，应采用综合研究的形式检测该添加剂是否具有上述规定的特性。在开展综合研究时，应考虑添加剂在烟草制品中的预期用途，添加剂燃烧的产物，另外还应考察该添加剂与烟草制品中所含其他成分的相互作用。

（二）科学合理性

综合文献和国际机构的方法，SCHEER 向国际食品法典委员会（Codex Alimentarius Commission，CAC，以下简称食典委）提供了关于烟草制品综合评估的标准建议，要求生产商评估各种添加剂对烟草制品毒性、成瘾性、特有风味或促进吸入的影响。

与药品或食品中的添加剂不同，烟草制品中的添加剂对消费者没有健康益处，并且容易形成一种不健康的吸烟行为习惯，因此 SCHEER 认为风险效益评估不是评估添加剂的合适方式，而应采用综合研究的方式进行烟草制品添加剂的评估。另外，SCHEER 提出了一种循序渐进的策略，并考虑了添加剂与其他添加剂/成分间相互作用的问题，综合研究证实的添加剂具有 EU TPD 第六节所列 4 种特性中的任何一种时，应考虑采取与 EU TPD 第七节一致的监管措施，这是由于烟草添加剂的成瘾效应、吸入促进作用和特征风味，会通过增加烟草制品的消费间接造成不良的健康后果。

SCHEER 列出了烟草制品添加剂清单中包含的 15 种添加剂。这 15 种添加剂分别是：角豆、可可及可可制品、丁二酮、葫芦巴提取物、无花果提取物、香叶醇、甘油、愈创木酚、瓜尔胶、甘草、麦芽酚、薄荷醇、丙二醇、山梨糖醇、二氧化钛。

（三）方法

SCHEER 建议采取一种务实有效的循序渐进的方法，评估烟草添加剂的

毒性、成瘾性、吸入促进性和风味特征。为证明某种添加剂不属于 EU TPD 第
（一）节所列 4 种特征的任何一条，烟草行业有责任提供由独立科研机构获得
的风险评估研究数据。这些科研机构应具有化学品的毒性、成瘾性、吸入促
进性和风味特性等的评估专业知识。这种方法包括 4 个步骤：非燃烧的添加
剂评估，添加剂热解产物评价，测试和评估结果，形成报告。

1. 步骤一：非燃烧的添加剂评估

整合现有数据对非燃烧形式的添加剂进行评估。通过查阅相关文献或相
关实验，收集文献数据，评估和识别数据间差别等方式对非燃烧的添加剂进
行评估。

通过文献或实验确定添加剂的化学特性。确定添加剂的性质时，应对存
在的所有杂质进行鉴定和量化，同时需要提供所有相关化学品（添加剂和杂
质）的 CAS 编号。虽然全部描述天然提取物的特性存在一定难度，但仍需要
尽可能多的信息描述生产过程，以了解成分的变化在多大程度上受到控制。
有关天然提取物添加剂的化学成分数据应由工业部门提供，重点是相关成分
的浓度，这包括以结构分类的化合物浓度（例如黄酮、萜类、生物碱等）和
烟草添加剂特有的成分（化学指纹、标记）。应提供微生物和可能的污染物最
高浓度资料，包括重金属、霉菌毒素、农药残留和多环芳烃（PAH）残留。

收集和评估非燃烧添加剂的所有文献数据。全面收集包括计算机模拟、
体内、体外和人体实验数据等评估添加剂毒性的所有信息。通过数据库，包
括 PubMed、Web of Science、Scopus、Toxline、Chemical and Biological Abstract
和 Google Scholar，检索同行评议期刊的公开文献以及灰色文献（如未发表的
内部研究报告）。应重视论文质量，涉及研究设计、执行、分析和报告等方
面。专家判断在评估数据质量和解释数据结果方面，发挥着至关重要的作用。

对每份出版物或报告都应采用相同的质量评价标准进行评估，尤其是出
现阴性结果时也应该采用相同的程序和标准。对评估为相关、可靠、质量良
好的研究数据，赋予不同的证据权重，综合来评价烟草添加剂风险。一般说
来，该方法通过总结、综合和解释等一系列的过程，能够获得相对可靠的综
合性结论。

2. 步骤二：添加剂热解产物评价

热解产物的评价时，应在现有数据的基础上进行，需要收集和评估有关
添加剂热解产物的相关资料。如步骤一中对非燃烧添加剂评价所述，收集添

加剂有关的毒理学、成瘾性、有助于吸入或热解产生的风味特性的公开和灰色文献数据。如果没有足够多的定量或定性数据，则需要在标准化的实验条件下进行热解研究。包括：①收集文献数据进行热解产物的鉴定；②热解实验（如果需要）；③收集文献数据；④评估。

为识别添加剂在燃烧过程中形成的化合物，烟草行业通常采用机器吸烟的方法，对烟气在使用和不使用添加剂时的化学成分进行比较分析。由于烟气成分之间的差别细微，而且现有方法不可能筛选出所有烟气成分，因此，目前通常只筛选有代表性的化学成分进行评估。另外，烟气成分极其复杂，很难识别出可能由添加剂热解产生的物质，且该方法既复杂又昂贵，并不能确定添加剂是形成某种烟气成分的前体物还是催化剂。

SCHEER 建议烟草行业采用的实验设计：在 200～900℃ 的温度范围内，对每种添加剂在不同反应条件下的热降解（热解、高温合成和燃烧产物）进行研究。通常的热解方式有两种：①逐渐加热样品至 200～900℃；②常规热解，即样品在 300℃、600℃、900℃ 这 3 种不同温度下热解。

热解实验至少要重复三次。根据特定的添加剂，采用 GC-MS 和 LC-MS 对热解产物的进行化学分析。

收集的数据将根据证据权重法（Weight of evidence，WoE）进行评估。现有资料足够可靠时，无论是评估热解产物的鉴定及其毒理学和成瘾情况，还是促进吸入、增加烟碱摄取或导致风味特征改变情况，都可以采用 WoE 方法。例如，数据中明确指出添加剂不属于 4 类中的任何一种，不会对健康造成任何影响。如果具有致癌或致突变特性的化合物，证明是从添加剂的热解中产生的，则考虑致癌的随机性，该添加剂将增加烟草制品毒性。

3. 步骤三：测试和评估结果

分析比较毒性的方法目前未被广泛认可，分层方法可能是较为完善的研究方法。在进行添加剂是否增加烟草制品的毒性、成瘾性和有助于吸入的特性或导致风味特征变化的相关研究时，研究设计必须遵循一些方法学标准。目前认为比较毒性测试策略（加和不加添加剂的烟草制品的差异评估）是不合适的。由于烟草制品本身具有很高的内在毒性，要获得明确的剂量-反应关系，必须进行非常敏感的测试，然而目前没有足够灵敏的毒性测试方法，因此获得的研究结果的判别能力有限，使得论证添加剂引起的毒性差异具有挑战性。添加剂的毒性在不同类型或品牌的烟草制品间会有差异，烟草制品的选择可能是比较测试中需要考虑的另一个问题。一种添加剂在预期的品牌中测试，获得的与毒性、成瘾性和吸引力有关的结果不一定适用于其他所有品牌。因此，添加剂评估时，不应使用对比研究设计，应在相关的测试策略中考虑纯添加剂及其热解产物的影响，如 SCHEER 提出的分层方法。包括：①计算机模拟；②体外试验/体内试验（包括人群研究）；③添加剂与其他添加剂/成分的相互作用；④产生数据：毒性（包括 CMR 特性）、成瘾性、易吸入性、风味。

动物研究被用来评估烟草添加剂的效果，然而以这种方法来评估烟草添加剂的"安全性"在伦理上是有问题的。因为烟草制品对个人或公共健康没有益处，动物试验必须遵守欧盟动物福利政策和《动物试验条例》的相关内容。

参考其他监管规定的内容，SCHEER 建议使用良好实验室操作规范进行热解、理化、临床前毒性研究。

（1）成瘾性测试  烟草烟气中含有数千种物质，其中烟碱是最具特征和成瘾性的物质。添加剂以及烟碱以外的天然烟草物质本身可能具有成瘾性，或者可以与烟碱受体系统相互作用，从而增强烟碱成瘾性。计算机模型方法包括，烟碱型乙酰胆碱受体（NAChR）模型和基于配体的单胺氧化酶（MAO）模型。体外实验方法包括，三维肺组织结构（肺 3D 芯片）和数学计算机模型、pH 变化、抑制 MAO 的酶活性。体内实验中，烟碱作为暴露生物标志物进行分析，多巴胺（DA）释放实验，成像技术的神经生物学效应实验。

出于监管目的，有必要采用多种评估方法综合分析烟草制品的成瘾性。通过检测烟碱成瘾的特定脑区的神经化学、生理和行为指标变化，获得充分和可靠的资料。SCHEER 建议使用一种循序渐进的方法，即：①计算机模拟方法；②体外实验；③离体实验；④体内实验。

（2）具有风味和促进吸入的特性  目前还没有用于评估风味和促进吸入特性的动物模型。人群试验中，可以通过小组研究、调查和实验测量来比较单个烟草制品的吸引力。为了测试人群对特定添加剂的反应，可以在生产烟草制品时排除或包含个别添加剂。然而，由于伦理方面的考虑，这种类型的研究目前很难进行。

（3）添加剂与其他添加剂/配料的相互作用  烟气是一种复杂的混合物，

在定性和定量上尚不完全清楚，并且可能因品牌不同而有差异。此外，烟草是一种天然产品，其成分随着时间的推移而变化，即使在同一品牌内也是如此。使用体外和体内测试系统，对烟草吸入性化合物进行毒理学研究的主要限制是，烟草烟气中的成分数量非常多，而且混合物的变异性极大。烟草制品中存在的大量添加剂，进一步增加了混合物的质量和数量的可变性。添加剂中有几种是植物提取物，其本身由数百种成分组成，如香料、糖、pH 调节剂等。这些植物和植物化学添加剂声称具有许多特性，包括镇静、抗菌、抗癌、抗炎、抗真菌和抗病毒特性，但这些"明显有益"的效果不能证明它们作为烟草制品添加剂的合理性。不能排除不同烟草成分和添加剂之间以及不同添加剂之间发生化学作用的可能性。这些相互作用包括直接的化学反应，如形成其他不同的化合物，或者转化为添加剂和烟草成分诱导的效应的增强或拮抗作用。随着混合物中化合物数量的增加，可能相互作用的数量和测试组合的数量呈指数增加。此外，实验组的数量随着每种化合物剂量的增加而增加。在大多数研究中，重点是特定化合物的作用模式：具有相同作用模式的化学品共同作用，产生比单独使用的混合物组分的效应更大的组合效应。可以遵循欧盟化妆品和非食品科学委员会关于混合物毒性意见的建议[136]以及 EFSA 提出的方法[137,138]。欧盟化妆品和非食品科学委员会和 EFSA 都利用了世界卫生组织（WHO）/国际化学品安全方案（International Programme on Chemical Safety，IPCS）联合暴露于多种化学品的风险评估框架。该框架是一个分层框架，用于组织风险评估工具和数据，以便对多种化学品的联合暴露进行评估，从筛选级别的评估开始，然后是更复杂的方法。风险评估员根据具体情况决定要使用的工具和数据。

4. 步骤四：形成报告

在第四步，也是最后一步，需要起草一份在步骤一至三中开展的相关工作的报告，并将其发送给有关当局。报告应包括对步骤一至三结果的总体评价。由行业组成联合体形成并提交联合报告，这样可以降低行业和当局的财政和行政负担，并便于独立机构对提交的报告进行后续评估。

（四）报告指南和模板

1. 一般性问题

该指南应明确术语的定义，提供或引用合适的数据，帮助理解已完成的工作。

（1）标题页

添加剂的鉴定。

摘要和关键词（如适用）。

发起人名称（以及资助或委托分析的机构）。

负责制作和签署报告人员的姓名和所属单位。

报告的日期和版本。

（2）汇总

摘要旨在提供关键要素的简要描述。

（3）报告信息来源

本节应描述所使用的任何数据来源（例如现有的数据和/或数据库、所使用的计算模拟/模型、实验研究）。

这一部分应介绍设计的主要特点。

总体研究设计的基本原理应记录在案。

如需要，还应获得伦理学审批〔提供批准编号和批准单位，提供活体实验（动物或人）的日期〕。

（4）报告数据质量/数据收集质量

本节讨论可能影响数据质量的数据收集和预处理要素。

文献检索是如何进行的，以及采用的质量控制措施。

在自己的实验研究中，是否进行了质量控制：

①计算机模拟。

②体外试验（体外细胞实验）。

③体内试验（动物实验或人群试验）。

（5）档案的公开摘要

公开摘要的目标群体是非专业的公众。公开摘要的结构和内容应予相应阐述。这份文件应该比摘要少一些。应尽可能避免使用科学/专业术语。

（6）CD/DVD

申请者应当提交载有 CD、DVD 等标准电子媒体全部信息的档案。须提交两至三张光碟或数码影碟。

应使用常用的电子格式（例如 MS office、Adobe Acrobat Reader），以便进行内容复制和打印（不提供内容复制保护）。文件的文字应该可以搜索使用标准软件包的搜索工具。CD 或 DVD 应以文件夹的形式排列，以反映提交文件的结构。

如果申请者还要求提供完整的文件副本，则申请者必须在分页表上或在所附信函中声明电子版本和纸质版本相同。

（7）要求保密的档案清单

申请者有权要求保密处理某些信息。他们应该表明他们希望哪些部分数据是机密数据（并为需要保密处理的每一部分提供可核实的理由）。

此外，申请者应向委员会提供两个电子版本的档案材料，即完整的档案材料和没有机密信息的完整档案材料。

2. 具体问题——总体布局

（1）添加剂的化学和物理参数

①化学特性。主名称和/或 INCI 名称；化学名；商品名称和缩写；CAS/EC 编号；结构式；最简式。

②物理表单。分子质量；纯度、成分和物质代码；杂质/伴生污染物；溶解度；分配系数（对数曲线）；额外的物理化学规格：相关感官特性（颜色、气味、味道等）和气压（包括用于评估的温度）。

③添加剂的功能和用途。

（2）确定的热解产物

①化学特性。

②分子质量。

③形成百分率（在特定温度下）。

④溶解度。

⑤分配系数（对数曲线）；额外的物理化学参数：相关感官特性（颜色、气味、味道等），气压（还包括用于评估的温度），密度，解离常数。

（3）毒理学评价

对于每项研究，无论是原始研究还是从文献中评估的数据，都应提交完整的研究报告。

如果数据来自原始研究，则应提交所有原始（未经处理）数据。

如果数据来自文献，则应提交完整的论文/报告。在完整报告旁边应提交研究总结，包括以下内容（总结报告通常只有 1 页长）：

①指南。

②GLP/质量控制措施。

③测试系统：计算机模拟、体外、离体、人群。

④独立评估-小组规模。

⑤测试物质。

⑥批次。

⑦纯度。

⑧溶剂对照组。

⑨剂量水平。

⑩暴露途径。

⑪暴露持续时间。

⑫暴露时间和观察期。

⑬研究日期/周期。

⑭具体的方法学问题。

⑮小结：如果针对一个毒理学终点有更多的研究报告，则应兼顾不同相关研究的数据，得出最终结论。

⑯总结：在毒理学研究部分的末尾，应该给出一个简短的总结性结论。

（4）成瘾性评估

对于每项研究，无论是自己的研究还是从文献中评估的数据，都应提交完整的研究报告。

如果数据来自原始（自己）研究，则应提交所有原始（未经处理）数据。

如果数据来自文献，则应提交完整的论文/报告。

提交的完整报告应包括研究总结，包括以下内容（总结报告通常不应超过1页）：

①指南。

②GLP/质量控制措施。

③测试系统：计算机模拟、体外、离体、人群。

④独立评估-小组规模。

⑤测试物质。

⑥批次。

⑦纯度。

⑧溶剂对照组。

⑨剂量水平。

⑩暴露途径。

⑪暴露持续时间。

⑫暴露时间和观察期。

⑬研究日期/周期。

⑭具体的方法学问题。

⑮小结：如果针对一个成瘾性终点有更多的研究报告，则应兼顾不同相关研究的数据，得出最终结论。

⑯总结：在这一节的最后，成瘾性评估应该给出一个简短的总结性结论。

（5）表征风味和易吸入性能评估

对于每项研究，无论是自己的研究还是从文献中评估的数据，都应提交完整的研究报告。

如果数据来自原始（自己）研究，则应提交所有原始（未经处理）数据。

如果数据来自文献，则应提交完整的论文/报告。

提交整份报告时，应提交一份研究摘要，包括以下内容（摘要/报告通常只应有一页长）：

①指南。

②GLP/质量控制措施。

③测试系统：计算机模拟、体外、离体、人群。

④独立评估-小组规模。

⑤测试物质。

⑥批次。

⑦纯度。

⑧溶剂对照组。

⑨剂量水平。

⑩暴露途径。

⑪暴露持续时间。

⑫暴露时间和观察期。

⑬研究日期/周期。

⑭具体的方法学问题。

⑮小结：如果针对一个吸引力终点有更多的研究报告，则应考虑到不同相关研究的数据，得出最终结论。

⑯总结：在这一节的最后，吸引力评估应该给出一个简短的总结性结论。

（6）评估每项研究中添加剂与其他添加剂/成分的相互作用

无论是原始研究还是从文献中评估的数据，都应提交完整的研究报告。

如果数据来自原始研究，则应提交所有原始（未经处理）数据。

如果数据来自文献，则应提交完整的论文/报告。

提交整份报告时，应提交一份研究摘要，包括以下内容（摘要通常只须一页）：

①指南。

②GLP/质量控制措施。

③测试系统：计算机模拟、体外、离体、人群。

④独立评估-小组规模。

⑤测试物质。

⑥批次。

⑦纯度。

⑧溶剂对照组。

⑨剂量水平。

⑩暴露途径。

⑪暴露持续时间。

⑫暴露时间和观察期。

⑬研究日期/周期。

⑭具体的方法学问题。

⑮小结：如果一个终点有更多的研究报道，应考虑到不同相关研究的数据，制定最终结论。

⑯总结：在本节的最后，应就其与其他添加剂/成分的相互作用给出一个简短的总结性结论。

3. 总结/整体结论

在报告的最后一部分，应提供涵盖以上讨论的所有问题（化学和物理特性、用途、毒性、成瘾性、吸引力以及与其他成分的相互作用）的总结和整体结论。

# 参考文献

［1］ Doll, R., and A. B. Hill. 1950. Smoking and carcinoma of the lung: preliminary report. British Medical Journal 2（4682）：739-748.

［2］ Wynder, E. L., and E. A. Graham. 1950. Tobacco smoking as a possible etiologic factor in bronchiogenic carcinoma—a study of 684 proved cases. JAMA 143（4）：329-336.

［3］ Doll, R., and A. B. Hill. 1956. Lung cancer and other causes of death in relation to smoking. British Medical Journal 2（5001）：1071.

［4］ U. S. Public Health Service. 1964. Smoking and health：Report of the advisory committee to the surgeon general of the public health service：U. S. Department of Health, Education, and Welfare, Public Health Service, Centers for Disease Control.

［5］ SAMHSA（Substance Abuse and Menthal Health Services Administration）. 2007. Results from the 2006 national survey on drug use and health：National findings. Report No.：DHHS Publication No. SMA 07-4293. Rockville, MD：Substance Abuse and Mental Health Services Administration.

［6］ U. S. Department of Health and Human Services（USDHHS）. A Report of the Surgeon General：How Tobacco Smoke Causes Disease：What It Means to You（Consumer Booklet）. Atlanta, GA：U. S. Department of Health and Human Services, Centers for Disease Control and Prevention, National Center for Chronic Disease Prevention and Health Promotion, Office on Smoking and Health；2010.

［7］ Borgerding M, H Klus. Analysis of complex mixtures—cigarette smoke［J］. Experimental and Toxicologic Pathology, 2005, 57（Suppl. 1）：43-73.

［8］ Rodgman A, T Perfetti. The chemical components of tobacco and tobacco smoke［J］. Boca Raton, 2009, FL：CRC Press.

［9］ IARC. Smokeless tobacco and tobacco-specific nitrosamines. Lyon, 2007, FR：IARC.

［10］ Richter P, F W Spierto. Surveillance of smokeless tobacco nicotine, ph, moisture, and unprotonated nicotine content［J］. Nicotine & Tobacco Research, 2003, 5（6）：885-889.

［11］ Richter P, K Hodge, S Stanfill, et al. Surveillance of moist snuff：Total nicotine, moisture, ph, un-ionized nicotine, and tobacco-specific nitrosamines［J］. Nicotine & Tobacco Research, 2008, 10（11）：1645-1652.

［12］ Song S Q, D L Ashley. Supercritical fluid extraction and gas chromatography mass spectrometry for the analysis of tobacco-specific nitrosamines in cigarettes. Analytical Chemistry, 1999, 71（7）：1303-1308.

［13］Stepanov I, S S Hecht. Tobacco-specific nitrosamines and their n-glucuronides in the urine of smokers and smokeless tobacco users ［J］. Cancer Epidemiology, Biomarkers & Prevention, 2005, 14: 885-891.

［14］Stepanov I, J Jensen, D Hatsukami, et al. New and traditional smokeless tobacco: Comparison of toxicant and carcinogen levels ［J］. Nicotine & Tobacco Research, 2008, 10: 1773-1782.

［15］Stepanov I, P W Villalta, A Knezevich, et al. Analysis of 23 polycyclic aromatic hydrocarbons in smokeless tobacco by gas chromatography-mass spectrometry ［J］. Chemical Research in Toxicology, 2010, 23: 66-73.

［16］IARC. 2004. IARC monographs on the evaluation of carcinogenic risks to humans: Volume 83. Tobacco smoke and involuntary smoking. Lyon, France: IARC.

［17］NCI. 2001. Risks associated with smoking cigarettes with low machine-measured yields of tar and nicotine, Smoking and tobacco control monograph no. 13. Bethesda, MD: U. S. Department of Health and Human Services, National Institutes of Health, National Cancer Institute, NIH Pub. No. 99-4645.

［18］Burns, D. M., E. Dybing, N. Gray, S. Hecht, C. Anderson, T. Sanner, R. O'Connor, M. Djordjevic, C. Dresler, P. Hainaut, M. Jarvis, A. Opperhuizen, and K. Straif. 2008. Mandated lowering of toxicants in cigarette smoke: A description of the World Health Organization TobReg proposal. Tobacco Control 17 (2): 132-141.

［19］Chen C, J F Pankow. Gas/particle partitioning of two acid-base active compounds in mainstream tobacco smoke: Nicotine and ammonia ［J］. Journal of Agricultural and Food Chemistry, 2009, 57 (7): 2678-2690.

［20］Pankow J F, A D Tavakoli, W Luo, et al. Percent free base nicotine in the tobacco smoke particulate matter of selected commercial and reference cigarettes ［J］. Chemical Research in Toxicology, 2003, 16 (8): 1014-1018.

［21］FDA. Harmful and potentially harmful constituents in tobacco products and tobacco smoke. 2011a. Federal Register 76 (156).

［22］FDA. Draft initial list of harmful/potentially harmful constituents in tobacco smoke or smokeless tobacco products. 2011c. http: //www. fda. gov/downloads/AdvisoryCommittees/CommitteesMeetingMaterials/Tobacco Products Scientific Advisory Committee/UCM221804. pdf (accessed October 26, 2011.

［23］Rodgman A, T Perfetti. The chemical components of tobacco and tobacco smoke ［M］. Boca Raton, 2009, FL: CRC Press.

［24］HHS. How tobacco smoke causes disease: The biology and behavioral basis for smoking attributable disease： A report of the surgeon general. 2010. Atlanta, GA： U. S. Department of Health and Human Services, Centers for Disease Control and Prevention, National Center for Chronic Disease Prevention and Health Promotion, Office on Smoking and Health.

［25］ IARC. IARC monographs on the evaluation of carcinogenic risks to humans： Volume 83. Tobacco smoke and involuntary smoking. Lyon, 2004, France： IARC.

［26］ Prentice, R. L. 1989. Surrogate endpoints in clinical trials： Definition and operational criteria. Statistics in Medicine 8 （4）： 431-440.

［27］ Family Smoking Prevention and Tobacco Control Act of 2009, Public Law 111-31, 123 Stat. 1776 （June 22, 2009）.

［28］ Hecht S S, J M Yuan, D Hatsukami. Applying tobacco carcinogen and toxicant biomarkers in product regulation and cancer prevention ［J］. Chemical Research in Toxicology 23 （6）： 1001-1008. Copyright （2010） American Chemical Society.

［29］ Stepanov I, S G Carmella, A Briggs, et al. Presence of the carcinogen n' -nitrosonor nicotine in the urine of some users of oral nicotine replacement therapy products ［J］. Cancer Research, 2009, 69： 8236-8240.

［30］ Prentice R L. Surrogate endpoints in clinical trials： Definition and operational criteria ［J］. Statistics in Medicine, 1989, 8 （4）： 431 - 440.

［31］ Hatsukami D K, N L Benowitz, S I Rennard, et al. 2006. Biomarkers to assess the utility of potential reduced exposure tobacco products ［J］. Nicotine & Tobacco Research 8 （2）： 169-191.

［32］ Hecht S S. Tobacco smoke carcinogens and lung cancer ［J］. In Chemical carcinogenesis, edited by T. M, 2010, Penning： Springer.

［33］ Bernzweig E, J B Payne, R A Reinhardt, et al. 1998. Nicotine and smokeless tobacco effects on gingival and peripheral blood mononuclear cells ［J］. Journal of Clinical Periodontology, 1998, 25 （3）： 246-252.

［34］ Lindemann R A, N H Park. Inhibition of human lymphokine-activated killer activity by smokeless tobacco （snuff） extract ［J］. Archives of Oral Biology, 1988, 33 （5）： 317- 321.

［35］ Merne MK, Heikinheimo, I Saloniemi, et al. Effects of snuff extract on epithelial growth and differentiation in vitro ［J］. Oral Oncology, 2004, 40 （1）： 6-12.

［36］ Rohatgi N, J Kaur, A Srivastava, et al. Smokeless tobacco （khaini） extracts modulate gene expression in epithelial cell culture from an oral hyperplasia ［J］. Oral Oncology, 2005, 41 （8）： 806-820.

［37］ Andrei G. Three-dimensional culture models for human viral diseases and antiviral drug development [J]. Antiviral Research, 2006, 71 (2-3): 96-107.

[38] Andrei G, S Duraffour, J Van den Oord, et al. 2010. Epithelial raft cultures for investigations of virus growth, pathogenesis and efficacy of antiviral agents [J]. Antiviral Research, 2010, 85 (3): 431-449.

[39] Singh R, H S Nalwa. Medical applications of nanoparticles in biological imaging, cell labeling, antimicrobial agents, and anticancer nanodrugs [J]. Journal of Biomedical Nanotechnology, 2011, 7 (4): 489-503.

[40] Palladino G, J D Adams, K D Brunnemann, et al. 1986. Snuff - dipping in college students: A clinical profile [J]. Military Medicine, 1986, 151 (6): 342-346.

[41] Brunnemann K D, J Qi, D Hoffmann. Chemical profile of two types of oral snuff tobacco [J]. Food and Chemical Toxicology, 2002, 40 (11): 1699-1703.

[42] Djordjevic M V, J Fan, L P Bush, et al. Effects of storage conditions on levels of tobacco-specific n-nitrosamines and n-nitrosamino acids in U. S. moist snuff [J]. Journal of Agricultural and Food Chemistry, 1993, 41 (10): 1790-1794.

[43] Fisher M A, G W Taylor, K R Tilashalski. 2005. Smokeless tobacco and severe active periodontal disease, NHANES III [J]. Journal of Dental Research, 2005, 84 (8): 705-710.

[44] Leslie E M, G Ghibellini, K Nezasa, et al. Biotransformation and transport of the tobacco-specific carcinogen 4- (methylnitrosamino) -1 - (3-pyridyl) -1-butanone (NNK) in bile ductcannulated wild-type and mrp2/abcc2-deficient (TR ) wistar rats [J]. Carcinogenesis, 2007, 28 (12): 2650-2656.

[45] Zhou J, E A Eksioglu, N R Fortenbery, et al. Bone marrow mononuclear cells up-regulate toll-like receptor expression and produce inflammatory mediators in response to cigarette smoke extract [J]. PLoS One, 2011, 6 (6): e21173.

[46] Cheng S E, S F Luo, M J Jou, et al. Cigarette smoke extract induces cytosolic phospholipase a2 expression via nadph oxidase, mapks, ap-1, and nf-kappab in human tracheal smooth muscle cells [J]. Free Radical Biology and Medicine, 2009, 46 (7): 948-960.

[47] Whitcutt M J, K B Adler, R Wu. A biphasic chamber system for maintaining polarity of differentiation of cultured respiratory tract epithelial cells [J]. In Vitro Cellular and Developmental Biology, 1988, 24 (5): 420-428.

[48] Kim H, C Nakamura, Q Zeng-Treitler. Assessment of pictographs developed through a participatory design process using an online survey tool [J]. Journal of Medical Internet Research, 2009, 11 (1): e5.

[49] Basbaum C B, A Chow, B A Macher, et al. 1986. Tracheal carbohydrate antigens identified by monoclonal antibodies [J]. Archives of Biochemistry and Biophysics, 1986, 249

（2）：363-373.

［50］ Chen C, J F Pankow. Gas/particle partitioning of two acid-base active compounds in mainstream tobacco smoke：Nicotine and ammonia ［J］. Journal of Agricultural and Food Chemistry, 2009, 57 （7）：2678-2690.

［51］ Chen H W, M L Chien, Y H Chaung, et al. Extracts from cigarette smoke induce DNA damage and cell adhesion molecule expression through different pathways ［J］. Chemico-Biological Interactions, 2004, 150 （3）：233-241.

［52］ Chen H W, C K Lii, H J Ku, et al. 2009. Cigarette smoke extract induces expression of cell adhesion molecules in huvec via actin filament reorganization ［J］. Environmental and Molecular Mutagenesis, 2009, 50 （2）：96-104.

［53］ Harvey C J, R K Thimmulappa, S Sethi, et al. 2011. Targeting nrf2 signaling improves bacterial clearance by alveolar macrophages in patients with COPD and in a mouse model ［J］. Science Translational Medicine, 2011, 3 （78）：78ra32.

［54］ Rangasamy T, C Y Cho, R K Thimmulappa, et al. Genetic ablation of nrf2 enhances susceptibility to cigarette smoke-induced emphysema in mice ［J］. Journal of Clinical Investigation, 2004, 114 （9）：1248-1259.

［55］ Mauderly J L, W E Bechtold, J A Bond, et al. Comparison of 3 methods of exposing rats to cigarette smoke ［J］. Experimental Pathology, 1989, 37 （1-4）：194-197.

［56］ Sussan T E, T Rangasamy, D J Blake, et al. Targeting nrf2 with the triterpenoid cddoimidazolide attenuates cigarette smoke-induced emphysema and cardiac dysfunction in mice ［J］. Proceedings of the National Academy of Sciences, 2009, 106 （1）：250-255.

［57］ Hautamaki R D, D K Kobayashi, R M Senior, et al. 1997. Requirement for macrophage elastase for cigarette smoke-induced emphysema in mice ［J］. Science, 1997, 277 （5334）：2002-2004.

［58］ Anzueto A, S Sethi, et al. Martinez. Exacerbations of chronic obstructive pulmonary disease ［J］. Proceedings of the American Thoracic Society, 2007, 4 （7）：554-564.

［59］ Harvey C J, R K Thimmulappa, S Sethi, et al. 2011. Targeting nrf2 signaling improves bacterial clearance by alveolar macrophages in patients with COPD and in a mouse model ［J］. Science Translational Medicine, 2011, 3 （78）：78ra32.

［60］ Huvenne W, E A Lanckacker, O Krysko, et al. 2011. Exacerbation of cigarette smoke-induced pulmonary inflammation by Staphylococcus aureus enterotoxin B in mice ［J］. Respiratory Research, 2011, 12：69.

［61］ Hutt J A, B R Vuillemenot, E B Barr, et al. 2005. Life-span inhalation exposure to mainstream cigarette smoke induces lung cancer in b6c3f1 mice through genetic and epigenetic pathways [J]. Carcinogenesis, 2005, 26 (11): 1999.

[62] Wang D, Y Wang, Y N Liu. Experimental pulmonary infection and colonization of Hae-mophilus influenzae in emphysematous hamsters [J]. Pulmonary Pharmacology and Thera-peutics, 2010, 23 (4): 292-299.

[63] Bauer CM, C CZavitz, F M Botelho, et al. Treating viral exacerbations of chronic obstruc-tive pulmonary disease: Insights from a mouse model of cigarette smoke and H1N1 influenza infection [J]. PLoS One, 2010, 5 (10): e13251.

[64] Mallia P, S D Message, V Gielen, et al. Experimental rhinovirus infection as a human model of chronic obstructive pulmonary disease exacerbation [J]. American Journal of Re-spiratory and Critical Care Medicine, 2011, 183 (6): 734-742.

[65] Stinn W, J H E Arts, A Buettner, et al. Murine lung tumor response after exposure to cig-arette mainstream smoke or its particulate and gas/vapor phase fractions [J]. Toxicology, 2010, 275 (1-3): 10-20.

[66] Mauderly J L, A P Gigliotti, E B Barr, et al. 2004. Chronic inhalation exposure to main-stream cigarette smoke increases lung and nasal tumor incidence in rats [J]. Toxicological Sciences, 2004, 81 (2): 280.

[67] Witschi H. A/J mouse as a model for lung tumorigenesis caused by tobacco smoke: Strengths and weaknesses [J]. Experimental Lung Research, 2004, 31 (1): 3-18.

[68] Kriebel D, J Henry, J Gold, et al. The mutagenicity of cigarette smokers' urine [J]. Journal of environmental pathology, toxicology and oncology: official organ of the Internation-al Society for Environmental Toxicology and Cancer, 1985, 6 (2): 157.

[69] Kuenemann-Migeot C, F Callais, I Momas, et al. Urinary promutagens of smokers: Com-parison of concentration methods and relation to cigarette consumption [J]. Mutation Re-search/Genetic Toxicology, 1996, 368 (2): 141-147.

[70] DeBethizy J, M Borgerding, D Doolittle, et al. Chemical and biological studies of a ciga-rette that heats rather than burns tobacco [J]. The Journal of Clinical Pharmacology, 1990, 30 (8): 755.

[71] Rogers, S., T. Gould, and T. Baker. 2009. Mouse models and the genetics of nicotine de-pendence. In Phenotypes and endophenotypes: Foundations for genetic studies of nicotine use and dependence. Tobacco Control Monograph No. 20. Bethesda, MD: U. S. Department of Health and Human Services, National Institutes of Health, National Cancer Institute.

[72] Robinson, M. L., E. J. Houtsmuller, E. T. Moolchan, and W. B. Pickworth. 2000. Placebo cigarettes in smoking research. Experimental and Clinical Psychopharmacology 8 (3): 326-332.

［73］ Piper, M. E., S. S. Smith, T. R. Schlam, M. C. Fiore, D. E. Jorenby, D. Fraser, and T. B. Baker. 2004. A randomized placebo-controlled clinical trial of 5 smoking cessation pharmacotherapies. Archives of General Psychiatry 66 (11): 1253-1262.

［74］ Rowland R, K Harding. Increased sister chromatid exchange in the peripheral blood lymphocytes of young women who smoke cigarettes ［J］. Hereditas, 1999, 131 (2): 143-146.

［75］ Singh R, H S Nalwa. Medical applications of nanoparticles in biological imaging, cell labeling, antimicrobial agents, and anticancer nanodrugs ［J］. Journal of Biomedical Nanotechnology, 2011, 7 (4): 489-503.

［76］ Hatsukami D K, N L Benowitz, S I Rennard, et al. 2006. Biomarkers to assess the utility of potential reduced exposure tobacco products ［J］. Nicotine & Tobacco Research, 2006, 8 (2): 169-191.

［77］ Weiss N S. Application of the case-control method in the evaluation of screening ［J］. Epidemiologic Reviews, 1994, 16 (1): 102-108.

［78］ Bolt D M, M E Piper, D E McCarthy, et al. The Wisconsin Predicting Patients' Relapse questionnaire ［J］. Nicotine & Tobacco Research, 2009, 11 (5): 481-492.

［79］ Shiffman S, M A Sayette. 2005. Validation of the nicotine dependence syndrome scale (NDSS): A criterion-group design contrasting chippers and regular smokers ［J］. Drug and Alcohol Dependence, 2005, 79 (1): 45-52.

［80］ Hughes J R, T Baker, N Breslau, et al. 2011. Applicability of DSM criteria to nicotine dependence ［J］. Addiction, 2011, 106 (5): 894-895.

［81］ Fiore M C, C R Jaen, T B Baker, et al. Treating tobacco use and dependence: 2008 update. Rockville, MD: U. S. Department of Health and Human Services, 2008, U. S. Public Health Service.

［82］ Lancaster T, L F Stead. 2005. Individual behavioural counselling for smoking cessation ［J］. Cochrane Database of Systematic Reviews, 2005, (2): CD001292.

［83］ al'Absi M, D Hatsukami, G L Davis, et al. Prospective examination of effects of smoking abstinence on cortisol and withdrawal symptoms as predictors of early smoking relapse ［J］. Drug and Alcohol Dependence, 2004, 73 (3): 267-278.

［84］ Powell J, L Dawkins, R West, et al. Relapse to smoking during unaided cessation: Clinical, cognitive and motivational predictors. Psychopharmacology ［J］. 2010, 212 (4): 537-549.

［85］ Benowitz N L, K M Dains, D Dempsey, et al. Urine nicotine metabolite concentrations in relation to plasma cotinine during low-level nicotine exposure ［J］. Nicotine & Tobacco Research, 2009, 11 (8): 954-960.

［86］ Schnoll R A, F Patterson, E P Wileyto, et al. Nicotine metabolic rate predicts successful smoking cessation with transdermal nicotine: A validation study ［J］. Pharmacology Biochemistry and Behavior, 2009, 2 (1): 6-11.

［87］ Brendryen H, P Kraft. Happy ending: A randomized controlled trial of a digital multi-media smoking cessation intervention ［J］. Addiction, 2008, 103 (3): 478-484.

［88］ Reid R D, A L Pipe, B Quinlan, et al. Interactive voice response telephony to promote smoking cessation in patients with heart disease: A pilot study ［J］. Patient Education and Counseling, 2007. 66 (3): 319-326.

［89］ Hughes J R, J P Keely, R S Niaura, et al. 2003. Measures of abstinence in clinical trials: Issues and recommendations ［J］. Nicotine & Tobacco Research 5 (1): 13-25.

［90］ Smith S S, D E McCarthy, S J Japuntich, et al. Comparative effectiveness of 5 smoking cessation pharmacotherapies in primary care clinics ［J］. Archives of Internal Medicine, 2009, 169 (22): 2148-2155.).

［91］ Miller C L, V Sedivy. 2009. Using a quitline plus low-cost nrt to help disadvantaged smokers quit ［J］. Tobacco Control 18 (2): 144-149.

［92］ Tinkelman D, S M Wilson, J Willett, et al. Offering free nrt through a tobacco quitline: Impact on utilisation and quit rates ［J］. Tobacco Control, 2007, 16, (Suppl. 1): i42-i46.

［93］ MacKinnon, D. P., C. M. Lockwood, J. M. Hoffman, S. G. West, and V. Sheets. 2002. A comparison of methods to test mediation and other intervening variable effects. Psychological Methods 7 (1): 83-104.

［94］ Piper M E, E B Federman, D E McCarthy, et al. Using mediational models to explore the nature of tobacco motivation and tobacco treatment effects ［J］. Journal of Abnormal Psychology, 2008, 117 (1): 94-105.

［95］ Cramer J A, V L Ouellette, R H Mattson. Effect of microelectronic observation of compliance ［J］. Epilepsia, 1990, 31: 617-618.

［96］ Matsui D, C Hermann, M Braudo, et al. Clinical use of the medication event monitoring system: A new window into pediatric compliance ［J］. Clinical Pharacology and Therapeutics, 1992. 52: 102-103.

［97］ Gritz E R, A V Prokhorov, K S Hudmon, et al. Predictors of susceptibility to smoking and ever smoking: A longitudinal study in a triethnic sample of adolescents ［J］. Nicotine & Tobacco Research, 2003. 5 (4): 493-506.

［98］ Halpern-Felsher B L, M Biehl, R Y Kropp, et al. Perceived risks and benefits of smoking: Differences among adolescents with different smoking experiences and intentions ［J］.

Preventive Medicine, 2004. 39 (3): 559-567.

[99] IOM (Institute of Medicine). Ending the tobacco problem: A blueprint for the nation [M]. Washington, 2007, DC: The National Academies Press.

[100] Prokhorov A V, C A de Moor, K S Hudmon, et al. Predicting initiation of smoking in adolescents: Evidence for integrating the stages of change and susceptibility to smoking constructs [J]. Addictive Behaviors, 2002. 27 (5): 697-712.

[101] Jamieson P, D Romer. 2001. What do young people think they know about the risks of smoking. In Smoking: Risk, perception & policy, edited by P. Slovic. Thousand Oaks, CA: Sage Publications.

[102] Romer, D., and P. Jamieson. 2001. Do adolescents appreciate the risks of smoking? Evidence from a national survey. Journal of Adolescent Health 29 (1): 12-21.

[103] Song A V, H E R Morrell, J L Cornell, et al. Perceptions of smoking-related risks and benefits as predictors of adolescent smoking initiation [J]. American Journal of Public Health, 2009b, 99 (3): 487-492.

[104] Prokhorov A V, C A de Moor, K S Hudmon, et al. Predicting initiation of smoking in adolescents: Evidence for integrating the stages of change and susceptibility to smoking constructs [J]. Addictive Behaviors, 2002, 27 (5): 697-712.

[105] Pallonen U E, J O Prochaska, W F Velicer, et al. Stages of acquisition and cessation for adolescent smoking: An empirical integration [J]. Addictive Behaviors, 1998, 23 (3): 303-324.

[106] Arnett J J. Optimistic bias in adolescent and adult smokers and nonsmokers [J]. Addictive Behaviors, 2000, 25 (4): 625-632.

[107] Johnson J L, J L Bottorff, B Moffat, et al. 2003. Tobacco dependence: Adolescents' perspectives on the need to smoke [J]. Social Science and Medicine, 2003, 56 (7): 1481-1492.

[108] Rugkåsa J, Knox B, Sittlington J, Kennedy O, Treacy MP, Abaunza PS. Anxious adults vs. cool children: children's views on smoking and addiction [J]. Soc Sci Med. 2001 Sep; 53 (5): 593-602.

[109] Weinstein ND, Slovic P, Gibson G. Accuracy and optimism in smokers' beliefs about quitting [J]. Nicotine Tob Res. 2004 Dec; 6 Suppl 3: S375-380.

[110] Halpern-Felsher BL, Biehl M, Kropp RY, Rubinstein ML. Perceived risks and benefits of smoking: differences among adolescents with different smoking experiences and intentions. Prev Med. 2004 Sep; 39 (3): 559-567.

[111] Arnett JJ. Optimistic bias in adolescent and adult smokers and nonsmokers. Addict Behav.

2000 Jul-Aug; 25 (4): 625-632.

[112] Weinstein ND, Marcus SE, Moser RP. Smokers' unrealistic optimism about their risk. Tob Control. 2005 Feb; 14 (1): 55-59.

[113] Etter JF, Kozlowski LT, Perneger TV. What smokers believe about light and ultralight cigarettes. Prev Med. 2003 Jan; 36 (1): 92-98.

[114] Slovic P. Smoking: Risk, perception, & policy. Thousand Oaks, CA, 2001.: Sage Publications.

[115] Shiffman S, Pillitteri JL, Burton SL, Rohay JM, Gitchell JG. Smokers' beliefs about "Light" and "Ultra Light" cigarettes. Tob Control. 2001; 10 Suppl 1 (Suppl 1): i17-23.

[116] McKee SA, O'Malley SS, Salovey P, Krishnan-Sarin S, Mazure CM. Perceived risks and benefits of smoking cessation: gender-specific predictors of motivation and treatment outcome. Addict Behav. 2005 Mar; 30 (3): 423-435.

[117] Sorensen G, Pechacek TF. Attitudes toward smoking cessation among men and women. J Behav Med. 1987 Apr; 10 (2): 129-137.

[118] Curry SJ, Grothaus L, McBride C. Reasons for quitting: intrinsic and extrinsic motivation for smoking cessation in a population-based sample of smokers. Addict Behav. 1997 Nov-Dec; 22 (6): 727-739.

[119] Millstein S G, B L Halpern-Felsher. Judgments about risk and perceived invulnerability in adolescents and young adults [J]. Journal of Research on Adolescence, 2002, 12 (4): 399-422.

[120] Perkins KA. Smoking cessation in women. Special considerations. CNS Drugs. 2001; 15 (5): 391-411.

[121] Plano Clark VL, Miller DL, Creswell JW, et al. In conversation: high school students talk to students about tobacco use and prevention strategies [J]. Qual Health Res, 2002, Nov; 12 (9): 1264-1283.

[122] Lloyd B, Lucas K, Fernbach M. Adolescent girls' constructions of smoking identities: implications for health promotion. J Adolesc. 1997 Feb; 20 (1): 43-56.

[123] Johnson JL, Bottorff JL, Moffat B, Ratner PA, Shoveller JA, Lovato CY. Tobacco dependence: adolescents' perspectives on the need to smoke. Soc Sci Med. 2003 Apr; 56 (7): 1481-1492.

[124] Reyna VF, Farley F. Risk and Rationality in Adolescent Decision Making: Implications for Theory, Practice, and Public Policy. Psychol Sci Public Interest. 2006 Sep; 7 (1): 1-44.

［125］Krueger R A. Focus groups：A practical guide for applied research. Thousand Oaks，2000，CA：Sage Publications.

［126］Hammond D，Dockrell M，Arnott D，et al. Cigarette pack design and perceptions of risk among UK adults and youth［J］. Eur J Public Health. 2009 Dec；19（6）：631-637.

［127］Halpern-Felsher BL，Millstein SG，Ellen JM，et al. The role of behavioral experience in judging risks［J］. Health Psychol，2001，Mar；20（2）：120-126.

［128］Halpern-Felsher BL，Biehl M，Kropp RY，et al. Perceived risks and benefits of smoking：differences among adolescents with different smoking experiences and intentions. Prev Med. 2004 Sep；39（3）：559-567.

［129］Gigerenzer G，Gaissmaier W，Kurz-Milcke E，et al. Helping Doctors and Patients Make Sense of Health Statistics［J］. Psychol Sci Public Interest，2007 Nov，8（2）：53-96.

［130］Del Boca F K，J Darkes，M S Goldman，et al. 2002. Advancing the expectancy concept via the interplay between theory and research［J］. Alcoholism：Clinical and Experimental Research，2002，26（6）：926-935.

［131］Brandon T H，T B Baker. The smoking consequences questionnaire：The subjective expected utility of smoking in college students［J］. Psychological Assessment：A Journal of Consulting and Clinical Psychology，1991，3（3）：484.

［132］O' Connor R J，R L Ashare，B V Fix，et al. 2007. College students' expectancies for light cigarettes and potential reduced exposure products［J］. American Journal of Health Behavior，2007，31（4）：402-410.

［133］Keer M，B Putte，P Neijens. The role of affect and cognition in health decision making［J］. British Journal of Social Psychology，2010，49（1）：143-153.

［134］Wakefield M，R Durrant，Y Terry-McElrath，et al. 2003. Appraisal of anti-smoking advertising by youth at risk for regular smoking：A comparative study in the United States，Australia，and Britain［J］. Tobacco Control，2003，12（Suppl. 2）：ii82-ii86.

［135］Wakefield M，G I Balch，E Ruel Y，et al. 2005. Youth responses to anti smoking advertisements from tobacco control agencies，tobacco companies，and pharmaceutical companies［J］. Journal of Applied Social Psychology，2005，35（9）：1894-1910.

［136］SCHER，SSCS，SCENIHR（2012）. Opinion on the Toxicity Assessment of Chemical Mixtures. http：//ec. europa. eu/health/scientific _ committees/environmental _ risks/docs/scher_o_155. pdf.

［137］EFSA Panel on Food Additives and Nutrient Sources added to Food（ANS）（2012）. Scientific European Food Safety Authority（EFSA），Parma，Italy. Opinion，Guidance for submission for food additive evaluations，EFSA Journal 10（7），2760.

［138］EFSA（2013）. International Frameworks Dealing with Human Risk Assessment of Combined Exposure to Multiple Chemicals, EFSA Journal 2013; 11（7）: 3313［69pp.］. http: //www. efsa. europa. eu/sites/default/files/scientific_output/files/main_documents/3313. pdf.

# 第三章
## 美国新型烟草制品相关申请导则

### 第一节 新烟草制品上市前申请导则

新烟草制品上市前申请（Applications for Premarket Review of New Tobacco Products）[1]导则旨在帮助提交新烟草制品上市前申请（Premarket Tobacco Application，PMTA）的人员。PMTA 主要依据《联邦食品、药品和化妆品法案》（下文简称 FD&C 法案）第 910 条制定，FD&C 法案经《家庭吸烟预防和烟草控制法案》[2]（简称《烟草控制法案》）（公共法律 111-31）修订。

申请导则主要解释了以下事项：

①PMTA 的申请者资格。

②PMTA 的适用情况。

③提交 PMTA 的方式方法。

④PMTA 中需要提交的信息。

⑤FDA 建议的 PMTA 提交信息。

**一、新烟草制品上市前申请的背景**

根据 FD&C 法案第 910（a）（2）条要求，当以任何方式生产新烟草制品或改变烟草制品时，该产品必须获得 FDA 授权的销售许可，才能进行销售。产品改变包括"设计、任何组件、部件、成分的改变，如烟气成分、烟碱含量、递送方式或存在形式或任何其他添加剂或成分的改变"[第 910（a）（1）（B）条]。

如果截至 2007 年 2 月 15 日，一种新烟草制品不能实质等同于在美国现有销售的烟草制品［见第 910（a）（2）（A）（ⅰ）条］，或不符合实质等同豁免的要求［见第 910（a）（2）（A）（ⅱ）条］，根据 FD&C 法案第 910（b）条，必须提交 PMTA，并根据第 910（c）条获得授权的销售许可。FD&C 法案第 910（c）（1）（A）（ⅱ）条要求，如果存在以下情况，将拒绝 PMTA，并发布禁止产品销售的指令：

①无法证明"允许产品上市有利于保护公众健康"。

②生产方法、设施或质量控制不符合第906（e）条发布的生产法规。

③拟使用的标识是虚假或误导性的。

④或者无法证明申请产品符合第907条规定的任何烟草制品标准［第910（c）（2）条］。

FD&C法案第910（c）（1）条要求FDA应尽快公布是否授权销售许可，办理时限为收到申请后180d。

根据FD&C法案第902（6）（A），烟草制品如为新烟草制品，且"没有依据FD&C法案第910（c）（1）（A）（ⅰ）条获得许可"，则被视为假冒产品。根据FD&C法案第301（a）条，禁止引入或销售任何假冒产品。若违反该要求，FDA将对其开展监管和执法行动，包括但不限于扣押和禁令。

**二、新烟草制品上市前申请的术语和定义**

烟草制品是指"由烟草制成或来自烟草的供人类消费的任何产品，包括烟草制品的任何成分、部件或附件（不包括用于生产烟草制品成分、部件或附件的烟草外的原材料）"［FD&C法案第201（r）条］。因此，这一术语不仅限于含烟草的产品，还包括进一步生产的烟草制品或供消费者使用而销售的烟草制品的组件、部件或附件，如卷烟卷纸和滤嘴。本术语不包括FD&C法案第201（r）（2）条所定义的药物、装置或组合产品的物品。

新烟草制品指"截至2007年2月15日尚未在美国上市销售的任何烟草制品（包括在测试市场中的产品）；或在2007年2月15日之后在美国上市销售的发生改变的烟草制品（包括设计、任何组件、部件或成分的改变，如烟气成分，烟碱含量、传输或形式，任何其他添加剂或成分）"［FD&C法案第910（a）（1）条］。

**三、新烟草制品上市前申请的相关事项**

（一）PMTA申请产品

根据第910（c）（1）（A）（ⅰ）条，申请者必须向FDA提交PMTA。

目前仅限于第910条要求的成品、受监管的烟草制品，包括第901（b）条所列的产品（即卷烟、烟草、无烟烟草和自卷烟草），根据法规可能被视为受FD&C法案约束的烟草制品，以及供消费者销售或分销的受管制烟草制品的组成部分（例如，单独出售给消费者或作为套件一部分出售的卷烟卷纸、滤嘴或过滤管）。

（二）提交 PMTA 的适用情况

除以下情况，必须提交 PMTA，并根据 FD&C 法案第 910（c）（1）（A）（ⅰ）条获得授权销售许可，申请产品才能销售。

1. 获得第 905（j）节实质等同许可或豁免

FD&C 法案第 910 条规定，生产商可根据第 905（j）条提交实质等同报告，并根据第 910（a）（2）（A）（ⅰ）条获得实质等同许可。要获得实质等同许可，905（j）要求必须证明该产品实质上等同之前的产品，并且在其他方面符合 FD&C 法案第 910（a）（2）条（有关获得实质等同许可的详情，请参阅 FDA 的行业和 FDA 工作人员指南第 905（j）条报告：证明烟草制品的实质等同性）[3]。此外，申请产品如满足第 905（j）条的豁免规定，则可获得豁免，取得实质等同或上市许可。

对不满足豁免要求的申请产品，要依据第 905（j）（3）条进行管制，表 3-1 详细说明了获得销售许可的条件。

表 3-1　　　　　　　　　　FD&C 法案规定的获得销售许可的条件

| 如果新烟草制品 | 那么 |
| --- | --- |
| 2011 年 3 月 22 日之前上市，且在 2011 年 3 月 22 日之前提交了产品的 905（j）报告 | 可以销售，除非 FDA 发布指令声明该产品不符合实质等同要求或不符合 FD&C 法案的规定。如果 FDA 发布了此类指令，必须停止销售该产品，并且在没有根据 FD&C 法案第 910（c）（1）（A）（ⅰ）或 910（a）（2）（A）（ⅰ）条获得 FDA 的销售许可之前，不得再次销售该产品 |
| 2011 年 3 月 22 日之前上市，在 2011 年 3 月 22 日之前没有提交产品的 905（j）报告 | 自 2011 年 3 月 22 日起停止销售该产品，并且在未根据 FD&C 法案第 910（c）（1）（A）（ⅰ）或 910（a）（2）（A）（ⅰ）条获得 FDA 的销售许可之前，不得再次销售该产品 |
| 准备在 2011 年 3 月 22 日之后上市销售产品 | 未根据 FD&C 法案第 910（c）（1）（A）（ⅰ）或 910（a）（2）（A）（ⅰ）条获得 FDA 的销售许可之前，不得销售该产品 |

2. PMTA 与风险改良烟草制品申请

第 911（d）节描述了提交风险改良烟草制品（MRTP）申请的法定要求。MRTP 是指为"为减少烟草相关疾病的风险而销售或分销的任何烟草制品"[FD&C 法案第 911（b）（1）条]。根据第 911（i）（1）条，FDA 必须发布法规或指南，以评估和审查 MRTP 所需的科学证据。

FD&C 法案第 910（b）和 911（d）条分别阐述了 PMTA 和 MRTP 申请。根据 FD&C 法案第 911（l）（4）条，FDA 允许满足第 910 条规定的任何新烟草制品和准备作为 MRTP 进行销售的烟草制品进行申请。若拟将一种新的烟草制品作为 MRTP 进行销售，则必须提交两份单独的申请，一份用于满足第 910 条的要求，另一份是用于满足第 911 条的要求。

3. PMTA 与提交成分清单

FD&C 法案 904（c）（1）条要求，在将一个新品牌或子品牌产品上市之前的 90d 内，生产商必须向 FDA 提供第 904（a）条所要求的信息。包括但不限于烟草制品的所有成分清单［第 904（a）（1）条］。FDA 鼓励在提报 PMTA 之前或与 PMTA 同时提交第 904（c）（1）、（2）或（3）条要求的信息，并在 PMTA 中引用这些信息。

因此，如果提交了 PMTA，根据 FD&C 法案第 910（c）（1）（A）（ⅰ）条的要求，FDA 要在收到完整申请后 90d 内发布是否授权销售许可，在此期间该产品不能销售。

（三）FDA 建议的 PMTA 内容

FDA 建议新烟草制品的 PMTA 包括以下内容：

①一封申请函。包括：申请企业的名称和地址；授权联系人的姓名、职务、地址、电话号码、电子邮箱和传真号码，申请产品名称；之前的任何监管历史，如任何依据第 905（j）条做的决定；之前与 FDA 就申请产品召开的任何会议的日期；以及烟草制品科学咨询委员会（TPSAC）对申请进行审查的任何要求。

②执行摘要。包括：申请概述；对申请产品的描述；非临床和临床研究和主要研究结果；以及"允许产品上市有利于保护公众健康"的解释说明。

③所有健康风险调查的完整报告。包括：提交的支持"允许产品上市有利于保护公众健康"的证据。

④所有成分、配料、添加剂和特性的完整声明，以及此类烟草制品的使用方法。

⑤生产和加工方法的完整描述。包括：产品的所有生产、包装和质量控制地点的列表，包括工厂名称、地址和电话号码，以及每个工厂的联系人姓名、电话号码和电子邮箱。

⑥关于产品符合任何适用的烟草制品标准的说明。

⑦产品及其组件的样品。

⑧标识样稿。

此外，根据 FDA 1969 年实施的《国家环境政策法》条例要求"所有申请……请求机构采取行动都需要提交环境评估或绝对排除的请求"[《美国联邦法规》第 21 章 25.15（a）]。目前对烟草制品没有明确排除，因此，必须提交环境评估内容作为 PMTA 的一部分。

如果未提交上述任何信息，请说明未提交项，并解释未提交的原因。

此外，如导则后面所讨论的，FDA 可根据 FD&C 法案第 910（b）（1）（E）条，合理要求申请者提交"烟草制品及其部件的样品"。

应在 PMTA 申请的同一天向 FDA 提交这些样品。每份提交的样品应附有一份附信，应包含足以将样品和/或部件与 PMTA 联系起来的充足信息，包括公司名称和地址，授权联系人的姓名、职务、地址、电话号码、电子邮箱和传真号码，申请产品的名称，以及任何其他身份信息。还应提供用于向 FDA 提交样品的运输条件、建议的储存条件、样品的生产日期和失效期（保质期）。应该在 PMTA 中附上这封信的副本。

目前虽然不强制要求，但 FDA 强烈鼓励以电子方式提交申请，以促进数据提交和处理的效率和及时性。FDA 计划在其网站上提供相关申请信息并不时更新。

（四）PMTA 审查

根据 FD&C 法案第 910（c）条的要求，FDA 必须"尽快审查 PMTA，任何情况下不得晚于收到申请后的 180d"[第 910（c）（1）（A）条]。收到申请后，FDA 可能会根据需要，要求申请者提供 PMTA 相关的其他信息。

根据 FD&C 法案第 910（b）（2）条，FDA 可根据申请者要求或主动将 PMTA 提交给 TPSAC。在提交 PMTA 的首页中，申请者可将是否愿意提交给 TPSAC 的要求包含在内，但 FDA 有权决定是否提交。

申请者可随时撤回 PMTA。撤回决定应书面通知 FDA，并清楚标记为 PMTA 撤回，并发送到接收 PMTA 的地址。

**四、新烟草制品上市前申请的内容及要求**

PMTA 必须包括 FD&C 法案第 910（b）（1）条所要求的以下讨论内容。

（一）关于健康风险调查的完整报告

FD&C 法案第 910（b）（1）（A）条要求 PMTA 包含"所有信息的完整报

告，包括申请者已知的已公布或申请者已知的或理应知道的所有信息，包括可证明申请产品健康风险研究，以及申请产品风险是否低于其他烟草制品的研究。FDA 解释该报告不仅包括支持申请的研究，还包括不支持申请甚至对申请不利的任何研究。应提供有关非临床和临床调查的信息，包括但不限于评估烟草或烟草烟气成分、毒理学、消费者暴露和消费者使用情况的任何研究。此外，还应提供与申请产品相同、相似或相关的新成分、组件、添加剂或设计特征的产品的相关信息，以便 FDA 能够充分评估申请产品申请者已知的健康风险。应注明所提供的所有研究的资金来源。

FDA 将"所有信息的完整报告"解释为包括美国境内、境外调查的所有信息，包括已发布、申请者已知的或理应知悉的所有信息。支持申请提交的所有临床研究（包括美国境内和国外）都应确保受试者的权利、安全和福利得到保护，但即使一些研究不符合这些要求，也必须提交相关临床研究所有信息的完整报告。

对于已发表的申请产品的健康风险研究，应提供参考文献和每项研究的摘要。并解释开展此项研究进行的文献综述的范围，包括识别、收集等。

在 PMTA 中提交的数据和信息必须足以证明"允许产品上市有利于保护公众健康"［FD&C 法案第 910（c）（4）条］。申请应该包括每一项研究的结果摘要。摘要应包括（在可获得或合理获得的情况下）：

①研究目标。

②研究设计（或测试假设）。

③任何统计分析计划，包括如何收集和分析数据。

④结果和结论（肯定的、否定的或不确定的）。

此外，申请产品健康风险的每项研究应包括：

①为确保研究可靠性和保护受试者而采取的所有方案的记录，如根据《美国联邦法规》第 21 章第 56 部分正式组成和运作的调查审查委员会（IRB）对研究监督的记录，知情同意程序（如《美国联邦法规》第 21 章第 50 部分中的适当程序）的记录，以及适当的良好实验室规范文件（如《美国联邦法规》第 21 章第 58 部分中的记录）的记录。

②原始研究方案和任何修正。

③如果除方案外还制作了研究人员说明，所有此类说明的副本。

④统计分析计划，包括所使用的统计分析的详细说明，如所有变量、混

杂因素和子组分析、选择样本量的原因（包括计算每项研究的效度以及所使用的显著性水平和/或置信区间）以及任何修正。

⑤所有原始数据。为方便审查，要求以 SAS-TRANSPORT 文件格式提供数据，数据要求由 JMP 软件可方便读取的程序创建。还要求提供数据定义文件，包括每个数据集中使用的变量名称、代码和格式，以及用于创建派生数据集和研究报告中结果的 SAS 程序和任何必要的宏程序的副本。

⑥使用的所有版本的调查问卷。

⑦使用的所有版本的案例报告表。

⑧所有的知情同意书。

⑨完整的研究报告。

（二）所有组件、成分、添加剂、性能及新烟草制品使用方法的说明

FD&C 法案第 910（b）（1）（B）条要求，申请必须包含一份关于申请产品所有组件、成分、添加剂和特性的完整说明，以及申请产品使用方法的完整说明。

1. 组件、成分和添加剂

FDA 将"烟草制品的组件、成分和添加剂的完整说明"解释为，必须提供申请产品中组件、成分和添加剂的完整清单及定量数据，以及适用的规格和预期功能说明。组件、成分和添加剂包括可能的直接或间接作为申请产品一部分或影响其特性的任何东西。包括但不限于，烟草（包括类型）、纸张、胶水、添加剂、燃烧速率控制器和 pH 调节剂。

2. 性能

FDA 将"特性的完整说明"解释为对烟草制品的完整叙述性描述，包括：

①产品形式的描述（如：液体、凝胶、可溶性、可燃、可咀嚼、浸渍、条状、棒状、球状）。

②产品尺寸和产品整体结构的描述（使用图表或示意图，清楚地描绘成品及其组件的尺寸、操作参数和材料）。

③产品所有设计特征（例如：通风孔位置、热源、纸张孔隙度、涂层、烟碱浓度梯度）的描述；应指定标称值或明确的值范围以及适当的设计允差。

④烟草混合、重组或处理方法描述。

⑤性能标准（例如：燃烧率、通风标准、溶解速率）的定量描述。

⑥产品与目前市场上销售的类似烟草制品不同之处的描述。

⑦提交样品所代表批次的试验结果总结。

⑧明确的产品保质期（应包括声明保质期内产品稳定性的数据）。

3. 操作原则

FDA 对"一份完整的说明……或操作方法说明"解释是：

①消费者如何使用新烟草制品的完整描述，包括消费者如何使用产品（如消费者是否将烟草制品放入口中或鼻子中，消费者是否点燃烟草制品，以及该产品是否被设计为吸烟、吸入、吞咽、溶解、嗅闻或咀嚼）。

②消费者使用一单位产品需要多长时间。

③产品是否使用热源，如果使用，对热源进行描述（如：燃烧煤或其他物质、电或丁烷、化学反应、碳加热）。

（三）生产和加工方法的完整描述

根据 FD&C 法案第 910（b）（1）（C）条，必须提供申请产品的生产、加工以及相关包装和安装所使用的方法、设施和控制的完整描述。

应提供产品所有生产、包装和控制场所的列表，包括工厂名称和地址，以及每个工厂的联系人姓名和电话号码。此外，还应提供叙述性说明，并附上所有标准操作程序（SOP）的列表和摘要，以及以下类别信息的相关表格和记录示例：

①制造和生产活动，包括对设施和所有生产步骤的描述。

②监督管理和员工培训。

③产品设计和产品变更的制造过程和控制，包括详细说明产品设计属性与公共健康风险的危害分析，以及实施的任何缓解措施。

④与识别和监测供应商和供应的产品有关的活动（例如：包括用于确保烟草制品符合规格的验证）。

⑤在产品投放市场之前进行的测试程序。

⑥处理投诉、不合格产品和流程，以及纠正和预防措施。

如果需要，FDA 可以要求提交选定 SOP 副本，以便能够更全面地了解烟草制品的制造和加工过程中使用的方法以及使用的设施和控制措施。

（四）和烟草制品标准的一致性

FD&C 法案第 910（b）（1）（D）条要求，依据 FD&C 法案第 907 条，必须提供足够信息，证明申请产品完全符合标准，或证明与标准的任何偏差是合理的。

（五）样品和组件

依据 FD&C 法案第 910（b）（1）（E）条，FDA 可合理要求申请者提供申请产品和组件的样品。FDA 可能会对新烟草制品及其组件进行测试和分析。因此，PMTA 中应该包括足够数量的样品，供 FDA 进行测试和分析。

对于下面描述的申请类别，FDA 建议提供以下数量的样品（表 3-2），以便进行测试和分析。如果申请者认为其他数量的样品是合适的，应解释原因。

**表 3-2　　　　　　　　　样品提交数量建议**

| 新烟草制品类型 | 推荐样品数量 |
| --- | --- |
| 卷烟和类似卷烟的烟草制品 | 样品 4000 件（约 20 盒） |
| 手卷烟 | 4000g |
| 预先计量使用的无烟烟草（如香包中的湿或干鼻烟） | 200 件 |
| 散装无烟烟草（如咀嚼烟草、湿鼻烟） | 200g |
| 单独出售给消费者的成品烟草制品组件（如卷烟纸） | 200 件 |

除成品烟草制品样品外，FD&C 法案还规定 FDA 可合理要求申请者提供申请产品的组件样品（如烟草填充物、过滤器和/或纸张）。样品所在批次所有测试结果的总体情况应作为 PMTA 的一部分进行提交。

（六）建议标签

根据 FD&C 法案第 910（b）（1）（F）条，PMTA 必须包括申请产品所有建议标识样稿。

FD&C 法案第 201（m）条中，标识的定义为"所有标签和其他书写、印刷或图形材料，贴在任何物品或其任何容器或包装物上或附在该物品上"，包括标志、插页、说明书和其他附带的信息或材料。

**五、新烟草制品上市前申请的科学证据**

FD&C 法案第 910（c）（4）条要求申请者提供足够数据和信息，能够认定"允许产品上市有利于保护公众健康"。该结论的确定应依据整体人群（包括烟草制品使用者和非使用者）的风险评估结果，并考虑到：①现有烟草制品使用者停止使用申请产品的可能性；②不使用烟草制品的人开始使用申请产品的可能性。

依据 FD&C 法案第 910（c）（2）（A）条，FDA 可拒绝"无法证实"允许产品上市有利于保护公众健康"的申请。

FDA 建议提供以下研究数据，并提供详细解释，说明提供的数据和信息可支持"允许产品上市有利于保护公众健康"的结论，并比较该产品与目前市场上烟草制品健康风险差异。

FDA 就如何提供科学证据提出建议，包括产品的化学、非临床和人体研究等，包括新烟草制品使用是否影响烟草使用者戒烟或非使用者开始使用申请产品的可能性等。

（一）科学研究一般原则

根据 FD&C 法案第 910（c）（4）条，申请产品将接受评估，以确定"允许产品上市有利于保护公众健康"，包括产品的健康风险以及开始使用和戒烟率发生变化的可能性。这些考虑便于 FDA 评估申请产品对整个人口发病率和死亡率的影响。科学研究数据应说明以下问题，包括：

①产品使用与戒烟、使用其他烟草制品、从不使用烟草制品之间相关健康风险的比较。

②申请产品对目前戒烟的影响。进行评估时，应考虑产品和产品标识对当前烟草制品使用者（特别是有戒烟意向使用者）的吸引力、成瘾性和滥用性，以及使用者的戒烟率。此外，还应提供证据，说明申请产品是否会与现有市场上的其他烟草制品同时使用。

③申请产品对非吸烟者、已戒烟的消费者开始使用本产品可能性的影响。进行评估时，应考虑申请产品、产品标签对非吸烟者、戒烟者，特别是可能开始或重新使用烟草制品人群的吸引力，以及产品的成瘾性和滥用性。为全面评估产品对市场和整体人群的影响，应提供数据，说明申请产品与现有产品吸引力、成瘾性的差异，并详细说明产品哪些特性可增强或降低对儿童和青少年的吸引力。

所有科学评估都应该以可比产品为对照组，并考虑不同烟草使用量。例如，在评估产品健康风险时，临床研究应提供其他烟草制品使用者、戒烟者和非吸烟者的生物标志物数据。并提供与市场上的其他烟草制品化学成分的差异分析。

此外，研究应遵循设计的统计方法进行数据分析，以确保结论的有效性。

（二）产品化学研究

产品化学研究虽然不是"允许产品上市有利于保护公众健康"的决定因素，但与产品健康风险和成瘾性评估有关，也是 PMTA 中非临床和临床数据的支撑。

申请产品应报告有害和潜在有害成分（HPHC）含量水平，释放量应在国际标准化组织（ISO）和加拿大深度抽吸条件下进行测定。如果使用其他抽吸方法，应提供选择依据。

FDA 建议使用单独列表形式提供 HPHC 信息，按下列顺序（从左到右）列出以下各项：

①成分名称。

②成分常用名称。

③CAS 号。

④浓度单位。

⑤所提交产品的含量水平（95％置信区间）。

⑥样本量。

⑦检测和参考方法。

FDA 建议使用表格分别列出 ISO 和加拿大深度抽吸模式下得到的结果。应提供文件，表明开展测试的实验室已获得国家或国际认可的外部认证组织的认证。申请中应包括此类认证文件。

（三）非临床研究

虽然非临床研究本身一般不足以支持"允许产品上市有利于保护公众健康"，但可提供相关烟草致病机制的研究信息，并与健康风险和成瘾性相关。

非临床调查应评估申请产品与市场上其他烟草制品毒性、滥用性和致癌性的差异。

应使用体外、体内和/或体外研究综合评估。研究设计应包括可进行可靠统计分析的足够样本量（测试样本或动物数量），以及一系列生物指标相关浓度。研究中使用的模型应对被评估的终点足够敏感。应提供证据并解释所选非临床模型的敏感性。例如如果选择 Ames 致突变性检测作为致癌性的评估，应说明：

①检测指标适合于评估申请产品的原因。

②检测指标的研究历史。

③证明该检测指标适用于评估致癌性和致突变性的科学证据。

④测试细菌菌株的选择。

⑤产品给药方法的选择。

⑥检测指标灵敏、剂量-反应关系明显的科学证据。

⑦开展体内研究时，在允许的条件下，产品给药方式应反映人体暴露途径。

### （四）成年人受试者研究

成年人受试者研究的主要目的是通过评估申请产品对人类健康和行为的影响（即使用模式和烟草使用行为、有害成分暴露和生物效应、滥用性、消费者认知），评估产品的健康风险。这些研究可为 FDA 提供重要信息，以确定"允许产品上市有利于保护公众健康"。

研究方案应明确研究设计、实施和统计分析计划以及分析收集的数据，以确保结果的有效性。研究方案中程序和预先设定数据分析方法的遵守程度将有助于说明研究的最终结果和结论的置信度。说明烟草制品比较时的不确定度时，应考虑偏差对 $p$ 值、置信区间或其他因素的潜在影响。

成年人受试者调查应提供以下产品的评估信息：

①使用者烟草相关化合物暴露评估。

②烟草使用者健康风险和疾病发病率。

③使用模式（例如，抽吸参数、使用频率和/或不同年龄段的使用情况），包括对消费者同时使用申请产品和市场上其他产品的评估。

④滥用性和成瘾性。

⑤消费者认知，包括基于产品本身及申请产品包装和标识的风险认知。

⑥申请产品使用者的戒烟率。

开展的研究应确保研究结果可推广到美国烟草使用者和非使用者。因此需要认真考虑研究规模、志愿者的选择和研究持续时间。志愿者的选择应确保抽样人群反映美国成年烟草使用者群体的多样性。此外，无论可能对结果产生积极或是消极影响，应对申请产品的潜在人群多进行抽样。

根据在特定临床研究中要评估的终点，应确定要使用的对照组。例如，在一项旨在评估一种新烟草制品对疾病风险影响的研究中，可能包括基于烟草不同使用量的多个比较组（如每天吸烟少于 10 支、10 支或更多的吸烟者及戒烟者）。

研究的持续时间应该确保研究终点能够得到充分评估，以提供临床有意义、统计有效、可靠的临床结果。例如，产品对戒烟的影响研究可能比评估烟草制品的使用情况研究需要持续更长时间。

**六、新烟草制品上市前申请的使用情况研究**

（一）新烟草制品试验性使用的豁免

FDA 计划根据 FD&C 法案第 910（g）条 ［21 U. S. C. 387j（g）］发布法规，规定烟草制品在用于研究目的时可豁免遵守 FD&C 法案第 910 节的要求条件。在这些规定发布之前，考虑到某些情况下新烟草制品调查使用目的，在执行 FD&C 法案 PMTA 审查时行使酌处权。拟研究新烟草制品的申请者应该联系烟草制品中心的科学办公室，讨论提交研究方案和/或研究终点，以开展旨在支持 PMTA 的调查。

为便于 FDA 评估会议的潜在效用，并讨论确定参加会议的工作人员，应向烟草制品中心科学办公室主任发送书面会议请求，包括以下内容[4]：

①简要说明会议目的，包括申请产品名称，以及计划研究在整体产品开发计划中的作用。

②按学科分组的具体问题清单。

③建议议程，包括预期会议目标和结果。

④预期代表申请者参加会议的所有人（包括头衔）的列表。

⑤评估产品是否适合保护公共健康的调查计划，包括建议的研究方案摘要。

建议研究方案摘要包括以下信息：

①研究目标。

②研究假设。

③背景信息（新烟草制品和任何监管历史的简要描述）。

④研究设计。

⑤研究人群（拟纳入的受试者数量、纳入/排除标准、对照组）。

⑥人类受试者保护信息，包括 IRB 信息。

⑦主要和次要终点（定义和成功标准）。

⑧统计分析计划（描述采用的统计方法、选择样本量的原因，包括计算每项研究的威力以及要使用的显著性水平和/或置信度）。

⑨数据收集过程。

⑩后续和基线及后续评估的持续时间。

会前准备对于获取富有成效的讨论或信息交流至关重要。FDA 安排会议后，要求提交一份根据最终议程组织的会议包，包含对新烟草制品的详细描述、产品开发状况、用于评估"允许产品上市有利于保护公众健康"的研究计划（包括建议的研究方案的摘要）、要讨论的具体问题以及与这些问题相关的背景信息。

目前 FDA 不打算强制执行 FD&C 法案第九章中有关烟草制品上市前审查遵循以下规范要求，针对个案对研究设计进行讨论，但这些规范将有助于确保研究受到良好控制，研究数据可靠，研究对象得到充分保护。

所有研究（包括临床和非临床研究）应：

①将产品的直接分销限制为合格且经过适当培训的研究人员。

②不推广或测试市场调查烟草制品的商业分销。

③对所有研究产品的接收、使用和处置进行说明。

④标明该产品"仅供研究使用"。

临床研究应：

①采取措施确保研究的可靠性和有效性，例如合理设计研究方案，并严格遵守。此外，应确保所有研究的开展都符合国际社会可接受的伦理原则，保护受试者的权利、安全和福利，并确保数据具有科学效力。实施这些措施的一种方法是根据《美国联邦法规》第 21 章第 50 部分（人类受试者的知情同意）中的适当规定进行研究，并确保 IRB 的监督受《美国联邦法规》第 21 章第 56 部分（IRB 对临床研究的审查和批准）的管辖。有关知情同意和 IRBs 的更多信息可以在 FDA 的指导文件中找到。

②确保所有使用产品的研究对象都是 21 岁以上的当前烟草制品使用者。

对于非临床研究，应该：

采取措施确保研究的信度和效度。实施此类措施的一种方法是遵循《美国联邦法规》第 21 章第 58 部分规定的良好实验室规范。有关良好实验室规范的更多信息，请参阅 FDA 的指导文件。如申请者对良好实验室操作规程有特殊疑问，请联系烟草制品中心。

（二）在美国境外进行的研究

可将在美国境外进行的新烟草制品研究作为 PMTA 的组成部分提交。在美国境外进行的所有研究都应确保受试者的权利、安全和福利受到国际社会可接受的伦理原则的保护，并且这些数据具有科学有效性，适用于美国民众。研究人员应按照良好临床实践的国际标准进行研究，并遵守研究所在国家的法律和法规，以对受试者提供更大的保护。这些受试者和数据完整性保护措施，有助于在美国境外进行的研究获得可靠数据，便于 FDA 开展数据"受控调查"［参见 FD&C 法案第 910（c）（5）（A）条］。

## 第二节　烟碱电子传输系统上市前申请导则

烟碱电子传输系统的烟草上市前申请（Premarket Tobacco Product Applications for Electronic Nicotine Delivery Systems）导则旨在帮助申请者根据 FD&C 法案第 910 节，提交烟碱电子传输系统（ENDS）的 PMTA。

该导则解释了以下内容：

①适用的产品。

②根据法规要求需要提供 PMTA 的适用情况。

③PMTA 审查的一般程序。

④FD&C 法案要求的 PMTA 中提交的信息。

⑤以及 FDA 建议的 ENDS 的 PMTA 提交信息，以证实"允许产品上市有利于保护公众健康"。

### 一、烟碱电子传输系统上市前申请的背景

2009 年 6 月 22 日美国颁布了《家庭吸烟预防和烟草控制法》，修订了 FD&C 法案，并赋予 FDA 监管烟草制品的权力。具体来说，《烟草控制法》增加了一个新的章节，赋予 FDA 对烟草制品的管理权。经《家庭吸烟预防和烟草控制法》修订的 FD&C 法案第 901 节规定，FD&C 法案（第九章）的新章节适用于所有卷烟、烟草、手卷烟，无烟烟草和卫生与公众服务部部长认为受本章约束的任何其他烟草制品。

2016 年 5 月 10 日，FDA 发布了一项最终推定规则[5]，认为"烟草制品应遵守 FD&C 法案的规定；烟草制品的销售和分销应标注警告声明"（最终推定规则）（81 FR28973）的监管。除了被视为烟草制品的配件外，最终推定规则将 FDA 的烟草制品管制权限扩大到所有产品，这些产品符合 FD&C 法案第 201（rr）条中"烟草制品"的定义。在最终推定规则中，FDA 明确所有 ENDS（包括但不限于电子烟、电子笔、电子雪茄、电子水烟管、真空笔、个人汽化器和电子管）在最终裁决规则生效之日起，受 FDA 的监管。ENDS 包括烟液和电子烟，无论是作为整体销售还是单独销售。

最终推定规则认定的产品，包括卷烟、烟草、手卷烟和无烟烟草，现在

受 FD&C 法案大多数条款的监管，包括上市前审查要求等。

根据 FD&C 法案第 910 条，拟销售尚未在美国上市的烟草制品（截至 2007 年 2 月 15 日）即新烟草制品，或在 2007 年 2 月 15 日之后进行商业营销的任何改性的烟草制品必须首先获得许可［第 910（c）（1）（A）（i）条规定］，但已根据 FD&C 法案第 905（j）条的规定提交报告，且 FDA 已根据第 910（a）（2）条发布许可，说明新烟草制品实质性等同于在美国商业销售的烟草制品［即 2007 年 2 月 15 日 905（j）途径］，或新烟草制品不受实质性等同要求约束的除外。如果发现新产品与上市产品没有实质等同或不符合实质等同要求，则必须根据第 910（b）条提交 PMTA，并在销售产品前获得根据第 910（c）（1）（A）（i）条授权销售许可。

所有符合"新烟草制品"定义的认定产品（包括 ENDS）均应遵守 FD&C 法案第 910（a）（2）条规定的上市前审查要求。考虑到实质性等同途径的有效 ENDS（2007 年 2 月 15 日在市场上销售的产品，或先前确定与适当的产品实质上等同的产品）实际情况，FDA 预计将收到 ENDS 产品的生产商提交的 PMTA 文件。FD&C 法案第 910（b）（1）条包含 PMTA 提交要求。本指南旨在提供信息，帮助申请者根据第 910（c）（1）（A）（i）条要求提交 PMTA，获得 ENDS 产品上市销售许可。

**二、烟碱电子传输系统上市前申请的定义**

（一）配件

"配件"是指拟用于或合理可能用于烟草制品或供人类消费的任何产品；不含烟草，也不是由烟草制成或衍生的；且满足以下任一条件：

（1）非有意或合理预期不会影响或改变烟草制品性能、组分、成分或特性。

（2）意图或合理预期会影响或维持烟草制品的性能、组分、成分或特性，但单独控制储存烟草制品的湿度和/或温度；或仅提供外部热源以启动但不维持烟草制品的燃烧（《美国联邦法规》第 21 章 1100.3）。

在该导则中，"组分"一词是指材料的排列和组成方式，包括成分、添加剂和生物有机体（如在无烟产品中添加用于发酵的微生物）。

FDA 认为电子烟的附件包括螺丝刀、挂绳和装饰物等。

（二）添加剂

添加剂是指直接或间接使用，成为以及可能成为烟草制品成分或影响产品特性的任何物质（包括用作调味品或着色剂或用于生产、制造、包装、加工、制备、处理、包装、运输或维持的任何物质）。该术语不包括烟叶、农药化学品中或其上的烟草中的农药化学品残留［FD&C 法案第 900（1）条］。

（三）组件或部件

组件或部件是指有意或预期达到效果使用的任何软件或材料组件：①改变或影响烟草制品的性能、成分或特性；②与烟草制品一起使用或供人类食用。

组件或部件不包括任何烟草制品的配件（《美国联邦法规》第 21 章 1100.3）。

以下是 ENDS 组件或部件示例的非详尽列表：电子烟烟液、雾化器、电池、烟弹（雾化器和可更换的烟弹）、数字显示/调整设置的灯、透明的可填充雾化器（带内置雾化器的可再填充电子液筒和导油棉系统）、大功率续液式电子烟、风味成分、储液瓶和可编程软件。

（四）覆盖的烟草制品

根据《美国联邦法规》第 21 章 1143.1，术语涵盖的烟草制品是指根据《美国联邦法规》第 21 章 1100.1 被视为受 FD&C 法案约束的任何烟草制品，但不包括非烟草制造或衍生的烟草制品的任何成分或部分。涵盖的烟草制品包括但不限于雪茄、烟斗烟草和电子烟烟液。

（五）电子烟

在该导则中，电子烟是指当被吸入时，以气溶胶形式将电子烟烟液输送到口腔和肺部的电子装置，也被称为气溶胶装置。如 FDA 认为，个人雾化器、雪茄、电子笔、电子水烟、电子雪茄等是电子烟。电子烟可以是开放式或封闭式的。开放式电子烟，也称为可再填充电子烟，是一种含储液器，用户可自行选择电子烟烟液的电子烟。封闭式电子烟是不可填充烟液的电子烟，如一次性或烟弹式电子烟。如果电子烟含有电子烟烟液，则称为预填充电子烟。

（六）电子烟烟液

在该导则中，电子烟烟液包括液态烟碱、含烟碱的液体（即与着色剂、风味成分和/或其他成分结合的液态烟碱）以及不含烟碱或其他烟草制成或衍生的液体，预期或合理预期与烟草制品一起使用或用于人类消费的烟草制品。

含有烟碱或烟草提取物的电子烟烟液符合烟草制品定义，因此受 FD&C 法案第九章的监管。不含烟碱或烟草提取物，但拟用于或合理预期用于人类消费的烟草制品的液体，可能是组件或部件，受 FDA 烟草管控法规的管制。

如"零烟碱"或"无烟碱"的电子烟烟液打算或合理预期与烟碱混合，则该电子烟烟液可能是烟草制品的一个组成部分，并受 FDA 烟草管控法规的管控。即使与电子烟分开销售，这种电子烟烟液也是烟草制品。根据 FD&C 法案，含有零烟碱的电子烟烟液，如果不含烟草提取物，也不是有意或合理预期与烟碱或烟草提取物混合，则不属于烟草制品，不受 FDA 烟草管控法规的管控。

（七）烟草成品

在该导则中，烟草成品是指密封在最终包装中的烟草制品，包括所有零部件。例如，密封在最终包装中的电子烟烟液将被出售或分发给消费者以供使用是烟草成品，但是相比之下，出售或分发用于进一步制造成烟碱电子烟传输系统的电子烟烟液本身不是烟草成品。

（八）新烟草制品

FD&C 法案第 910（a）（1）条将新烟草制品定义为：① 截至 2007 年 2 月 15 日未在美国销售的烟草制品（包括测试市场中的产品）；② 2007 年 2 月 15 日之后在美国商业销售的有改变的烟草制品（包括设计、组成、部分或成分，包括烟气成分或含量、烟碱传递或存在状态的更改，添加剂成分或含量变化）。

（九）烟草制品

烟草制品是"由烟草制备或衍生的供人类消费的任何产品，包括烟草制品的任何组件、部件或附件（生产烟草制品的成分、部分或附件所用的烟草以外的原材料除外）"［FD&C 法案第 2019（rr）条］。该术语不包括 FD&C 法案（《美国联邦法规》第 21 章 1100.3）中定义的药品、器械或组合产品，不限于含有烟草或烟草衍生物的产品，还包括烟草制品的组件、部件或配件，无论其出售用于进一步制造还是供消费者使用。如用于 ENDs 的电子烟烟液、电子烟、雾化器和电池都是烟草制品，无论是出售给消费者用于烟碱电子传输系统，还是出售给消费者用于进一步制造成另一种产品。

**三、烟碱电子传输系统上市前申请的相关事项**

（一）该导则适用的产品

如上所述，最终认定规则将 FDA 的烟草产品管制扩展到所有符合 FD&C 法案第 201（rr）条中"烟草产品"定义的产品，包括零部件。ENDS 包括各种产品，如笔式、雪茄、电子笔、电子水烟、电子雪茄、电子管、电子烟烟液、雾化器、电池（带或不带可变电压）、烟弹（雾化器加上可更换的烟弹）、数字显示/调整设置的灯，透明的可填充雾化器（带内置雾化器和导油棉）、大功率可填充电子烟、香味成分和控制软件。因为该行业变化快速，未来可能会开发出新的 ENDS，所以该列表不一定详尽齐全。

本导则后续章节涉及最终产品的三个子类别：

①电子烟烟液。

②电子烟。

③将电子烟烟液和电子烟包装在一起的 ENDS。

**（二）何时需要提交 PMTA？适用什么政策？**

**1. 对申请者的考虑**

FD&C 法案第 910 条要求新烟草制品需要上市许可。依据该要求，FDA 对烟草成品，包括 ENDS 组件和部件整体或分开销售进行限制，对销售或分销的进一步制造成烟草成品的部件和组件无此要求。如为进一步制造成最终成品而销售或分销的电子烟烟液本身不是烟草成品，FDA 暂不打算对其实施销售许可。相反，密封在 ENDS 的电子烟烟液会被出售或分发给消费者使用，是一种烟草成品，需要获取销售许可。

如果 ENDS 的销售是用于戒烟或任何其他治疗目的，则该产品是 FDA 药物评估和研究中心或设备和放射健康中心授权的药物或设备，而不是烟草制品，必须寻求适当批准才能将产品作为药物或器械进行销售。

**2. 从各种组件中制备烟液或生产改良电子烟的 ENDS 零售商**

混合或制备液体烟碱、香味成分或其他电子烟烟液组合以直接销售给消费者的 ENDS 的零售商，创建或修改电子烟以直接销售给消费者用于 ENDS（有时称为蒸汽商店）符合 FD&C 法案第 900（20）条中"烟草制品生产商"的定义，应遵守适用于生产商和零售商的所有要求，包括 PMTA[6]。

**（三）ENDS PMTA 审查步骤**

评审 PMTA 需要的时间取决于产品的复杂性。FDA 将尽快处理所有新的申请，同时确保符合法定标准。

FDA 将审查符合 FD&C 法案第 910（c）条要求的 ENDS 的 PMTA。根据 FD&C 法案第 910（c）（1）（A）条，FDA 必须"尽快处理 PMTA，任何情况下不得迟于收到申请后的 180d"。为确定 180d 期限的开始时间，FDA 通常依赖烟草制品中心（CTP）文件控制中心（DCC）确定收到完整申请的日期

[如果样品是提交申请的最后一部分，则是样品收到时间，而不是申请者寄送样品的日期。考虑到完整性，PMTA 必须包括 FD&C 法案第 910（b）（1）条中规定的所有信息。FDA 可以拒绝不完整的提交申请。如果拒绝，FDA 将向申请者发出信函，指出申请中的缺陷]。

FDA 区分已"受理"、已"备案"和"完整"的申请：

①受理：管理局完成初步审查，并确定申请形式基本符合法定条款和适用法规要求，申请被"受理"。

②备案：FDA 接受 PMTA 后，完成备案审查并确定申请足够完整，可进行实质性审查后，申请已经"备案"。此备案审查仅适用于上市前烟草申请或修改后的风险申请，会产生备案函或拒绝备案函。

③完整申请的实质性审查：当申请包含 FD&C 法案第 910（b）（1）条要求的信息（包括产品样本）时，即视为完整申请，该信息从 FD&C 法案第 910（c）（1）（A）条规定的 180d 审查期开始。如果在审查提交的 PMTA 过程中发现缺陷，CTP 可发出信函，要求对申请中发现的缺陷提供补充信息或澄清。发出此类信函后将暂停 180d 的审查期，直到 CTP 收到对信函中所有缺陷的完整确定的答复。

除 FD&C 法案第 910（b）（1）条要求的信息外，FDA 还可以要求提供有关 PMTA 的必要信息，以支持 FDA 根据 FD&C 法案第 910（b）（1）（G）条的授权对申请进行审查。FDA 可能还需要检查生产、临床研究或非临床研究场所，包括所有与 PMTA 相关的研究记录和信息。通过对这些场所的检查，FDA 可评估所提供信息的准确性和有效性，包括临床和非临床信息，确认烟草制品是否符合 FD&C 法案第 907 条规定的适用产品标准（如有），并确认产品可以按照 PMTA 中规定的标准制造。检查还将提供有关烟草制品的生产、加工或包装是否符合烟草制品制造规范的重要信息，这些信息将在未来的规则制定中加以规定。

根据 FD&C 法案第 910（b）（2）条，FDA 有权根据请求或自行决定将提交的 PMTA 提交给烟草制品科学委员会（TPSAC）。FDA 咨询委员会被用来获得关于科学、技术和政策问题的独立专家意见。TPSAC 会审查和评估与烟草制品相关的安全性、依赖性和健康问题，并向食品和药品专员提供适当的信息和建议[7]。如果申请者希望 FDA 将自己的 PMTA 提交给 TPSAC，应在提交的第一份 PMTA 的申请函中包含该请求。

（四）ENDS 产品公众健康考虑

1. FD&C 法案第 910（c）（2）（A）条标准：证明"允许产品上市有利于保护公众健康"

依据 FD&C 法案第 910（c）（2）（A）条，如果认为"缺乏证据表明允许申请产品上市将有利于保护公众健康，FDA 将拒绝 PMTA"。FDA 判断"允许产品上市有利于保护公众健康"时，必须从烟草制品使用者和非使用者在内的整个人群的风险和利益来确定，并考虑：

（1）现有烟草制品使用者停止使用烟草制品的可能性。

（2）非烟草制品使用者开始使用该产品的可能性。

在该指导文件中，提供了与不同主题领域和科学学科相关的具体信息建议，以使 FDA 能够确定 PMTA 申请是否支持"允许产品上市有利于保护公众健康"。例如，根据 FD&C 法案第 910（b）条，ENDS 毒理学的全面评估（如成分、组件、产品的使用）对评估使用者和非使用者的健康影响非常重要，因此，FDA 要求开展毒理学评估。FDA 将权衡 PMTA 中所有信息的潜在益处和风险，全面确定该产品是否应获准上市。

申请者对限制销售和分销的提议，可帮助证明"允许销售该产品有利于保护公众健康"（例如，减少非吸烟者开始使用的申请产品可能性的限制）。FDA 可能会考虑销售分销策略，并在销售许可中作为强制性条件。这些限制是对 FDA 可能要求的烟草制品销售和分销的任何其他限制的补充，或是 FDA 可能认为必要的上市后的记录和报告。

下面重点介绍了申请者应考虑的几类问题，以帮助证明"允许产品上市有利于保护公众健康"，应授权许可销售。

2. 有效的科学证据

FD&C 法案规定，在适当情况下，将根据严格的 PMTA 审查［FD&C 法案第 910（c）（5）（A）条］，判断申请产品是否符合"允许产品上市有利于保护公众健康"。然而，FD&C 法案第 910（c）（5）（B）条也允许考虑其他"有效的可以评估烟草制品科学证据"。鉴于 ENDS 进入美国市场的时间相对较短，科学研究和分析的数据有限。如果申请中包括其他产品的信息（如已发表的文献、营销信息等）和适当的衔接研究，FDA 将审查这些信息以确定是否有足够的科学证据证明"允许产品上市有利于保护公众健康"。单凭非临床研究通常不足以支持该结论。但 FDA 认为申请者并不需要进行长期研究。

作为非临床评估的一个例子，申请中可能不包含长期研究（如致癌性生物测定）。对于临床评估，申请者可通过在公共文献中包括现有的较长时间的研究以及适当的衔接信息（例如为什么使用的数据适用于申请产品）以及从短期研究中推断。此外，评估长期使用烟草制品后出现毒性的非临床体外分析也可能支持临床评估。这些研究应与申请产品相关，充分说明可能与长期健康影响有关的急性毒理学终点或其他临床终点相关。这种情况下，FDA 认为长期研究是指在 6 个月或更长时间内进行的研究。

FDA 建议申请者阐述 PMTA 中提供的数据和信息［包括 FD&C 法案第 910（b）（1）条要求的信息］科学有效，足以支持 FDA 认定"允许产品上市有利于保护公众健康"。

如申请者有疑问，包括希望利用其他途径，建议申请者在准备和提交申请之前与 FDA 会面讨论。

3. 产品比较

FD&C 法案第 910（c）（4）条要求考虑申请产品上市对整个人群包括吸烟者和非吸烟者的风险和收益，FDA 要求审查申请产品上市可能改变消费者使用行为（例如开始、转换、双重使用）而引起的相关健康风险。建议申请者将其产品与同一类别和子类别的产品以及不同类别的产品进行健康风险比较。这些比较是评估产品转换引起健康影响研究的重要组成部分。

同一类别或子类别烟草制品的信息对于 FDA 评估烟草制品对公众健康的潜在影响非常重要，因为目前的使用者可能会转向同一类别的其他产品。对于属于同一类别和子类别的烟草制品，建议申请者考虑消费者最有可能在申请产品和其他类似产品之间互换的产品。

对于电子烟烟液的 PMTA，FDA 建议比较该产品和其他类似使用方式的电子烟烟液的健康风险，建议包括材料、成分、设计、组件、热源或其他特性，这些将有助于评估新产品与其他同类和子类别烟草制品健康风险的差异。

不同类别烟草制品的信息对 FDA 的评估非常重要，可帮助证明当前吸烟者改用申请产品或与当前烟草制品双重使用时，可能面临的健康风险的变化。对不同类别但可能适合进行健康风险比较的烟草制品，FDA 建议选择所申请烟草制品的潜在使用者，对申请的烟草制品与用于比较的烟草制品进行健康风险比较。例如在 2018 年的烟草市场，一些 ENDS 生产商将其产品作为卷烟的替代品进行销售。在这种情况下，可根据卷烟和其他类似 ENDS 产品的风险来评估 ENDS 的风险，还应考虑加热卷烟使用的风险。

4. 烟碱暴露警告

FD&C 法案第 910（b）（1）（F）条要求 PMTA 中包含拟用于新烟草制品的标志样稿。警语是产品标志的重要组成部分。考虑到与电子烟烟液暴露有关的健康风险和危害（包括口腔、皮肤和眼睛的危险），成品标志上的烟碱暴露警语有助于确定"允许产品上市有利于保护公众健康"。FDA 认为警语可警告消费者和公众特别是儿童无意中接触烟碱（包括可能致命的烟碱中毒）的风险，对预防或降低急性毒性风险非常重要。为此，建议在提交的标志样稿中加入烟碱暴露警语。

烟碱暴露警语应以清晰、简单的方式，准确、真实传达使用电子烟烟液的健康风险和危害。为更好地帮助申请产品获得授权许可，建议：

①清楚、明显、突出、易懂、实事求是，不虚假、不误导。

②不可擦除，印在烟草制品标志/标签上最有可能被消费者看到的一面（如果包装太小，无法容纳清晰的警语，FDA 建议将这些警语永久贴在产品的纸箱或其他外部容器、包装上，或永久贴在烟草制品包装上）。

③包括含有象形文字的粗体颜色和标记，使不能阅读的儿童可以理解，以阻止打开和摄入。

④提供烟碱是危险物质和中毒可能性的声明。

⑤描述可能的意外暴露模式或过程。

⑥包括关于将电子烟烟液放在儿童和宠物够不着的地方的声明。

⑦包括发生意外接触时寻求医疗帮助的说明。

下面是烟碱暴露警语的文本例子，并不一定适用于所有 ENDS，建议申请者使用适合其产品的文本。

①警语：含有烟碱，可能有毒。避免接触皮肤和眼睛。不能饮用。放在儿童和宠物够不着的地方。如果意外接触，寻求医疗帮助。

②警语：含有烟碱。不要接触皮肤或眼睛。不能饮用。存放在原装容器中，远离儿童和宠物。如有意外接触，请致电中毒控制中心 1－800－222－1222。

5. 烟碱成瘾的警语声明

根据《美国联邦法规》第 21 章 1143.3（a）（1），任何人在美国境内生产、包装、销售、分销或进口以供销售或分销任何烟草、手卷烟或除雪茄以外的覆盖烟草制品，均为非法行为，除非包装标志上有以下警语声明："警告：本产品含有烟碱。烟碱是一种使人上瘾的化学物质。"或者，根据《美国联邦法规》第 21 章 1143.3（c），不含烟碱的烟草制品（即不得检出烟碱含量）必须包括以下声明："本产品由烟草制成。"不含烟碱产品的生产商必须提交证明，证明除手卷烟、卷烟或雪茄以外的烟草制品不含烟碱。因为任何含有烟碱或从烟草中提取的其他物质（例如，含有烟碱的电子烟烟液，与含有烟碱的电子烟烟液一起销售的封闭式电子烟）的 ENDS 都为烟草制品，因此必须符合《美国联邦法规》第 21 章 1143 规定的包装标签上带有适当警告声明的要求。根据 FD&C 法案第 910（b）（1）（F）条，PMTA 中包含的含有烟碱的产品标识样稿必须包括包装标志，并附有烟碱成瘾性的警告声明。

《美国联邦法规》第 21 章 1143.3（d）规定，如果烟草制品太小或无法在产品上标明烟碱成瘾性的警语，则警语必须出现在纸箱或其他外部容器或包装上或以其他方式永久贴在烟草制品包装上。对于申请产品体积太小或无法容纳警语的，必须提交外部容器或包装的样本或以其他方式永久贴在烟草制品包装上，并解释将警语附加到烟草制品的外容器或包装中的原因。

6. 保护性包装

考虑到与接触电子烟烟液相关的健康风险和危害（包括口腔、皮肤和眼部危险），尤其是对婴儿和儿童，FDA 建议生产商提供足够的信息描述 ENDS 销售时的包装类型，以支持"允许产品上市有利于保护公众健康"的结论。各种类型的包装如儿童防护包装和接触限制包装（例如限流器）可降低意外接触电子烟烟液的风险。儿童防护包装包括：在合理时间内 5 岁及以下儿童很难打开、使用，或获取有毒的、可能会上瘾的有害成分，以及大多数成年人很难错误使用的包装。说明还应包括有关包装防篡改的信息。

**四、烟碱电子传输系统上市前申请的提交方式**

FDA 鼓励以电子格式提交 PMTA，以提高数据提交和处理的效率和及时性。建议使用 CTP 门户网站在线提交申请。如果以电子格式提交，建议遵循 FDA 网站上提供的技术规范文件、电子提交文件格式和规范中的信息，以确保申请可被 FDA 处理、阅读、审查和存档。

此外，为帮助将 PMTA 提交给 TPSAC，FDA 建议申请者通过提交两个独立 PMTA 完整版本以明确商业机密信息：一个未修订版本，一个标记为修订的版本。标记为修订的版本可在内容周围放置一个方框，表示该位置为标记的内容。FDA 还建议提交一份索引，按页码列出 PMTA 中每个修订的位置，详细解释每个修订符合《美国联邦法规》第 21 章 20.61 下不可披露的商业秘密或机密信息的原因。

可在 FDA 发布批准或拒绝销售许可命令之前的任何时候撤回 PMTA，要求书面通知 FDA 撤销 PMTA，通知应明确标记为 PMTA 撤回，并通过 CTP 门户网站或 FDA 电子提交系统（ESG）提交。

FDA 180d 的审查期始于 CTP DCC 收到完整申请之日，即视为"收到"申请。

### 五、烟碱电子传输系统上市前申请内容及格式

根据 FD&C 法案第 910（b）（1）条，PMTA 申请必须包含：

①已公布或申请者已知的或申请者应合理知悉的所有信息的完整报告。这些信息包括已开展的研究，以显示该烟草制品的健康风险，以及该烟草制品是否比其他烟草制品具有更低风险。

②该烟草制品的组成、成分、添加剂和特性以及操作的完整说明。

③该烟草制品的生产、加工、包装和安装（如相关）所用方法、设施和控制措施的完整说明。

④第 907 条下适用于该烟草制品任何方面的任何标准的识别参考，以及证明完全符合标准的充分信息，或证明任何偏离的充分信息。

⑤委员会可能需要的烟草制品及部件的样品。

⑥拟用于该烟草制品的标志样本。

⑦委员会可能需要的与申请相关的其他资料。

本节讨论了第 910 条中的强制性要求，提供了 FDA 对 PMTA 内容的一般建议，并解释了 FDA 目前对获取控制良好的研究和其他有效科学信息的建议。

为提高提交和审查流程效率，FDA 建议按以下顺序组织 PMTA 内容：

①一般信息。

②目录。

③描述性信息。

④产品样品。

⑤标识。

⑥环境评价。

⑦所有研究结果摘要。

⑧科学研究和分析。

FDA 预计，一份上市前提交的材料可能涵盖多种产品，并可能包括一份涵盖所有产品的单个、混合的附函和目录。当 FDA 收到一份涉及多种不同烟草新产品的上市前报告时，打算将每种产品的信息作为单独 PMTA 来考虑。因此，申请者必须明确与每个不同产品相关的内容，并表明每个产品都满足第 910（b）（1）条的要求。例如，FDA 认为每种具有不同风味和/或烟碱浓度的 ENDS 是不同产品。这种情况下，申请者可提交一份最终产品组的上市前文件，明确说明哪些信息重叠，适用于所有产品，哪些信息特定于单一产品（例如特定香味成分或烟碱浓度）。

根据《美国联邦法规》第 21 章 1105.10 的规定，申请必须符合本导则标准，否则 FDA 可拒绝其提交材料。申请必须是英文的，或包含《美国联邦法规》第 21 章 1105.10（a）（2）中要求的"任何提交信息必须附带完整英文翻译"。对于英语外的语言编写的任何文件，建议提供原始文件、英文译本，以及翻译成英语的准确证明。FDA 建议 PMTA 要清晰易读，组织有序。

如果以电子方式提交申请，则必须根据《美国联邦法规》第 21 章 1105.10（a）（3），采用 FDA 可处理、阅读、审查或存档的格式。为便于审查，建议遵循 FDA 网站上提供的技术规范文件、文件格式和规范中的信息，并推荐：

①是静态的，即每次访问文档时，页面不重新格式化、重新编号或重新标注日期。

②需要参考其他章节时，提供准确的链接。

③使用户能够按纸张提供的方式，例如字体、方向、表格格式和页码逐页打印每个文档。

④允许用户以电子方式将文本、图像和数据复制到其他通用软件格式。

（一）一般信息

FDA 建议附上一封信，包含基本信息，表明自己是申请者，以及正在申请销售许可的具体产品。这封信应在提交材料上注明 PMTA，并包括以下信息：

①公司名称和地址［《美国联邦法规》第 21 章 1105.10（a）（4）要求］。

②法定美国机构或代理人姓名和地址［《美国联邦法规》第 21 章

1105.10（a）（4）~（5）要求］。FDA 还建议提供公司名称、电话号码、电子邮件和传真号码。

③申请产品的基本信息［《美国联邦法规》第 21 章 1105.10（a）（7）要求］。

④申请产品之前提交资料的信息，例如实质性等同报告或以前的 PMTA 申请。

⑤与 FDA 就新烟草制品召开的任何会议的日期和目的。

⑥关于 PMTA 如何满足 FD&C 法案第 910（b）（1）条内容要求的简要说明，例如哪些申请内容满足的法定要求。

⑦与 PMTA 一起提交的所有附件和标识的清单。

⑧授权代表申请者、居住在美国或在美国有营业地的负责官员的签名［《美国联邦法规》第 21 章 1105.10（a）（9）要求］。

（二）目录

FDA 建议包括一个全面目录，指定每一部分章节和页码，包括与申请相关的网页链接。PMTA 和任何修改也应包含一个综合索引（即文件和元数据列表）。

（三）描述性信息

FD&C 法案第 910（b）（1）条要求提供描述申请产品的主要信息。建议包括以下内容：

①申请产品的独特标识。

②申请产品的简明而完整的描述。

③根据 FD&C 法案第 907 条的规定，任何适用于申请产品的相关烟草标准的参考资料，以及表明申请产品符合标准的信息，或证明任何偏离该标准的充分信息，如第 910（b）（1）（D）条的要求。

④产品配方和设计概述，作为第 910（b）（1）（B）条要求的声明的一部分。

⑤产品使用的任何风味物质的名称和说明［根据《美国联邦法规》第 21 章 1105.10（a）（7）］。

⑥烟碱强度。

⑦产品使用条件或使用说明，作为第 910（b）（1）（B）条要求的操作说明的一部分，以及（如已知）新产品先前或类似版本中出现的使用问题。

⑧产品销售限制，作为第 910（c）（1）（B）条下的销售许可的一部分，建议的销售和分销的任何限制建议，帮助证明上市的该产品是有利于保护公众健康。

FDA 建议产品的唯一标识包括：

①烟液包括：产品名称；类别：电子烟；子类别：电子烟烟液；包装类型；包装数量（例如，1 瓶，5 盒）；特征风味（对于无特征风味的产品，唯一性标识应明确说明不存在特征风味；例如，"特征风味：无"）；每个包装电子烟烟液体积（mL）；烟碱浓度（mg/mL）；丙二醇（PG）/植物甘油（VG）比率。

②对于封闭式电子烟或预填充式开放式电子烟，包括：产品名称；类别：电子烟；子类别：封闭式电子烟或预填充开放式电子烟；包装类型；包装数量（如 1 支，5 支）；特征风味（对于无特征风味的产品，唯一性标识应明确说明不存在特征风味；例如，"特征风味：无"）；长度；尺寸；烟碱浓度（mg/mL）；丙二醇/植物甘油比率；烟液体积（mL）；功率；电池容量（mAh）。

③对于非预填充的开放式电子烟（例如，不含烟液的可填充电子烟），包括：产品名称；类别：电子烟；子类别：开放式电子烟；包装类型；包装数量（如 1 支，5 支）；对于无特征风味的产品，唯一性标识应明确说明不存在特征风味；例如，"特征风味：无"；长度；尺寸；功率；电池容量（mAh）。

④对于共包装的电子烟，包括：类别：电子烟；子类别：共包装电子烟；包装类型；包装数量（如 1 支，5 支）；对于无特征风味的产品，唯一性标识应明确说明不存在特征风味，例如，"特征风味：无"；长度；尺寸；烟碱浓度（mg/mL）；丙二醇/植物甘油比率；烟液体积（mL）；功率；电池容量（mAh）。

（四）产品样品

FD&C 法案第 910（b）（1）（E）条要求，PMTA 可包含 FDA 合理要求的申请产品及其组件的样品。FDA 将对 PMTA 进行备案审查，初步确定是否需要样品，如需要，还需要申请者提交一定数量的用于检测分析的样品。FDA 预计，在大多数情况下都需要样品，如果申请文件不需要样品，通常会通知申请者。FDA 将向申请者发信，包括要求提交样品的数量以及申请者如何提交这些样品的说明。样品应按照信中说明提交，并直接寄到信中指定地址。

因此，如果样品是提交材料的最后一部分，那么 FDA 的审查期从 FDA 收到样品时开始。在预提交会议上讨论产品样品可能有助于加快申请提交速度。

（五）标识要求

根据 FD&C 法案第 910（b）（1）（F）条，PMTA 必须包括申请产品的所有标识样稿。FD&C 法案第 201（m）条将"标识"定义为"所有标签和其他书写、印刷或图形材料：（1）贴在任何物品或其容器或包装材料上；（2）附于该物品上"，包括标志、插页、说明以及其他随附信息或材料。提交的所有产品的建议标识样稿应清晰易读，并反映出作为 PMTA 一部分的新烟草制品使用的实际尺寸和颜色。提交的所有标识样稿还应包括适用于产品类别的任何警语（如本导则中所述的所需成瘾警语和建议烟碱接触警语），并且必须遵守 FD&C 法案规定的所有其他适用标识要求。

为确定产品没有虚假标识，并且"允许产品上市有利于保护公众健康"，FDA 建议产品标识包括文字或图表（除了关于烟碱成瘾性的警语和推荐的烟碱暴露警语之外），以尽量减少由文字或图表引起的使用产品风险。标识应针对烟草产品的使用者和非使用者，并应包括使用、储存和充电的说明（如可能）。例如，文字或图形有助于表明通过使用指定充电器充电，电池故障风险将降到最低，或者产品的成分在特定的储存条件下是稳定的。标识元素可以包括标志上的信息，例如批号、有效期和唯一标识条形码。FDA 鼓励申请者使用清晰可见的字形、字号和规则形式（如项目符号列表），便于消费者阅读和理解。

（六）环境影响评估

环境评估必须包含在电子烟 PMTA 中，以供 FDA 审查。根据《美国联邦法规》第 21 章 25.15 规定，申请者必须根据《美国联邦法规》第 21 章 25.40 开展环境评估，除非符合明确的排除条件。根据《美国联邦法规》第 21 章 25.35 规定，不开展环境评估的新型烟草制品禁止销售（即 FDA 审查 PMTA 后拒绝销售许可）。有关环境评估的更多信息，请参见《美国联邦法规》第 21 章 25。

（七）研究信息总结

FD&C 法案第 910（b）（1）（A）条要求 PMTA 包含所有已发布、已知悉或应合理知悉的文献的完整报告，这些文献可证明申请产品的健康风险，以及它是否比其他烟草制品风险更低。尽管非必须，但建议 PMTA 包含一份结构清晰的摘要，以使 FDA 充分了解 PMTA 中的数据和信息，包括数据定量结果。这将有助于加快 FDA 的审查。FDA 建议，摘要应包括对申请产品使用的描述，以及对 PMTA 中所有研究信息的总结，包括产品的健康风险（如毒理学测试结果）、产品对当前使用者烟草使用行为的影响、对非吸烟者开始使用烟草制品的影响，以及该产品对整个人群的影响。讨论应包括以下内容：

①与 PMTA 相关的非临床和临床研究的摘要，无论这些结果对申请是否有利。如果作为某个产品的替代或补充，应提供与这些产品相似的特性（类似的材料、组件、设计、成分、热源或其他特性）。将与其他烟草制品相比的健康风险研究结果，以及与比其他烟草制品风险更小等研究结果涵盖在内也十分有利。如果没有相关健康研究信息，建议在本节中说明。

②与市场上其他烟草制品（例如其他电子烟，燃烧烟草制品如卷烟）相比，新烟草制品对使用者和非使用者的相对健康风险，包括同一类产品的比较（因为可能现有产品的消费者会转而使用新销售的同类产品类别），以及与从不使用烟草制品的健康风险比较。

③在消费者可能使用新烟草制品的操作条件下（例如，各种温度、电压、功率设置）和使用模式下（例如密集和非密集使用条件），气溶胶中化学物释放量和物理特性。

④根据申请中包含的研究信息，当前非烟草制品使用者开始使用新烟草制品的可能性，或戒烟者重新开始使用烟草制品的可能性。

⑤根据申请中包含的研究信息，消费者可能会使用新的烟草制品，继而使用其他风险更高的烟草制品如卷烟等的可能性。

⑥根据申请中包含的研究信息，消费者同时使用新烟草制品和其他烟草制品的可能性。

⑦根据申请中包含的研究信息，当前烟草制品使用者改用该新烟草制品而不是戒烟或使用 FDA 批准的戒烟产品的可能性［因为电子烟使用风险高于包括完全戒烟或使用 FDA 批准的烟碱替代疗法（NRT）的风险］。

⑧滥用性评估（即新产品的成瘾性、滥用性、错误使用的可能性以及在产品使用过程中烟碱暴露情况）。

⑨使用者抽吸参数的评估（个人用户如何使用产品，例如，抽吸容量、抽吸持续时间、抽吸强度、使用持续时间）、消费者使用产品的频率以及用户随着时间推移消费产品的趋势。

⑩相关讨论，说明 PMTA 中包含的数据和信息可证实新烟草制品上市可能带来较低风险。

FDA 建议对新烟草制品可能对整个人群的健康产生的影响进行全面评估。评估应综合所有有关产品及其对健康、烟草使用行为和烟草开始使用的潜在影响的所有信息，以推断产品营销对烟草相关发病率和死亡率的潜在影响。比如，申请者可通过综合考虑新烟草制品与其他烟草制品相比的潜在疾病风险降低的可能性、当前烟草使用者改用新烟草制品的可能性、与非吸烟者使用烟草制品产生的潜在疾病风险增加的可能性等多方面进行权衡，对产品对整个人群的健康影响进行全面评估。

（八）科学研究和分析

FD&C 法案第 901（b）（1）（A）、（B）和（C）条要求申请书包含"所有已发布、申请者已知或应合理知悉的文献的完整报告，这些文献可显示新烟草制品的健康风险，以及它是否比其他烟草制品具有更低风险"。本部分提供了 FDA 关于这些要求的建议。FDA 建议将 FD&C 法案要求和 PMTA 其他地方引用的所有科学研究和分析的完整报告、完整声明和完整描述组织成一个单独部分。对于每项研究，应说明所研究的产品是否与新烟草、新烟草制品的不同版本（例如，早期原型）或另一个可比产品是否完全相同。

1. 产品分析和生产

FDA 建议包含 FD&C 法案第 910（b）（1）（B）和（C）条要求的有关新烟草制品及其制造的详细技术信息和分析。

电子烟产品应开展产品分析和测试。提交的任何产品样品，如果在保质期内，应来自本节所述测试批次中。否则，样品应在有效期内提交。FDA 建议，对于 PMTA 本节中包含的每个产品分析或测试，应提供所有测试的完整报告，包括以下信息（如适用）：

①能够可靠反映产品及制造的数据。例如，依据方法变异，FDA 建议数据跨越不同批次（通常为三个或更多），每个批次有多个重复（通常为七个或更多），并有不同日期和时间采样点。

②检测实验室的资质信息。

③每种试验方法的选择依据，确认信息，以及相关试验标准。

④气溶胶产生方法的详细描述。

目前，FDA 认为如果仅使用产品或类似产品的早期或其他版本的相关文献来描述本节所述的完整产品分析，科学依据不充分，监管经验不足，不足以支持电子烟 PMTA 授权销售许可。如果申请者认为文献综述能满足要求，请明确说明如何对文献中分析的产品和申请的 PMTA 产品之间进行适当的比较。如果申请者使用其他方法或其他途径，建议申请者在准备和提交申请之前与 FDA 开会进行讨论。

（1）组件、成分和添加剂

产品的化学成分是消费者有害成分暴露健康风险的主要指标。FD&C 法案第 910（b）（1）（B）条要求在 PMTA 中，对烟草制品的组件、成分、添加剂和特性以及使用方法进行全面说明。FDA 将此要求解释为，申请者应提供一份完整的申请产品组件、成分和添加剂的清单，以及使用说明和相关功能。

FDA 建议列出有关该产品包装系统的信息。包装系统是指烟草制品的组成部分或组成部分的任何包装材料。例如，对于电子烟烟液，将包括液体所在的容器（例如，玻璃或塑料小瓶或药筒，包括小瓶或药筒的组件）。包装系统经常会影响或改变烟草制品的性能、组成、成分或特性。例如，通过包装系统可能有意或无意地将包装中的材料转移到产品中。

该清单还应规定各部分的功能和等级或纯度。特有组件、成分和添加剂及其含量，请参考 FDA 的行业指南和烟草制品成分列表[8]。

（2）产品特性

产品的特性会影响消费者的健康风险。FD&C 法案第 910（b）（1）（B）条要求 PMTA 包括申请产品特性的完整声明。以下信息将有助于满足 FD&C 法案的要求，并帮助 FDA 确定"允许产品上市有利于保护公众健康"。

①产品尺寸和产品整体结构的描述（使用图表或示意图，清楚地描述成品及其组件的尺寸、操作参数和材料）。

②产品所有设计特征的描述，说明设计特征的明确范围或标称值以及设计偏差（如适用）。

③性能规范的定量描述。

④产品包装系统的描述。说明应包括包装如何保护和放置产品的信息，如运输过程中的损坏、环境污染物、包装中的成分迁移到产品中的信息（FDA 希望该文件可能由申请者、包装材料的供应商，或与申请者或生产商签订合同的实验室提供）。

⑤产品与市场上同类产品的差异描述（例如产品设计参数、组成等）。例

如，如果 PMTA 是针对烟液的，建议与其他具有类似烟碱含量、风味和其他成分的烟液在相同的方式、相似的使用条件下进行比较。由于同一类别的现有产品消费者可能会转而使用新上市的产品，因此 FDA 必须能够评估这种转换是否会导致更低或更高的公共健康风险。应描述产品与同类产品的相似性和不同之处。

⑥新烟草制品的稳定性。信息应包括产品的保质期，以及在产品保质期内 pH 和成分（包括 HPHCs 和其他有害物质）的变化，例如决定保质期的因素（烟液体积、电源、雾化器、线圈）；稳定性如何受储存条件的影响（例如湿度和温度）；所有稳定性试验的完整报告；以及产品保质期内，产品性能如何下降（例如，气溶胶流速降低或气溶胶成分变化）。

⑦对因正常使用和可预见的错误使用而可能导致的疾病或伤害的产品设计危害的评估，包括采取的行动或未来的计划，说明如何减少、减轻或消除设计可能产生的危害。例如，可评估消费者是否可以更改加热元件，以及生产商如何对此类评估作出反应，以确保产品不会被误用。同样，可以描述计划如何解决在操作、充电、存储和运输过程中，电池使用和可预见的误用导致过热、火灾和爆炸的可能性。

FDA 还建议提供一份完整清单，列出确定的成分或化学物质，包括下面列出的适用于产品的成分，以及产品中包含或由产品产生的其他有毒化学物，例如浸出或老化产生的反应产物和加热后产生的气溶胶。这类信息可通过测量产品的成分或产生的化学物质的释放量来提供。

FDA 建议测试反映消费者可能使用产品的操作条件范围（如各种温度、电压、功率设置）和使用模式（例如密集和非密集使用条件），以及消费者可能同时使用的产品类型。例如，对可续液式电子烟（即消费者可重新加注烟液的电子烟）应在各种条件下特别是不同烟碱浓度下进行测试；烟弹式电子烟（含可更换烟弹）应对可能使用的不同烟弹进行测试；不可续液的封闭式电子烟（包括不可再充装的烟液贮存器），应与包装和销售的烟液一起进行试验；部件或零件应使用可与之一起合理使用的产品进行试验。FDA 建议烟液生产商对低递送气溶胶的电子烟（例如开放式可重复充装的烟弹式电子烟）以及不同温度和电压下高递送气溶胶的电子烟（例如 tank 和 MOD 系统）进行成分转移测试。测试条件包括非深度抽吸（例如较低的暴露水平和较低的气溶胶生成量）和深度抽吸（例如较高的暴露水平和较高的气溶胶生成量），通过测试使 FDA 能够了解可能的气溶胶释放量水平。

为便于 FDA 评估新烟草制品潜在的健康风险，并做出允许上市可降低人群健康风险的结论，FDA 建议在烟液或/和气溶胶中考虑以下成分或化学物质：乙醛、乙酰基丙酰（也称为 2,3-戊二酮）、丙烯醛、丙烯腈、苯、乙酸苄酯、丁醛、镉、铬、巴豆醛、丁二酮、二甘醇、乙酸乙酯、乙酰乙酸乙酯、乙二醇、甲醛、糠醛、甘油、缩水甘油、乙酸异戊酯、乙酸异丁酯、铅、薄荷、醋酸甲酯、正丁醇、镍、任何来源的烟碱，包括总烟碱、游离烟碱和烟碱盐、4-（甲基亚硝胺）-1-（3-吡啶基）-1-丁酮（NNK）、N-硝基降烟碱（NNN）、丙酸、丙二醇、环氧丙烷、甲苯。

其他成分，视具体产品而定。例如，考虑是否应该测试可能是呼吸刺激物的香味成分，如苯甲醛、香兰素和肉桂醛。

上面列出的一些成分或化学物质可能是电子烟烟液中的成分（例如薄荷醇、丙烯甘油、甘油、二甘醇、乙烯甘油）。在这种情况下，可以将添加到电子烟烟液中的量来代替电子烟气溶胶中的量，这种情况下需明确说明报告的成分或化学物质为添加量，而非产品测得量。FDA 还建议申请者说明原因（例如产品中的化学反应不会改变化学物质的量）。除成分外，还建议报告电子烟烟液 pH 以及产生的气溶胶。

FDA 还建议提交产品符合的任何相关标准信息，适用该标准的原因，以及证明符合此类标准的测试数据。

（3）使用方法

消费者可通过改变产品设计、使用方式或添加、减少其他成分来改变 ENDS 产品的使用效果。FD&C 法案第 910（b）（1）（B）条要求提交"一份完整的新烟草制品的使用方法"。FDA 将完整的原则声明或使用方法解释为包括对消费者使用新烟草制品的方式的完整叙述性描述，包括对消费者如何使用产品的描述，生产商认为的消费者可以改变的产品特性，调整性能，添加或减少成分。此说明还应包括其他类型的电子烟的示例，申请的产品可以与之一起使用，还应说明产品可能使用的条件范围。

（4）生产制造

PMTA 中的制造描述中需要说明如何使产品符合 PMTA 中要求的产品信息。根据 FD&C 法案第 910（b）（1）（C）条的要求，必须提供申请产品制造、加工、包装和安装（如相关）所用方法、设施和控制的完整说明。

为满足这一要求，FDA 建议提供产品所有生产、包装和控制场所的清单，包括工厂名称和地址、工厂标识号（如有），以及每个工厂的联系人姓名和电话号码。此外，建议提供叙述性说明，并附上所有标准操作程序（SOP）的列表和摘要，以及相关表格和记录的示例，适用于以下类别的信息：

①每个工厂的制造和生产活动，包括设施和所有生产步骤的说明。

②管理监督和员工培训。

③产品设计的制造过程和控制，包括详细说明产品设计属性与公共健康风险的相关性的危害分析，以及应急处理措施。

④与识别和监控供应商和供应产品有关的活动（例如，包括采购控制和材料验收活动）。

⑤用于确保新烟草制品符合要求的产品验收，包括产品符合的任何标准。

在新烟草制品在美国销售和分销之前进行的试验方法和程序，包括有关试验参数的信息，如标准溶液的浓度，以及对产品验收的说明，包括协议和验收标准。如果产品是在没有溶液的情况下生产的，则应描述其性能特征（例如，粒度、加热温度），投诉、不合格品和过程的处理，以及纠正和预防措施。

如果需要的话，FDA 可以要求提交所选标准操作规程的副本，以使 FDA 能够更全面了解新烟草制品制造和加工过程中使用的方法、设施和控制措施。

2. 非临床和人群研究

必须提供非临床和临床研究信息，包括但不限于烟草成分、气溶胶、毒理学、消费者暴露、消费者使用概况和消费者风险认知的任何研究。此外，还需提供具有与新烟草制品相似或相关的组件、成分、添加剂或设计特征的产品的调查信息，以及新烟草制品的设计特征，以便 FDA 能够充分评估产品的健康风险。在信息可用的范围内，应说明所有研究的资金来源，并提供一份关于研究者方面任何潜在财务或其他利益冲突的声明。由于电子烟的新兴性质，FDA 承认对 ENDS 进行的非临床或临床研究可能有限。因此，申请者很可能会自己进行某些研究，并提交自己的研究结果作为其 PMTA 的一部分。然而，一般来说，FDA 并不要求申请者必须进行长期研究来支持申请。

"所有信息的完整报告，已发表或申请人已知，或理应知悉的"，FDA 解释为所有信息，包括美国境内和境外进行的研究。申请者必须提交与相关临床研究有关的所有信息的完整报告［根据 FD&C 法案第 910（b）（1）（A）

条]。临床研究（包括美国境内和境外）应保护受试者的权利、安全和福利，但缺乏适当的受试者保护程序并不能作为相关临床调查信息不纳入 PMTA 的理由。

如果申请者开展研究，保护受试者权利、安全和福利的一种方法是确保 PMTA 中包括的临床研究按照国际社会可接受的伦理原则进行（例如 ICH E6 良好临床实践标准）[9]，应特别注意可能包括易受伤害的受试者的试验。适当的受试者保护程序有助于根据研究和卫生保健界可接受的伦理原则保护受试者的权利、安全和福利，并确保数据在科学上是有效的。

FD&C 法案第 910（g）条授权 FDA 发布法规，拟用于研究用途的烟草制品可豁免 FD&C 法案第九章的要求，包括 PMTA 要求。到目前为止，FDA 还没有颁布这样的法规，因此，研究性的烟草制品也不能免除 FD&C 法案的要求，包括 PMTA 要求。在管制调查烟草制品使用的条例颁布和最后定稿之前，FDA 打算在个案基础上评估试验烟草制品的具体用途，以便就执行此类产品的上市前审查要求作出决定。FDA 鼓励希望研究其新烟草制品的人员与 CTP 科学办公室会面，讨论其试验烟草制品计划。会议请求应以书面形式发送给 CTP 科学办公室主任，并应包括足够信息，供 FDA 评估会议潜在效用，并确定参与会议的工作人员。

对于已发表的有关申请产品健康风险调查的研究，应提供研究目录和每项研究的所有文章的完整副本，以便于审查。还应说明为检索相关研究而进行的文献综述范围，包括如何确定、收集和综述这些研究。此外，对于申请者开展的或代表申请者开展的研究，应提交完整的研究报告和数据。

（1）研究摘要

PMTA 应该包括提交的每项研究的结果和方法的摘要。有关研究方法和程序的信息有助于 FDA 评估研究的强度。摘要应包括（如可用或可合理获得）：

①研究目标的描述。

②对研究设计（或假设检验）的描述。

③任何统计分析计划的说明，包括如何收集和分析数据。

④对调查结果和结论的简要描述（肯定的、否定的或不确定的）。

（2）研究报告

此外，对于每项关于新烟草制品的健康风险的研究，FDA 建议在可获得或合理获得的范围内包括以下信息：

①研究方案以及相关修正的副本。

②所有研究要求的副本。

③统计分析计划，包括所用统计分析的详细说明（即所有变量、混杂因素、亚组分析和任何修正）。

④研究地点清单，包括联系方式和实际地址。

⑤研究数据，由每个研究参与者（或实验动物或试验复制品）的个体水平观察的可分析数据集组成。FDA 一般不需要病例报告表（参与者死亡，其他严重和意外的不良经历，或中止研究的除外）。为方便审查，要求在 SAS 传输文件中使用 XPT 格式的数据，该文件是由一个允许 JMP 软件轻松读取文件的过程创建的。还要求提供数据定义文件，包括每个数据集中使用的变量名称、代码和格式，以及用于创建派生数据集和研究报告中报告的结果的 SAS 程序和必要宏程序的副本。这些数据对于 FDA 复制申请者的发现或进行替代性统计分析很重要。

⑥数据保存位置，保存在研究现场或其他地方。如前一项所述，FDA 建议申请者仅提交 PMTA 本部分的行业数据或研究数据。FDA 建议申请者保留所有原始数据或来源数据，如研究结果的原始记录和所有个案报告表，而不是将其包含在初次提交的报告中；FDA 可能希望在申请审查期间检查和审查这些数据。

⑦记录和数据的格式（如电子版、硬盘拷贝）。

⑧参与研究的所有参与方的名单、每个参与方的角色以及每个参与方参与的开始和终止日期。

⑨一份签名的完整调查结果报告。

对于非临床研究，建议包括为确保研究可靠性而采取的所有措施的文件，如《美国联邦法规》第 21 章第 58 部分中的适当良好实验室规范。

如果信息不可用（例如，从未创建）或无法合理获取（例如，获取信息的费用或努力远远超过其有用性），建议申请者在申请书中对此作出解释。值得注意的是，未提交研究报告文件可能会影响 FDA 在实质性申请审查期间对调查结果的依赖程度。

对于临床研究，建议：

①保护受试者的文件（例如，根据《美国联邦法规》第 21 章第 56 部分

正式成立并运行的研究审查委员会的研究监督文件；知情同意程序的说明，如《美国联邦法规》第21章第50部分中的适当程序）。

②所有版本的调查问卷。

③使用的病例报告表的所有版本。

④所有版本的知情同意书。

请注意，个体受试者病例报告表和知情同意书无需在PMTA中提交，但如有必要，可由FDA要求进行进一步审查，以确定"允许产品上市有利于保护公众健康"。

（3）非临床健康风险资料

尽管单凭非临床研究通常不足以证明"允许产品上市有利于保护公众健康"（PMTA通常需要临床数据），但这些非临床研究提供的信息有助于深入了解烟草制品致病机制，为从人类研究中获得的健康风险（包括成瘾）提供基础数据。

为帮助了解烟草制品的健康风险，FDA推荐提供完整的与新型烟草制品相关的毒理学和药理学概况评估，包括（如有）：

①源自文献中的毒理学数据（即所有相关的出版物）。

②密集和非密集的使用条件下的化学成分分析（包括潜在有害成分和其他有害成分）。

③体外毒理学研究（如遗传毒性、细胞毒性研究）。

④产品中有害物的计算模型（用于估计产品的毒性）。

⑤体内毒理学研究（处理替代方法无法解决的特殊毒理学问题）。

根据预期的暴露途径和暴露水平，包含公开的毒理学数据库的全面文献综述，可以提供有关电子烟烟液和气溶胶中有害成分的有价值的资料。建议内容包括：

①检索方法的描述。

②与每种成分（如烟碱、甘油、丙二醇、香味成分、金属）以及电子烟烟液和气溶胶中混合成分的毒理学评价相关的所有出版物。

③特别注意有关口腔、吸入、皮肤和眼部暴露途径的资料。

④与电子烟烟液接触时，包装材料溶解或渗透到电子烟烟液中的化学成分的相关资料（例如，包装材料中存在的有害物质是否能够向电子烟烟液或气溶胶中迁移）。

⑤毒理学终点，如细胞毒性、遗传毒性、致癌性，以及呼吸、心脏、生殖和发育毒性。

⑥主要成分的暴露动力学、代谢、沉积和消除曲线（如有）。

⑦使用新烟草制品气溶胶中输送的成分、组分、香味成分、保润剂和保润剂混合物（甘油、丙二醇和其他成分）是否存在毒性的结论。

⑧由于温度、功率和/或电压变化（如有）导致产品中成分混合物发生物理化学变化的信息。

如果全面的文献综述未涉及该问题，申请者需单独说明相关研究。

申请产品信息可为了解产品的毒性提供有价值信息。这些信息可能包括气溶胶成分和其他有毒化合物的分析。也可以包括电子烟的体外研究，体内研究，或两者都有。如果申请者无法获得特定气溶胶成分的公开毒理学信息，则可以开展这些研究。对于任何前瞻性的毒性研究，应考虑以下几点：

①研究应基于产品的潜在人体暴露。在毒理学研究中，对模拟最高消费者使用情景和一个较低水平的暴露进行评估。应包括对所测试暴露的成分和毒物水平的分析。

②如果用户可以改变加热元件的电压和/或温度，建议提供有关气溶胶成分随之变化的任何可用数据。还包括与这些变化有关的任何毒性信息。

③建议提供每种组成（如成分、保湿剂、金属、香味成分等）的雾化特性、产品中这些成分的粒径以及通过吸入这些颗粒的沉积。还建议讨论这些特性如何影响产品的毒性。

④与其他烟草制品相比，体外试验可用于评估电子烟的潜在遗传毒性。建议使用 ICH S2（R1）指南和经济合作与发展组织协议作为遗传毒性评估指南[10]。还建议使用多种浓度的最终产品进行这些分析，以验证结果。为了进行适当的危害识别比较，在体外试验中应设置对照组（如同类产品）。

FDA 支持减少、可充分、有效替代和/或改进动物试验在研究中的应用。FDA 鼓励发起者在开发过程的早期与 CTP 会面，讨论非动物试验对其特定新烟草制品的适用性和可接受性。进行基于动物的非临床实验室研究时，研究人员应使用适当的动物模型，遵守研究中动物限制、减少和替换的最佳实践，并遵循适用的动物试验法律法规。

除可获得的文献和特定产品产生的任何数据外，还应包括一个强有力的科学数据，判断使用者电子烟气溶胶每天暴露量。这一信息对于 FDA 对新烟草制品的潜在毒性进行全面评估非常重要。气溶胶暴露水平应该可以反映消费者主动使用电子烟的暴露情况。此外，建议提供任何其他烟草制品的消费者暴露水平（作对照）。用于确定电子烟（包括气溶胶）与其他烟草制品的暴露差异的假设应明确阐述。非临床信息部分应使用该暴露数据，说明 ENDS 和 PMTA 提交中用作对照品的其他烟草制品间所有成分（包括成分、香料、金属和其他电子烟烟液添加剂，如丙二醇和甘油）的比较。

FDA 建议确定申请产品中影响气溶胶中有毒物质含量的关键因素，并提供证据证明产品中的关键参数在批间测试中是稳定的。

在缺乏特定毒物毒理学数据的情况下，FDA 建议考虑使用替代化学结构进行计算建模，此时应提供详细的建模信息，包括方程、假设、参数［以及用于生成参数的数据（如果使用此类数据）］、输出和参考，以及模型验证。使用该模型评估新烟草制品的风险时，建议使用适合产品特征和所选产品用户群体的假设、方程式和参数。如果计划进行任何计算建模，建议与 CTP 会面以专门解决此问题。最后，建议提供一份综合总结，从毒理学的角度讨论如何允许新烟草制品的销售与任何类似的对照烟草制品（当这些产品以相同的方式在类似的条件下使用时，以及相同的持续时间和频率)。

（4）人体健康影响信息

PMTA 应提供数据，充分说明新烟草制品对烟草制品使用者和非使用者健康的潜在影响，以支持"允许产品上市有利于保护公众健康"。这些信息可通过自己的研究或导则中第十节讨论的其他方法收集。为评估与该产品相关的急性和慢性健康影响，FDA 建议包括暴露生物标志物、风险生物标志物和健康结果测量或终点的研究、其他科学证据等。例如，暴露生物标记物可包括可替宁、NNAL 和 NNN 等化合物。虽然长期研究对于确定与使用产品相关的慢性影响最为有用，但这类研究并非常规预期。

考虑新烟草制品对人类健康影响时，可能包括但不限于：

①吸烟者从其他烟草制品转抽申请产品。

②吸烟者和非吸烟者在抽吸申请产品后，改用或者重抽其他对人体健康风险影响较大的烟草制品。

③吸烟者抽吸申请产品而不是戒断。

④吸烟者抽吸申请产品而不使用 FDA 批准的戒烟药物。

⑤吸烟者抽吸申请产品，同时抽吸其他烟草制品。

⑥非吸烟者，如可能开始或重新使用新烟草制品的青少年、从未使用过烟草制品者、戒烟者等。

⑦抽吸申请产品对健康的影响。

⑧新烟草制品对非吸烟者的不良健康影响。

全面评估电子烟制品相关的健康效应时，应考虑以下因素：

①消费者的认知和意愿。消费者认知评估应阐述消费者对产品危害的认识以及对包装和标识的考虑，还应包括非烟草制品使用者特别是青少年和年轻人这些易感人群使用这些产品的兴趣和意愿。这些信息可能包括已报道的文献，消费者对新烟草制品、包装认知、消费者使用产品意愿的数据，申请者收集的消费者对新产品风险、包装、标识、广告的认知，以及非吸烟者使用产品意愿的数据等。在收集消费者认知或使用意愿时，推荐与其他烟草制品以及戒烟进行比对。评估应包括目前的电子烟使用者、非使用者、其他烟草制品使用者，以及使用原因（包括替代、环境烟草控制要求、趣味等）。

②吸烟者和非吸烟者初始使用和戒断烟草制品的可能性。非吸烟者和戒烟者开始使用新烟草制品和目前吸烟者戒烟的可能性评估，应涵盖与新型烟草制品相关的一系列吸烟行为。FDA 推荐考虑的信息包括：

a. 通过已发表的文献或申请者发起的研究来评估 ENDS 对吸烟者的影响，包括对开始使用、转抽行为、戒断和双重使用的影响；以及对非吸烟者开始使用产品的影响。文献或研究应该是针对相同或相似 ENDS 的。如果所研究的 ENDS 与申请产品类似，申请者应解释进行比较的原因。

b. 对于非吸烟者，特别是青年及青少年、孕妇和其他弱势群体，使用烟草制品可能性的科学资料（例如，从同行评审的文献或产品数据中收集的资料）。

尽管随机临床试验可以说明吸烟者的戒烟行为，但 FDA 认为，观察性研究（认知、实际使用或两者兼有）也适用于研究戒烟行为。

③产品使用模式。产品使用模式的评估应考虑消费者抽吸行为（如抽吸口数、抽吸持续时间、抽吸深度、使用持续时间）、使用频率以及消费趋势。FDA 建议，在可能的情况下，对产品使用的相关影响因素，如年龄（包括青年和青年）、性别、种族、民族和教育程度等予以评估：

a. 如果该产品以前从未销售过，可从实际使用中收集相关信息。

b. 对于曾经销售的产品，也可以使用营销数据或从企业的研究中了解使用模式。此外，申请者也可纳入全国调查或其他已发表的研究信息。

c. 尽管出版的科学文献中的大多数研究侧重于普通的 ENDS，通常不针对特定产品或特定类型，但这些研究中的数据仍然可以提供整体评估 ENDS 的资料。申请者使用已公布的研究结果来支持其申请，应提供系统的依据和链接信息，使 FDA 能够评估这些研究结果是否与申请的产品相关。

此外，申请者可能需要从现有认知调查或实际使用情况研究中增加有关信息。

FDA 还推荐分享销售计划，这样能较好了解潜在消费群体。此外，如果该产品已上市，FDA 推荐按人群统计学资料和烟草使用情况分类展示销售数据。销售数据（如有）应定期分析（最好是 4 周或每月），并应包括：

a. 与 PMTA 确定的产品相对应的通用产品代码。

b. 按美国人口普查地区、主要零售市场和产品销售渠道（如便利店、食品和药品市场、大型零售商、互联网/在线销售、烟草专卖店）的促销折扣（如买一送一或百分比折扣）细分的以美元、单位和数量表示的美国总销售额。

c. 产品购买者的年龄、性别、烟草使用状况等人口统计学特征。

d. 关于畅销品牌的信息作为所有推荐信息的比较，如果有的话，FDA 可以评估 PMTA 产品的市场，以便更好地估计对公众健康的潜在影响。

④标识理解与实际应用。在 FDA 认定所有烟草制品受 FD&C 法案管制前，导则所涵盖的一些产品已上市，此外预计在最终推定规则的合规期内，一些产品将继续上市。这些产品应提供当前美国销售的数据。

FDA 建议将使用者和非使用者对产品标识和使用说明的理解以及根据标识说明使用产品等纳入研究，包括标识理解、关注群体等。FDA 还建议申请者提供消费者实际使用产品的说明，包括预期使用和非预期使用。

⑤人为因素。评估人为因素影响的分析可能有助于识别与"现实世界"使用申请产品相关的风险，并证明使用者和非使用者相关的潜在风险降低。

人为因素需要考虑和分析的研究内容包括：实际使用研究、标识理解研究、集群研究和调查，这些研究将确定：

a. 正常使用和可预见的误用情况（如滴落）。

b. 产品使用者和非使用者。

c. 使用环境，如家庭、社区环境和移动环境（如汽车、飞机、其他公共交通工具)。

d. 与使用相关的危险和可预计的错误使用风险(包括误用)。

e. 风险控制,确保危害和非预期后果最小化。

f. 不良事件。

⑥滥用倾向。滥用性评估,包括药物代谢动力学评估,需考虑新产品的成瘾性、滥用和潜在滥用,以及在产品使用过程中烟碱的暴露情况。这些评估应考虑:

a. 描述电子烟烟液或者 ENDS 制品潜在滥用的报告和资料,以及与其他相关的烟草制品(如卷烟或者其他 ENDS 制品)相比潜在的滥用性。

b. 已发表的报告和药代动力学数据(包括已发表的报告),测试使用过程中烟碱暴露情况。

⑦风险生物标志物和暴露生物标志物。可包括已发表的关于风险、暴露生物标志物和/或对使用者和非使用者的其他中间健康指标的报告或数据。例如,有害成分暴露生物标志物可包括可替宁、NNAL 和 NNN 等。

⑧健康指标。新烟草制品对使用者和非使用者健康影响的支撑资料,应包括与传送给吸烟者的气溶胶确定的特有成分有关的健康效应。这些成分因产品而异,包括甘油、丙二醇、烟碱、香味成分和重金属。这些数据应包括气溶胶暴露对健康的影响,包括生理指标的变化,如心率和血压;肺、心脏和代谢功能的变化;不良反应,如咽喉刺激和咳嗽;以及实验数据的变化,如炎症介质和全血细胞计数指数。FDA 建议,在进行研究时,尽可能确保研究结果可外推到美国新烟草制品的使用者和非使用者中。如果依靠已发布的报告来支持 PMTA,应证明为什么这些报告中的数据可以与申请的产品建立联系,并且适用于评估该新烟草制品对美国人的影响。

## 六、电子烟烟液上市前申请的附加建议

由于电子烟烟液具有与其他电子烟成分不同的性质和特征,因此在电子烟烟液的 PMTA 中还应考虑其他健康因素。除上述建议外,FDA 建议在电子烟烟液 PMTA 的产品分析和生产部分提供以下附加信息。

### (一)组分,成分和添加剂

除上述 ENDS 中涉及的组件、部件、添加剂所述的测试分析外,FDA 建议在电子烟烟液的 PMTA 中提供足够的信息,描述电子烟烟液中的成分(如薄荷醇、甘油),并确定可能影响气溶胶中成分的电子烟烟液特征。FDA 还建

议提供影响电子烟性能的设计参数，例如电子烟烟液的黏度和沸点。

（二）风味物质

由于风味物质对产品毒性的潜在影响以及对青少年和中年人的吸引力，电子烟烟液的 PMTA 中应包括风味物质的科学综述（如香味添加剂的毒理学分析、化学分析、临床研究、文献综述）。风味物质的健康风险与暴露途径以及由加热或燃烧而形成的其他化学物质密切相关。根据 FD&C 法案第 201（s）条，被公认为安全的物质（Generally recognized as safe，GRAS）被定义为有意添加到食品中并打算口服的物质。电子烟烟液不是食品或能够用于口服，因此，认定为食品 GRAS 的某些物质并不意味着可以安全吸入。

根据 FD&C 法案第 910（b）（1）（A）条，在 PMTA 中必须包含所有已发布或已知悉或申请者理应知悉的关于申请产品健康风险以及与其他烟草制品风险比较的完整的研究报告。FDA 认为电子烟风味物质的吸引力和使用对确定产品的健康风险十分重要。因此，建议涵盖风味物质研究，包括但不限于市场细分分析或感官测试。应该描述电子烟使用者和吸烟者对风味物质标识、使用和产品设计的吸引力和使用倾向认知。

考虑到风味对年轻人的吸引力，除了本导则中包含的建议信息外，PMTA 中还应包括风味对消费者认知的影响。此外，为更好了解风味对成年人的吸引力，建议调查风味物质对成年人开始使用、停止使用更有害的产品或双重使用的吸引力。

**七、电子烟上市前申请的附加建议**

电子烟与电子烟烟液具有不同的性质和特征，FDA 还建议在电子烟 PMTA 中说明以下附加信息。

（一）电子烟设计需要考虑的因素

电子烟使用者和非使用者暴露于电子烟产生的气溶胶中。因此，要了解电子烟对健康的影响，重要的是要了解电子烟烟液是如何被加热的，以及气溶胶是如何产生并传输给使用者的。有关电子烟产品的特性和操作原理的信息将有助于 FDA 确定气溶胶对健康的影响。FDA 建议提供电子烟的准确描述，包括以下详细讨论（如适用）：

①电子烟的特点。

②材料和/或成分功能。

③监控产品性能的能力（例如：温度感应、电压感应、电池寿命检测）。

④操作说明和方法。

⑤所有电子烟组件的材料。

⑥工作范围（例如：功率范围、用户可调整的电压限制）。

⑦电源，如电池（包括是否可充电或可更换）。

⑧充电电源和使用不同充电电源的安全性。

⑨热源（如加热盘管、化学反应）。

FDA 还建议 PMTA 中包含详细的电子烟电路图（如 CAD 图纸），包括尺寸、图片和标签，以及工程设计参数。

最后，应讨论电气安全，并确定已证明符合的适用标准。讨论应包括适当的数据（如试验方案、数据、结果）。此外，还应提供所有内置电气安全功能的说明。如果产品包含控制器，则应列出并讨论所使用的电源管理技术，如脉宽调制或直流电。

（二）电子烟零部件子类别的可能设计参数

FDA 认为没有一套单一的参数可以描述所有电子烟的特征，每个子类别可能都有额外的设计参数信息，这对于全面描述产品的健康风险非常重要。例如，电池特性（如报警能力、电压范围和电池类型）可能会影响与使用电子烟产品相关的风险。以下部分提供了 FDA 建议包含的电池、雾化器和软件信息的示例。FDA 建议电子烟的 PMTA 中包含组件的以下讨论内容，如果单独销售，则在组件的 PMTA 中包含以下内容。如果 PMTA 适用于不含其他组件的电子烟（如不含电池的电子烟），FDA 建议对可用于电子烟组件进行说明。如前所述，FDA 了解电子烟组分的子类别比这里提到的三个子类别要多得多，但仅提供了这三个组件的示例，以帮助指导申请者提交 FDA 建议的电子烟组件的一般信息。FDA 建议，作为烟草成品的单个组件（如线圈）的 PMTA 应确定申请者打算使用该组件的电子烟产品，并提供该组件如何与预期产品相互作用的信息。例如，FDA 建议为单个线圈提交的数据应反映线圈在预期使用的电子烟产品的使用情况。

1. 电池

FDA 十分关注电池危害。电池的许多方面都可能导致健康风险，如电池材料渗入、电池爆炸或其他缺陷。为评估用于烟草制品的电池风险，建议包括以下信息。

（1）在操作、充电、储存和运输过程中，使用和可预见的误用导致过热、火灾和爆炸可能性的解决方案。例如，一种方法是采用电池管理系统监测和控制电池安全，包括充电和放电。然后，在申请中，解释产品中电池管理系统如何发挥作用，以减少或减轻任何与电池相关的危害。电池管理系统可通过以下方式降低风险：电池仅在生产商指定的电压、电流和环境温度操作区域内充电；电池仅允许在生产商指定的电压、电流、持续时间和环境温度限制操作区域内放电；电池电压不超过规定的最高电压；当电池达到规定的寿命终止条件时，产品不能使用；如果由于其他条件导致电池温度超过安全工作极限，产品不能使用。

（2）如果电子烟包括电池：

①额定电流（即电池的最大建议电流消耗和持续时间以及电子烟的最大电流消耗和持续时间）。

②电池毫安时额定值（即电池每小时的毫安数及其与电池寿命的关系）。

③电池类型（包括电池化学）。

④电压输出（满充电和低充电时）。

⑤电源的任何电池标准的测试证书。

非充电电池自愿采用的电池标准包括：

a. 国际电工委员会（IEC）的系列标准（60086-1 第 12 版、60086-2 第 13 版、60086-4 第 4 版和 60086-5 第 4 版 45，和 IEC 62133-1 和 2 版本 1.0 2017-0246）。

b. 美国保险商实验室公司（UL）标准 2054 第 2 版 47。

c. UL 标准 1642 第 5 版 48。

可充电电池自愿采用的电池标准示例包括：

a. IEC 62133 版本 2.0 2012-1249。

b. UL 2054 第 2 版 50。

c. UL 标准 1642 第 5 版 51。

自愿采用的另一标准为加拿大-美国联合国家标准 ANSI/CAN/UL 8139-电子系统和抽气装置的电气系统-2018 年第 1 版。

（3）如果使用可更换电池：

①电子烟要求的电池规格。

②可调时，电子烟的电压范围和功率范围。

（4）如果电子烟有报警功能，说明产品是否包括：

①反极性保护（即是否保护电池不被反放在电子烟中）。

②欠压闭锁保护（即电压降到工作值以下时，电源是否闭锁）。

③当电路中的电压高于设计限值时，即锁定。

④低电阻保护（即如果电线电阻过低，电子烟是否会锁定，如果是，低电阻极限是多少）。

⑤当控制器温度过高时（即关闭控制器的保护）。

⑥意外激活保护，如最大激活时间限制、开/关功能和锁定功能。

2. 雾化器和其他类似部分

雾化器是一种利用线圈电子加热含有烟碱的电子烟烟液以产生气溶胶的部件。FDA 建议，对于带有雾化器电子烟的 PMTA 和单独售卖的雾化器的 PMTA，应说明下述 PMTA 申请产品的每种组件的特性。

（1）雾化器

①吸阻（和可操作范围，如果可调）。

②电子烟烟液容量。

③可操作范围内的气溶胶粒径。

（2）加热丝

①加热丝数量（根据电子烟的设计，可以是设定的数量，也可以是容量范围）。

②加热丝规格和材料。

③加热丝电阻。

④加热丝故障测试（即循环至故障）。

（3）导油棉

①点火温度。

②导油棉吸附性（如果可再填充，建议用低黏度和高黏度电子烟烟液测试吸收性）。

3. 软件

如果电子烟是软件驱动的，FDA 建议包括以下内容：

①软件说明，包括功能概述、可与之配合使用的个人电子设备（如电话、平板电脑）和软件操作环境。

②使用软件的功能（如控制温度、烟碱含量、风味传递）。

③已识别硬件/软件危害的危害分析，包括严重性评估和缓解措施。

④软件需求说明书，包括功能需求概要。

⑤可追溯性分析，包括需求、规范、确定的危害和缓解措施之间的可追溯性，以及验证和确认测试。

⑥验证和确认文件，包括软件功能测试计划、通过/失败标准和结果。

⑦修订级别历史记录，包括带有版本号和日期的修订历史记录日志。

### 八、电子烟烟液和电子烟组合包装在一起的 ENDS 的附加建议

FDA 了解许多 ENDS 是包装在一起销售的。如不含电子烟烟液的开放式电子烟可与单独的电子烟烟液一起包装和销售以及封闭式电子烟包含电子烟烟液。在这两种情况下，FDA 建议，还应增加上述讨论的电子烟烟液和电子烟相关内容。此外，FDA 建议使用产品包装中提供的电子烟烟液和电子烟进行产品测试，如测试整个可操作范围内的气溶胶粒径。

### 九、烟碱电子传输系统上市前科学研究和分析方法

本导则讨论了 FDA 对申请者提交 PMTA 的建议，以帮助证实"允许产品上市有利于保护公众健康"。在本导则中，提供了科学研究和分析的建议。FDA 认为，在某些情况下，无需进行新的非临床或临床研究就可支持 ENDS 获得销售许可。如出版文献或政府赞助数据库的数据，足够支撑 PMTA 申请的产品或类似产品的健康影响（对个人或整个人群），如下所述。在产品尚未获得足够研究证据的情况下，可能需要开展新的非临床和临床研究来支持 PMTA 申请。某些研究的适用性取决于申请者打算解决 PMTA 要求的哪些方面。如果 PMTA 产品仅在某一特定人群中进行研究，为桥联到已完成的研究，申请者需提供科学理由，说明为什么研究结果可以推广到代表整个美国人口的其他人群中。这可能包括讨论影响研究结果的因素，以及这些因素在美国人口中是否存在显著差异。申请者还应清楚阐明为什么研究结果不能推广到现有的广泛美国人口。同样，如果在特殊人群中研究了具有类似特征（如材料、成分、设计、热源、其他特征）的产品，则可通过提供现有文献相关数据证实"允许产品上市有利于保护公众健康"，否则不能缺少新的临床试验数据。这种情况下，应解释说明相关研究可应用于申请产品的 PMTA 申请的理由（如产品、产品用途或产品市场之间的相似性）。

（一）可替代美国本土进行的随机对照临床试验的方法

当采用替代对照产生的偏倚可解释说明时，可替代在美国开展的随机对照临床试验方法，包括：

①有效的非美国随机对照临床试验数据（当数据可以推广到美国人群时）。

②采用非同期对照的研究设计，如控制措施（如文献、受试者记录）或客观标准［如基于历史数据库（如文献）的广泛数据集的绩效标准，这些标准可用于证明烟草制品风险或危害降低的替代或临床终点］。

③观察研究。

同样，可通过交叉引用的方式，有效利用先前为同一申请者和类似授权许可产品的其他 PMTA 申请材料（而不是重新提交重复信息）。

（二）文献综述

已发表的文献综述（包括 Meta 分析）或报告可支持 PMTA，但支撑不够充分有力。此外，申请者可酌情开展 Meta 分析。如果使用文献综述，FDA 建议：

①详细描述文献综述中使用的方法，包括检索的数据库和检索日期、检索词、纳入/排除文献的原因以及研究质量评估的策略（系统综述优先）。

②说明具体问题和文献综述提出的问题。

③明确指出解决特定问题的文件或文章。

④说明纳入研究的资金来源。

⑤说明研究设计和方法。

⑥说明研究参与者的特征。

⑦说明研究时间和地点。

⑧说明研究的优势和局限性（例如：研究设计要素，包括随机化细节、潜在偏差、有效性、可变性、统计模型和异质性）。

⑨对研究结果进行解释。

⑩从研究产品到申请产品的过渡数据提供充分的理由。

⑪提供文献综述的证据摘要。

⑫说明文献综述结果如何支持或不支持"允许产品上市有利于保护公众健康"。

⑬参考文献的参考书目和附录。

⑭使用申请产品与戒烟、使用其他烟草制品和非吸烟者相关的健康风险比较研究。

此外，当提交支持 ENDS PMTA 的文献综述时，FDA 建议考虑文献的相关性和研究设计的充分性，以确定特定文献主体支持申请产品上市的可能性。

例如，可考虑以下问题：

①文献中的烟草制品在技术上是否与申请产品具有可比性？

②是否有数据（例如：可能使用的范围、使用条件下的排放量、暴露的生物标志物）可充分证明可比性？

③文献中使用的产品是否足以代表申请产品的目标人群？

④文献中的信息是否足以确定申请产品是如何使用的？

FDA 建议为加强文献综述支持 PMTA 获批的可能性，可以获得额外的信息，例如完整的研究方法，包括随机化细节。

（三）出版文献和公共数据分析

可考虑对已发表的研究进行独立分析。这种情况下，FDA 可能会进行审查（这些分析可能存在数据访问权限、详细研究报告访问权限），确定部分或全部支持 PMTA。但是，若没有提交关键研究细节，这些研究可能对审查 PMTA 没有帮助。

如果无法从公开的文献中获取主要数据或研究数据，建议尽可能获取其他信息，如方案、试验行为和程序记录、关键变量的受试者数据列表以及统计分析文件。如果正在监测不良或意外经历，建议尽可能获取并记录与不良经历、毒性或两者相关的所有严重不良经历（包括死亡）和受试者停药的完整信息。

（四）主文件

为减轻生产商的研究负担，提高 PMTA 准备和提交的效率，FDA 鼓励尽可能使用烟草制品主文件（TPMF）[11]。当申请者在生产、加工或包装其最终产品时使用另一家公司的部件、零件或设施时，TPMF 非常有用。使用 TPMF 允许公司向 FDA 提交商业秘密或机密商业信息，而无需将该信息披露给需要将其作为监管提交的一部分的申请者。例如，向下游电子烟烟液生产商销售液体烟碱的公司可以创建一个 TPMF，然后使用同一供应商的各种生产商可以被授予引用供应商主文件的权利，以便在其应用程序中使用。TPMF 可能有用的另一个例子包括电子烟烟液生产商，该生产商为电子烟生产商建立 TPMF 以在其 PMTA 中使用。购买电子烟烟液的电子烟生产商可要求电子烟烟液生产商建立具有 CTP 的 TPMF，该 TPMF 包含拟用于 PMTA 中的电子烟烟液的信息，包括但不限于：组件、成分、添加剂；特性；操作原理；设计参数；制造、控制和质量过程；包装；稳定性。只要电子烟生产商有权参考该文件的胎压监测框架所有人的信函，CTP 将代表申请者考虑胎压监测框架中包含的电子烟烟液特定信息，作为申请者 PMTA 的一部分。当申请者向 TPMF 提交参考权时，CTP 可以作为 PMTA 的一部分访问和审查 TPMF 中的机密信息，但依赖此信息支持其提交的申请者看不到或无权访问专有信息。这些信息将帮助认定产品的申请者准备上市前和其他监管提交文件，因为他们可以参考胎压监测框架中的信息，而不是自己开发信息。

考虑到 TPMFs 的预期可用性和使用情况，允许生产商依赖独立实体提交给 FDA 数据和分析，FDA 预计，随着时间的推移，生产商将从遵守法规的效率显著提高和成本降低中获益。这样的系统可以防止和减少重复，并允许生产商依赖机密或敏感的非公开信息，同时保持其机密性，从而为多个生产商节省时间和减轻负担。由于终端产品（尤其是电子烟烟液）的许多组件的上游供应性质，FDA 预计商业激励措施将足以推动生产商对主文件系统的依赖。

（五）桥联

理想情况下，PMTA 将针对申请产品开展研究；然而，将一种产品的数据桥联到另一种产品，对于产品子集或某些类型的研究也是可行的。例如，烟碱浓度在 $1\sim24\,mg/mL$ 的"X-风味"电子烟烟液可能不需要对"X-风味"产品的每种烟碱浓度进行单独研究，如果数据来自烟碱浓度的子集（例如：低、中、高浓度的"X-风味"产品可桥接到其他浓度的"X-风味"产品）。如果选择将所研究的烟草制品的数据连接到申请产品，应该提供支持连接的理由（例如：为什么使用的数据适用于申请产品）。此外，可利用从 ENDS 或类似烟草制品的早期版本获得的信息，对申请产品进行桥联分析。产品线的前几代可能提供重要的信息，可减少大量额外数据的需求。

虽然将申请产品与已有数据进行桥联是可行的，但某些情况下，可能需要进行关联研究，如产品对内在因素（如性别、种族、年龄、病理）和外在因素（如环境、文化）的敏感性研究。如果对这些因素不敏感，可能不需要进行新的桥接研究。在研究地点或区域与申请产品预期地点或区域不同时，可能需要桥接研究。

**十、烟碱电子传输系统上市后的监管**

FD&C 法案第 910（c）（1）（A）（i）条下的授权销售许可可能要求限制烟草制品的销售和分销，但仅限于第 906（d）条项下法规的限制。此外，根据 FD&C 法案第 910 （f） 条，FDA 可能会要求建立、维护产品上市后记录，并向 FDA 提交报告。此外，如果 PMTA 提议对销售和分销进行具体限制，以帮助证明"允许产品上市有利于保护公众健康"（例如，减少不使用烟草制品的人开始使用烟草制品的可能性的限制），除了可能要求的任何其他限制外，FDA 上市许可中可能包括这些限制。

**十一、与美国食品与药物管理局（FDA）举行会议**

烟草生产商和进口商如果打算通过上市前申请途径销售产品，可向 CTP 提交正式会议请求，请求与 FDA 就烟草制品的研究和调查举行会议。与 FDA 举行的正式行业会议是一个论坛，将为申请者提供一般性帮助和指导，帮助他们解决与 FDA 就申请作出最终决定所需的科学数据、信息和讨论的法规和要求的合规性有关的问题和挑战。由于这些会议往往是监管过程中获得援助的重要机会，因此必须有高效、一致的程序，以便及时、有效地举行此类会议。2012 年 5 月，CTP 发布了一份名为《与烟草制品研发行业和调查人员举行会议》的指南，以帮助人们确定会议请求中应包含哪些内容，如何和何时提交会议请求，以及会议前要求提供哪些信息。该指南于 2016 年 7 月更新，重点关注烟草制品的研究和开发，因此 CTP 将其用于与应用相关的会议。

从 2011 年到现在，CTP 已经收到了关于各种主题的会议请求，例如消费者认知研究方案、非临床研究、滥用性评估以及用于上市申请中人群健康影响的模型等。通过这样的会议，已提交了更完整的申请，其中包含了上市申请所需的科学数据、信息和讨论。FDA 建议在上市申请提交之前召开一次会议，以便申请者可在准备申请资料之前考虑 CTP 反馈，并帮助确保申请在提交时内容全面，提供所需的数据和信息可能使 FDA 作出最终授权决定。考虑到新管制烟草制品的大量预期申请和预提交会议，总的来说，CTP 打算批准每个申请者不超过一次或两次会议。这将为每个申请者提供一个机会，让他们获得关于其完整申请的一般方法的反馈，该申请满足 PMTA 的科学要求。

为确保申请的预提交会议成功，在与 FDA 开会之前，会议要求者应制定一套完整的方法，以满足其计划申请的监管要求。每个申请者都有许多资源可用于帮助成功提交申请。包括但不限于：与申请相关的 FDA 指南、FDA 网络研讨会、CTP 网站上发布的关于 FDA 过去行动和这些行动的依据的文件。在认为适当的情况下，申请者可以在与 FDA 会面之前咨询 FDA 以外的专家。

这些顾问可以建议和/或协助申请者制定计划，以满足监管要求，并准备有组织的提交材料。一旦申请者制定了一个完整的计划/方法，应提交一份会议请求，重点是：①申请的方法；②其完整性；③任何确定的重大挑战。在会议期间，FDA 打算就这三个议题讨论一个总的发展方向。会议要求应包括尚未通过其他途径解决的问题，申请者需要与 FDA 讨论这些问题，以便提交完善的完整申请。预提交会议并不是为了取代全面的申请审查，也不是为了提供 FDA 在科学审查过程中考虑的详细程度。例如，在预提交会议上，FDA 不打算讨论数据的充分性（即申请者开发的数据和信息是否足以回答"适用于保护公众健康"的监管标准）。但是，预提交会议可以向申请者提供有关计划申请的有用信息，使其看起来完整、组织良好，并包含一种似乎能够满足科学要求的方法。

## 第三节　风险改良烟草制品上市前申请导则

2012 年 FDA 发布了风险改良烟草制品（Modified Risk Tobacco Product Applications，MRTP）[12]申请导则，该导则提供了关于根据 FD&C 法案第 911 条（经《家庭吸烟预防和烟草控制法》修订）提交风险改良烟草制品申请的信息。该导则解释了以下内容：

①谁提交 MRTP 申请。

②何时提交 MRTP 申请。

③要求提交哪些信息。

④要求提交哪些科学研究数据和分析结果。

⑤通过上市后监管和研究收集哪些资料。

⑥如何组织和提交 MRTP 申请。

FD&C 法案第 911（g）（1）（2）条规定了 FDA 发放销售许可的两个依据。FDA 发放的销售许可包括两个：风险改良许可和暴露改良许可。

风险改良许可是指允许将 FDA 认为符合 FD&C 法案第 911（g）（1）条下的许可标准的 MRTP 引入州际商业的销售许可。为了让 FDA 根据 FD&C 法案第 911（g）（1）条发布风险改良许可，申请者必须证明消费者实际使用的产品将：

①显著降低危害和对个体使用者的烟草相关疾病风险。

②对整体人群健康有益包括烟草制品的使用者和当前的非使用者。

暴露改良许可是一项允许在州际商业中引入或交付 MRTP 的销售许可，要获得该销售许可，产品需证明可减少或消除对某种成分的暴露，现有科学证据提示：可测量地和实质性地降低发病率和死亡率将很可能在未来的研究中得到证实。为了让 FDA 发放暴露改良许可，申请者必须满足 FD&C 法案第 911（g）（2）条发放许可的所有标准。只有在没有科学证据的情况下，并且在没有进行长期流行病学研究的情况下，使用现有的最佳科学方法无法获得符合第 911（g）（1）条规定的标准时，申请者才可以提交寻求暴露改良许可的申请。

如果申请者正在申请暴露改良许可，在标志、标识和广告等方面，必须明确描述或隐含描述烟草制品之所以为 MRTP 的原因：

①烟草制品或其烟气不含有某种成分。

②烟草制品或其烟气中含有的某种成分的含量降低。

③烟草制品呈现出其烟气中某种成分的暴露水平可降低。

**一、风险改良烟草制品的申请者**

任何人都可以提交 MRTP 申请，寻求 FDA 根据 FD&C 法案第 911（g）条发放有效销售许可（包括暴露改良许可或风险改良许可）。

**二、风险改良烟草制品的适用条件**

在引入和交付 MRTP 进入州际商业销售之前，必须获得 FDA 发放的有效销售许可。FDA 鼓励生产商在开发 MRTP 的早期与 FDA 会面，讨论 MRTP 申请的提交以及研究要求和建议。

**三、风险改良烟草制品申请的提交资料**

（一）FD&C 法案第 911（d）条要求的 MRTP 申请的内容

①所申请的产品和所有广告及标识的描述。

②产品使用的条件。

③产品的配方。

④样品产品的标志和标识。

⑤烟草制品生产商所持有的、开展的、资助的关于产品对烟草相关疾病和健康相关情况研究的所有文档，包括对产品降低风险或暴露的能力有利和不利的信息，以及与人类健康有关的信息。

⑥消费者如何实际使用烟草制品的数据和信息。

1. 对提议的烟草制品以及任何提议的广告和标识的描述

申请者必须在申请材料中包括对产品的描述以及任何建议的广告和标识。

（1）FDA 建议对拟提议产品的描述应包括以下信息：

①提议的 MRTP 的品牌名称和子品牌名称（如适用）。

②产品形式的说明（例如：传统卷烟、烟丝、吸入器、液体、凝胶、可溶解条、棒或片剂）。

③产品尺寸和产品整体结构的说明（使用能够清晰地描述成品及其部件尺寸、操作参数和材料的图表或示意图）。

④产品是否使用热源，如果使用，应说明热源（例如：燃烧煤或其他物质、电、化学反应、碳加热）。

⑤产品所有设计特征的描述（例如：通风孔位置、热源、纸张透气度、涂层、烟碱浓度梯度）。

⑥与所提议烟草制品有关的任何其他信息（例如烟草制品是否需要特殊处理或储存）。

（2）FDA 建议，对拟提议的广告和标识的描述应包括以下信息：

①在提交时制作的任何宣传材料草案（例如广告和标识）的副本，这些材料是申请者希望在 MRTP 市场推广中使用的。有些宣传材料可能是申请中提交的其他材料的衍生材料，仅代表布局或格式上的细微差异，或显示与申请中提交的材料不同的健康警告，这种衍生材料可以省略。

②计划如何向消费者传递所提议的风险改良声明的说明，包括烟草制品生产商或烟草制品分销商计划采取的以向消费者传递所提议的风险改良声明（通过产品标志、标识或广告除外）的任何行动。

2. 烟草制品的使用条件

FDA 建议在提交的烟草制品的使用条件中包括以下信息：

①对消费者使用烟草制品的方式的完整叙述性描述，包括对消费者如何操作烟草制品的描述（例如，消费者是否将烟草制品放入口中或鼻中，消费者是否点燃烟草制品以及通过何种方式，产品是否设计为可吸入，吞咽、溶解、嗅吸、咀嚼等）。

②消费者消费一个产品所需时间的描述。描述应该是定性定量的，并且包括关于这段时间内使用模式的信息（即间歇或连续）。

③关于如何使用和储存产品以达到所提议的降低风险或暴露的具体说明。

④关于如何避免可能减少或消除潜在益处或增加使用产品的风险的使用方式的具体说明。

3. 烟草制品的配方

在提交产品配方时，FDA 建议包括以下内容：

①以定量的形式列出烟草制品明确的组分、成分和添加剂的完整清单，以及适用的规格和每种成分的预期功能说明。组分、成分和添加剂包括任何可以合理预期的，直接或间接成为烟草制品成品的一部分，或影响烟草制品特性的物质。这包括但不限于烟草、纸张、胶水、香精、助燃剂、阻燃剂和 pH 调节剂等。

②对烟草掺配、重组或操作的描述。

③对生产步骤的描述，包括所有组分的来源和质量控制措施。申请者应提供足够的细节以向 FDA 确保产品符合制造规范，并且可以以一致的方式制造，以最大限度地减少使用者/非使用者在不同使用场合暴露水平和/或风险的可变性。

④设计、材料、成分和热源（如适用）如何结合以生产最终产品的说明。

⑤烟草制品性能标准的定量描述（例如燃烧率、通风标准、溶解率）。

⑥建立产品在规定保质期内稳定性的数据。

FDA 建议，组分、成分和添加剂清单应包含产品合成、提取和/或制备过程中使用的所有成分，无论这些成分是否在最终产品中可检测到。申请者应按照烟草制品的组分列出成分，包括：CAS 号（如适用）、功能和目的、测定单位、烟草制品中的使用水平。

4. 样品产品标志和标识

申请者必须在申请材料中包括"样品产品标志和标识"。应包括拟用于 MRTP 的每个包装标志变化的副本，但可以省略法律要求的每个健康警告的包装标志变化的副本。

5. 所有与研究结果有关的文件

申请材料中须包括烟草制品生产商持有的、开展的或资助的关于烟草制品对烟草相关疾病和健康相关情况影响的研究结果的所有文件，包括对产品降低风险或暴露的能力有利和不利的信息，以及与人类健康有关的信息。提交的文件也可包括烟草制品生产商未拥有的文件。FDA 要求申请者提交一份收集所有文件的程序说明，以及申请者检索或试图检索文件的单位和个人名单。

FDA 希望申请者在提交相关文件时包括：①研究报告；②研究方法；③原始数据（电子格式，如有，并附有使用说明）。

如果没有这些信息，申请者应提供一份解释说明。

此外，如果申请者知道烟草生产商没有开展、资助或拥有的相关研究结果，申请者应提供研究结果的副本。如果研究结果是在出版的文献中发现的，申请者可以提交一份参考书目。

6. 消费者如何实际使用烟草制品的数据和信息

申请材料中须包括消费者如何实际使用烟草制品的数据和信息。在提供这些信息时，FDA 建议包括消费者在受控情况下使用产品产生的数据，在受控情况下，受试者的使用可以受到密切监控；在自然环境中，受试者可能不受受控环境固有的限制。FDA 建议提供的数据和信息应包括：

①消费者是否能够且可能遵守任何产品使用说明。

②每天消费的产品单位数（例如：每天的抽吸卷烟支数）以及个人消费每单位产品的方式（例如：抽吸曲线）。

③同时使用多种含有烟碱或烟草的产品。

（二）其他信息

FDA 可能要求提供其认为需要的其他信息，以确定发放销售许可是否合适。例如，FDA 可能要求：

①额外的产品分析：以验证提供的有关最终产品中特定组分、原料、添加剂或成分的信息。

②支持比较性声明的数据：即将烟草制品与市场上代表该类型烟草制品的市售烟草制品进行比较的数据。

③烟草制品样品。

④对于提交 MRTP 申请之前已上市的产品，生产商拥有的有关产品的信息概要，包括但不限于使用产品引起的不良事件、市场上产品的使用水平以及消费者对产品的反馈。

⑤对于在提交 MRTP 申请之前尚未上市的产品，任何用于通告新产品开发及其标志、标识和营销计划的市场研究和信息的摘要。

如果在向 FDA 申请期间发现任何有关提议产品对烟草相关疾病和健康相关情况（包括不良事件）影响的新信息，应立即向 FDA 提供这些信息。

此外，对于获得 FDA 发放的 MRTP 销售许可的申请者，必须进行上市后监督和研究，并每年向 FDA 提交监督和研究结果，以便 FDA 能够评估许可对消费者认知、行为和健康的影响。FDA 要求申请者提交一份上市后监测和研究计划。该计划应包含足够的细节，以便 FDA 评估监督和研究的结果是否能为 FDA 提供所需的信息，以审查其所依据的决定的准确性。

（三）环境影响考虑

FDA 管控实施 1969 年《国家环境政策法》（National Environmental Policy Act, NEPA）的法规要求，"所有行政行为要求的申请者都要求提交'环境评估'或无条件排除的声明"。

当前没有明确的烟草制品排除条款，因此，必须提交一份环境评估报告作为 MRTP 申请的一部分。

**四、风险改良烟草制品的研究数据和结果分析**

（一）关于 MRTP 影响的关键研究领域

FDA 必须评估申请者是否证明该产品将或预期有益于个体使用者和整体人群的健康。申请者的 MRTP 申请应涉及以下关键研究领域：

①烟草制品的健康风险。

②烟草制品及其营销对当前烟草使用者烟草使用行为的影响。

③烟草制品及其营销对非使用者（从未使用者和以前使用者）开始使用烟草的影响。

④烟草制品营销对消费者理解和认知的影响。

⑤烟草制品及其营销对整体人群的影响。

1. 烟草制品的健康风险

MRTP 申请必须提供有关该产品对个体使用者健康影响的科学证据，以便 FDA 能够确定 MRTP 是否确实改变了申请者声称的风险，以及 FDA 是否能够根据 FD&C 法案第 911（g）条的规定对该产品发放销售许可。

在申请风险改良许可的情况下，MRTP 申请必须提供科学证据，证明该产品显著降低了对个体使用者的危害和烟草相关疾病风险。在申请暴露改良许可的情况下，MRTP 申请必须提供科学证据证明：

①暴露于作为申请内容的某种成分或某些成分的总体减少幅度是巨大的。

②某个或某些成分是有害的。

③消费者实际使用产品的方式使他们暴露于指定的降低水平的某个成分

或某些成分。

④消费者没有暴露于更高水平的其他有害成分，或者，如果有暴露但这些增加是最小的，因此对个体烟草使用者使用该产品后的总体发病率和死亡率降低的合理、可能的总体影响仍然是实质性的和可衡量的。

⑤在没有进行长期流行病学研究的情况下，现有的科学证据表明，在随后的研究中，发病率或死亡率有可能显著降低。

FDA 还必须在发放销售许可之前，评估烟草制品是否有利于或预期有利于整体人群的健康。为了做出这一决定，FDA 必须考虑所有可能使用或暴露于作为申请对象的烟草制品的人的风险和益处，包括与使用经批准用于治疗烟碱依赖的戒烟产品相比的风险和益处。

FDA 建议以期获得风险改良许可或暴露改良许可的申请者提交以下证明材料：

①产品分析，以验证申请者提供的与风险或暴露改良相关的产品配方相关的信息。

②产品分析，以评估使用者和非使用者对有害成分的潜在暴露。

③产品实际使用的人群研究，以确定与使用其他商业销售的烟草制品相比，使用者是否可能以降低个人健康风险或暴露的方式使用产品。

FDA 还建议申请风险改良许可的申请者提交：人群研究，表明该产品的使用将大大减少对个体烟草使用者的危害和烟草相关疾病风险。

FDA 还建议申请暴露改良许可的申请者提交：

①人群研究，表明暴露有害成分的水平已大大降低。

②非临床和/或人群研究，证明已减少的成分或暴露是有害的。

③非临床和/或人群研究，表明根据产品对某一终点的影响，使用该产品预期会导致个体烟草使用者发病率或死亡率的可测量和大幅降低，而根据流行病学、治疗学、病理生理学或其他证据，该终点可能预测减少危害或疾病的效果。

申请者提交的关于产品风险的科学研究应使 FDA 能够充分评估，与其他消费行为相比的烟草制品的健康风险。评估时，对于风险改良许可，使用临床风险终点；对于暴露改良许可，使用暴露风险终点。这些科学研究包括：

①与使用市场上的其他烟草制品（包括同类产品中的烟草制品）相比，使用该产品带来的健康风险。

②从使用其他烟草制品转向使用该产品（包括同类产品中的烟草制品）的消费者健康风险的变化。

③与戒烟产品相比，转换为该产品的健康风险。

④同时使用其他烟草制品和该产品时的相关健康风险。

⑤与使用 FDA 批准的戒烟药物相比，转换为该产品的健康风险。

⑥与从不使用烟草制品相比，开始使用烟草制品的健康风险。

如果烟草制品具有可能对非使用者造成风险的新颖特征，还应提交有关对非使用者造成健康风险的信息。

2. 对当前烟草使用者烟草使用行为的影响

MRTP 申请应包含有关该产品可能对当前烟草使用者烟草使用行为产生影响的科学证据。这包括考虑目前烟草使用者预期的烟草制品使用率、烟草制品与其他烟草制品结合使用的情况以及滥用和误用烟草制品的可能性等方面。申请中必须提供证据，说明产品及其营销是否会增加或减少现有烟草制品使用者改用所提议烟草制品的可能性。

为了说明对当前烟草使用者行为的影响，FDA 建议申请者提交：

①非临床和/或人群研究，以评估滥用倾向和与市场上其他烟草制品相比滥用产品的可能性。

②产品的实际使用和消费者对产品认知的人群研究，包括其标识、营销和广告。

申请者提交的科学研究应告知 FDA 关于烟草制品对烟草使用行为影响的评估，这些研究包括：

①当前烟草制品使用者开始使用该产品的可能性。

②接受该产品的烟草使用者转换或重新使用具有较高个人健康风险的其他烟草制品的可能性。

③消费者将该产品与其他烟草制品一起使用的可能性。

④可能已经停止使用烟草制品的使用者将转而使用该产品的可能性。

⑤消费者按预期或设计使用产品的可能性。

3. 对非使用者开始使用烟草的影响

MRTP 申请必须包含关于产品及其营销对增加不使用烟草制品的人开始使用提议烟草制品的可能性的影响的科学证据。

为了陈述 MRTP 对开始使用烟草的影响，FDA 建议申请者提交：人群研究，评估消费者对产品的认知，包括其标识、营销和广告。这些研究应旨在提供有关提议产品对人群有益或有害的可能性的证据，包括：

①从未使用过烟草制品的消费者，特别是年轻人和青少年，开始使用烟草制品的可能性。

②使用该烟草制品的非使用者转换其他具有较高个人健康风险的烟草制品的可能性。

③烟草制品的曾经使用者重新开始使用烟草制品的可能性。

4. 市场营销对消费者理解和认知的影响

MRTP 申请必须包含的证据要能够证明有关风险改良产品的广告和标识使公众能够理解有关风险改良的信息，并理解此类信息在总体健康以及所有疾病和与烟草制品使用有关的健康情况下的相对重要性。

对于暴露改良许可，产品标签、标识和广告的任何方面，如果使其成为一种风险改良烟草制品，则必须限制为明示或暗示该产品或其烟气不含某种或某些成分，或某种成分含量减少，或某种成分的暴露量降低。申请暴露改良许可的申请者必须通过实际消费者认知实验证明产品的标识和营销不会误导消费者相信该产品是或已经证明危害较小，或误导消费者相信该产品比一种或多种其他商业销售的烟草制品具有更少的疾病风险。

为说明市场营销对消费者理解和认知的影响，FDA 建议申请者提交：关于消费者对产品认知的人群研究，包括其标识、营销和广告。

申请者提交的科学研究报告应告知 FDA 关于烟草制品营销对消费者的认知和理解的评估，这些研究包括：

①消费者理解风险改良声明的能力和信息在健康方面的重要性。

②消费者对使用该产品相对于其他烟草制品（包括同类产品）的健康风险的认知。

③消费者对使用该产品相对于戒烟辅助工具的健康风险的认知。

④消费者对使用该产品相对于戒除所有烟草使用的风险的认知。

5. 对整体人群的影响

申请者必须证明烟草制品的销售将会或被预期"有益于整体人群的健康"。申请暴露改良许可的申请者必须进一步证明，暴露改良许可的发放将适当促进公共卫生。因此，MRTP 申请应包含对以下潜在影响的总体评估：该产品的销售可能会对整体人群的烟草相关发病率和死亡率产生影响。

为了说明 MRTP 对整个人群的影响，FDA 建议申请者提交：对产品营销可能对整体人群健康产生影响的量化评估。

该评估应整合有关产品营销及其对健康、烟草使用行为和烟草使用起始的潜在影响的所有信息，以便对产品进入市场可能对总体烟草相关发病率和死亡率产生的潜在影响进行全面评估。FDA 建议申请者估算美国人口中各种类型个体的各种健康影响的归因风险，以及每种类型个体的总数。例如，考虑申请者持有的一种产品，其死于肺癌的风险是吸烟的十分之一。FDA 建议申请者量化美国人口中不同类型受影响个体死亡率的潜在变化。此外，这将包括估算可能转换使用该产品的吸烟者人数以及转换后因吸烟而死亡的人数的减少，可能与其他烟草制品一起使用该产品或代替戒烟的吸烟者人数以及随后因吸烟而死亡的人数的减少，以及可能开始使用该产品的非吸烟者人数，以及随后因烟草使用而造成的死亡人数的增加。FDA 建议使用类似的方法来评估其他疾病对死亡率的潜在影响，以及美国人口中不同类型受影响个体的发病率。个体类型可能包括但不限于：

①从其他商业销售的烟草制品转换为所提议产品的烟草使用者。

②在接受产品后，转换或转回其他可能带来较高个人健康风险的烟草制品的烟草使用者和非使用者。

③选择使用产品而不是完全停止烟草使用的烟草使用者。

④选择使用提议产品而不是 FDA 批准的戒烟药物的烟草使用者。

⑤开始使用产品的非使用者，如年轻人、从未使用过烟草的人、以前使用过烟草的人。

⑥与其他烟草制品一起使用该产品的烟草使用者。

⑦经受该产品健康风险的非使用者。

（二）关于建议的研究和分析的详细考虑

单一一项研究不大可能提供足够的证据来支持 FDA 发放销售许可，需要大量的证据来支持 FDA 发放一项销售许可。此外，一系列同一类型的研究不大可能提供足够的证据来支持发放销售许可。因此，FDA 建议申请者提供所有研究领域的不同类型研究的信息，以便 FDA 确定是否可以发放 MRTP 销售许可。这些研究包括产品分析、非临床研究、成人人群研究、二次数据分析和建模。以下是 FDA 建议申请者用于说明关键研究领域的研究和分析类型的更详细说明，以及进行这些研究和分析的建议。一般而言，研究应为定性定量研究。

1. 产品分析

有关产品化学和工艺的产品分析可用于验证和确认提交的有关产品配方的信息。此外，产品分析将有助于 FDA 了解产品、因使用产品而暴露于有害或潜在有害成分的可能性，并为评估 MRTP 申请中提交的其他数据提供背景。

FDA 建议申请者进行产品分析，以确定有害和潜在有害成分（HPHC）的水平，包括烟气成分，视情况而定[13]。申请者应测试 FDA 根据 FD&C 法案第 904（d）条制订的 HPHC 清单，并上报告结果。

在对产品进行 HPHC 测试时，应遵守 FDA 发布的与 FD&C 法案第 904（a）条或第 915 条（如适用）相关的任何规则。如果没有与此相关的规则，对于卷烟，申请者应使用 ISO 抽吸模式[14]和加拿大深度吸烟模式[15]来测定烟气成分的定量水平。对于其他抽吸类烟草制品，申请者应使用可反映广泛抽吸行为的抽吸方案来测定烟气成分的定量水平。申请者应证明使用任何替代测试方法是合理的。

FDA 建议申请者对同一日期生产的产品样品进行产品分析，并在短时间内完成这些分析。在可行的情况下，申请者还应提供多批次产品的数据，以证明产品特性在多批次生产中保持一致。

2. 非临床研究

非临床研究包括体外、体内和间接体内研究。这些研究的结果可能提供有关烟草制品的健康风险和滥用倾向的有用信息。这些研究还可以为从其他类型研究中获得的数据提供依据，例如产品分析和人群研究。

FDA 建议申请者进行非临床研究，以说明已知的烟草制品的临床毒性，并评估与市场上其他烟草制品相比该产品的一系列潜在毒性。申请者应为非临床研究选择适当的模型，这些模型对所选终点的评估应足够敏感，并且能够为所使用模型提供支持，包括对所选模型的敏感性和证据力的解释。对于体内动物研究，研究人员应在可行的情况下，采用能代表人类暴露的途径对动物进行测试产品的暴露。非临床毒理学研究应使用足够敏感的方法，以评估使用该产品和使用其他烟草制品之间的实际差异，或使用该产品和不使用烟草制品之间的实际差异。

关于滥用倾向，非临床研究应解决产品滥用倾向与目前市场上其他烟草制品的差异。滥用倾向的评估可能依赖于一系列研究，包括条件性位置偏爱、药物辨别实验和自身给药的动物模型。

3. 成年人群研究

人群研究包括临床调查、流行病学研究、消费者认知研究、实际使用研究以及涉及人群实际消费或与产品、其标识和/或营销材料相互作用的其他研究。人群研究为 FDA 提供了关键信息，以确定如果该产品作为 MRTP 进行商业销售，该产品可能对个体消费者和整体人群的健康产生何种影响。

（1）健康风险与烟草使用行为

可用于评估烟草制品对健康风险和烟草使用行为影响的人群研究类型包括实验研究（如随机临床试验）；观察流行病学研究，如横断面调查、前瞻性调查、病例对照研究和队列研究；其他研究。

FDA 建议申请者进行人群研究以评估与使用烟草制品有关的所有人类健康风险，包括暴露于烟草相关化合物（例如：暴露生物标志物）和健康结果（例如：疾病发生率或死亡率），以及烟草使用行为，包括从未使用过烟草制品的人和以前使用过烟草制品的人开始使用烟草制品的情况、当前烟草使用者转向烟草制品的比率以及当前烟草使用者使用烟草制品的方式。

在受控环境下进行人群研究时，必须遵守良好临床实践原则，包括充分的人体保护。

在进行观察性流行病学研究时，申请者应采取措施减少或防止偏倚的发生，并通过在数据分析过程中使用适当的研究设计或适用的统计方法来控制混杂因素。申请者应提供用于评估各种结果的措施的可靠性和有效性信息。

（2）实际使用

实际使用研究应该允许消费者在现实环境中自由地与产品互动。FDA 建议这些研究评估：

①产品在使用初期的消费情况。

②产品在继续使用过程中的消费情况。

③产品使用的频率和强度（如抽吸深度）。

④每次常规使用的产品数量。

⑤每次使用的持续时间。

⑥将该产品与其他烟草产品一起使用（即使用多种烟草制品）。

⑦使用者可能使用该产品的方式，特别是那些可能不同于申请者预期的方式。

⑧使用者可能以不同于申请者预期的方式消费产品的可能性。

⑨未能按预期使用该产品对个人和公众健康的潜在影响。

⑩产品设计和制造中可能导致使用者误用产品的要素。

（3）人群滥用倾向

FDA 建议申请者进行人群滥用倾向研究以评估产品的各种特性对烟碱递送速度和效率以及未质子化烟碱形成的影响。这些特性可能包括：

①药理活性成分（例如烟碱、乙醛、新烟碱和降烟碱）的存在。

②产品中的其他成分（例如缓冲剂）。

③设计特点（例如：烟丝尺寸、再造烟草的使用和/或滤嘴通风）。

人群滥用倾向研究还应评估烟碱产生强化效应、辨别性刺激效应和身体依赖性（例如戒断症状）的阈值，说明该剂量在个体间的可变性。

4. 消费者认知和理解

为了评估消费者对产品及其相关标签、标识和/或营销的认知，FDA 建议申请者进行消费者认知研究。这些研究应提供有关消费者如何认知使用该产品对健康的风险以及尝试该产品的可能性的数据。此外，申请者应提供有关消费者对产品使用说明的理解以及在全面健康的情况下有关风险改良信息的数据。鼓励申请者使用评估反复接触标签和广告对消费者认知影响的方法。

在设计消费者认知研究时，申请者应注意研究本身不会促进产品的使用，特别是在弱势人群中，如青年、非烟草制品使用者和孕妇。FDA 建议申请者在开始对弱势人群进行研究之前，与 FDA 会面讨论研究计划。

申请暴露改良许可的申请者还必须证明，对实际消费者认识的测试表明当申请者对产品进行标签和营销时，不会误导消费者相信与一种或多种市场上销售的烟草制品相比，该产品已被证明危害较小，或呈现已被证明疾病风险较小。FDA 也认识到，在构建适当的声明文字时可能存在一些挑战，这些文字向烟草使用者传达了该产品的潜在益处，并且没有传达该产品比其他烟草制品危害更小。因此，FDA 建议，在评估消费者对产品、标识和/或营销的看法时，申请者应考虑在标识和/或广告方面测试声明的几种表达方式。如前所述，申请者必须向 FDA 提供与产品相关的所有研究结果，包括有利和不利的结果。

5. 二次数据分析和计算建模

在上市前评估一种风险改良产品对整体人群和公众健康的影响时存在着

固有的困难。FDA 鼓励开发和应用创新的分析方法，对市场变化的潜在影响作出初步预测。二次数据分析和计算机建模是经济学、统计学、决策科学和人口学领域中作出类似预测的常用方法。申请者可以选择使用科学文献中现有的模型来预测烟草使用对公众健康的危害。目前，FDA 并不支持使用任何特定的模型。申请者也可以选择对现有数据进行二次分析，以进一步了解风险改良产品的潜在影响。

在应用二次数据分析和计算建模技术时，申请者应选择适当的技术，使用科学分析和研究的数据，并对各种情况进行分析，包括最坏情况。

（三）科学研究和分析通则

申请者应进行精心设计的研究和分析，并提供有关这些研究和分析的充分信息，以便进行批判性评估，及其他研究人员可以进行类似的研究和分析，以重复申请者的研究结果。这将有助于提供充分的保证，即研究中的发现可以被重复的，以表明该发现不是意外、未被发现或系统性偏差、研究地点或研究者特定因素或偶然性的结果。还将提供一种保护措施，防止研究结果是科学研究欺诈性报告的产物，允许对研究结果进行核实。

遵循这些建议也将有助于 FDA 确定分析或研究的结果是否可以从试验条件下的研究人群推广到在实际使用条件下使用所提议的 MRTP 的使用人群（例如美国人群的广泛部分）。

FDA 建议支持 MRTP 申请的研究和分析应具有以下特点：

①明确的目标和假设。

②采用标准化和有效分析方法的方案。

③允许进行稳健统计分析的样本量。

④允许与测试研究假设的适当对照进行有效比较的设计（对照组的选择应基于待评估的终点或效果）。

⑤尽量减少观察者和分析者对数据的偏见，并防止对研究数据的结果和解释产生不当影响的程序，如盲法、掩蔽法、随机条件分配法等。

⑥选择人体受试者的程序，以使研究结果对美国人口具有普遍性。

⑦将受试者分配到不同对照组的方法，这些对照组适合就相关变量在各组之间进行比较。

⑧对特别可能受到产品营销正面或负面影响的人群进行过抽样。

⑨允许产品使用条件的协议，这些条件反映了产品在销售时消费者实际

使用的方式。

⑩允许对选定终点和/或影响进行充分评估的研究持续时间。

⑪充分说明产品对研究指标、终点或结果影响的分析。

为确保 MRTP 申请所依据或引用的研究和分析数据的质量和完整性，研究或分析应（如适用）：

①在国家或国际认可的经外部认证机构认证的实验室进行。

②使用适当的动物模型，并遵守研究中动物的优化、减少和替代的原则。

③适用的法律、法规和动物试验政策。

④实施良好的实验室规范。

⑤由具备资质且经过适当培训的研究人员进行。

⑥准确说明并记录所有研究样品的接收、使用和处置。

⑦确保对受试者的保护，例如：实施知情同意程序，确保机构审查委员会对研究进行监督。

⑧按照研究方案和实施程序进行，确保所有接受烟草制品的研究对象都是至少 21 岁的当前每日烟草制品使用者。

### 五、风险改良烟草制品上市后监管和研究

获得 FDA 发放的风险改良许可或暴露改良许可的每个申请者必须进行上市后监管和研究。根据 FD&C 法案第 911 条，上市后监管涉及识别和收集烟草制品上市后与之相关的意外事件；与监管相比，上市后研究通常是前瞻性的，有明确的研究目标，需要积极招募。

这些上市后监管和研究允许评估发放销售许可对消费者认知、行为和健康的影响，并使 FDA 能够审查发放销售许可所依据的决定的准确性。

获得风险改良许可的申请者必须在收到要求进行上市后监管通知后 30d 内提交上市后监管方案，供 FDA 批准。在收到方案的 60d 内，FDA 必须确定是否：

①负责监管的主要调查人员有足够的资质和经验进行监督。

②该方案将导致 FDA 认为保护公众健康所必需的数据或其他信息，包括 MRTP 继续满足根据 FD&C 法案第 911 节发放销售许可的要求的数据和信息。

获得暴露改良许可的申请收集者必须同意按照 FDA 批准的方案进行上市后监管和研究。

申请者必须每年提交上市后监管和研究的结果。未能进行或提交所需的

上市后监管和研究，即可作为撤销申请者的销售许可的依据。此外，任何未能进行或提交所需的上市后监管和研究的申请者将承担民事罚款，并可能受到 FDA 的其他监管和执法行动的约束。

为了确保申请者准备的材料满足 FD&C 法案第 911 条中的上市后审查要求，FDA 鼓励申请者与其 MRTP 申请一起提交方案草案和/或其计划进行的上市后监管和研究的详细大纲。FDA 将对这些材料进行审查和评议，并在 MRTP 申请审查过程中与申请者合作制定适当的方案，以便在根据 FD&C 法案第 911（g）条发放销售许可的情况下及时完成和批准方案的最终版本。

（一）上市后监管

为批准风险改良许可或暴露改良许可，FDA 在发放该销售许可时必须有足够的证据表明，MRTP 的营销将或预期将有利于个人和整体人群的健康，同时考虑到烟草制品的使用者和非使用者。由于各种因素，包括烟草使用行为、消费者认知和烟草制品市场的变化，关于 MRTP 对个人和整体人群影响的相关的了解会随着时间的推移而变化。在上市后，MRTP 将用于不同于在 MRTP 开发期间对人群受试者进行研究的环境中，并且更多的人群可能会长期接触该产品。因此，上市后监管是监测 MRTP 对个人和人群健康影响的重要手段。

两种类型的上市后监管：

①被动监管：依靠烟草制品生产商、卫生保健专业人员或消费者自发提交的报告。

②主动监管：依赖于主动收集数据。数据可由当地机构（如市、州、美洲印第安部落）或通过烟草制品生产商建立的登记处、出版的文献或其他来源收集。

（二）上市后研究

进行上市后研究的目的是收集和评估产品上市后的信息，包括但不限于：

①关于烟草使用者的一般人群中 MRTP 实际使用情况的数据。

②烟草相关不良事件。

③长期暴露和健康结果评估，包括中期临床结果和死亡率。

④对消费者认知和烟草使用行为的持续评估（例如，开始、停止、使用频率）。

（三）上市后监管和研究结果评估

在上市后监管和研究中评估的结果应聚焦于 MRTP 在实际使用条件下对

消费者认知、行为和健康的影响。

对消费者认知的上市后监管和研究，应提供有关消费者如何认知使用上市产品对健康造成的风险以及他们尝试该产品的可能性的数据。这些研究还应提供有关消费者对所销售产品的使用说明及其风险改良声明的理解的信息。

对消费者行为的上市后监管和研究，应提供有关产品营销对当前烟草使用者是否从其常用产品转向该产品、当前烟草使用者是否继续使用该产品的影响的数据，目前的烟草使用者是否会停止使用所有烟草转而使用该产品的数据，以及非烟草使用者是否开始使用该产品的数据。

对消费者健康的上市后监管和研究应提供有关 MRTP 健康风险的数据，包括该产品对烟草相关发病率和死亡率的影响。与使用其他烟草制品或戒烟相比，监管和研究应衡量使用烟草制品对个人的健康风险。需要考虑的具体健康结果可能包括但不限于：

①医疗服务人员对可能与使用 MRTP 有关的特定疾病风险的新诊断或恶化诊断，包括癌症、中风、心血管疾病、非恶性呼吸道疾病、胎儿毒性、口腔/牙科疾病等的风险。

②急诊室就诊或因使用 MRTP 相关疾病住院的发生率（例如：住院率和因烟草相关疾病住院的受试者比例）。

③MRTP 使用者的生理或血液化学指标（例如：HPHC 水平、暴露生物标志物检测、疾病生物标志物监测、心电图和肺功能测试）。

上市后监管和研究的一个重要组成部分是收集与产品有关的不良事件的信息。这里的不良事件是指与人类使用烟草制品相关的任何健康相关事件，无论是否被视为与烟草制品相关。不良事件可由使用烟草制品（包括与其他产品结合使用和过量使用）引起。

上市后监管和研究应确定不良事件，并提供有关其性质、频率和潜在风险因素的数据，以便就风险最小化作出明智的决定。严重不良事件是指导致以下任何一种情况的不良事件：

①死亡。

②危及生命的状况或事件。

③持续性或实质性残疾或丧失行为能力。

④住院或长期住院。

⑤先天性畸形或先天缺陷。

应报告在监管期间或监测研究期间发生的所有不良事件。非严重不良事件应作为每年提交的上市后研究和监管结果的一部分进行报告。FDA 要求在申请者收到报告后 15 个工作日内向烟草制品中心的科学办公室报告严重不良事件。

（四）上市后研究和主动监管的设计

根据研究目标，上市后研究的研究设计可包括观察流行病学研究、介入性研究（如随机临床试验）或其他设计研究。对于所有研究和主动监管，随MRTP 申请提交给 FDA 的方案草案或大纲应包括以下内容：

①目标。

②假设。

③背景资料（例如：对文献的批判性回顾、对新烟草制品和任何监管历史的简要描述、将要进行的研究的意义）。

④研究的设计和设置（如诊所、社区）。

⑤样本大小和能力计算（请根据情况指定分层和聚类）。

⑥亚组的相对标准误差（如适用）。

⑦研究人群（选择研究人群、登记受试者人数、纳入/排除标准、对照组）。

⑧主要和次要终点（定义和成功标准）。

⑨统计分析计划（描述所采用的统计方法，选择样本大小的原因，包括每种方法的幂的计算）研究，以及要使用的显著性水平和/或置信水平）。

⑩数据收集程序和工具。

⑪基线和后续评估以及后续时间。

⑫病例报告表。

⑬说明为确保对受试者的保护而采取步骤的文件，例如建议的知情同意书和 IRB 批准表。

⑭研究节点和时间表要素，包括研究开始、年度注册目标、完成注册、完成随访和提交最终报告。

**六、风险改良烟草制品的组织和提交**

（一）组织 MRTP 申请用于提交给 FDA

MRTP 申请应按照以下不同部分组织。

1. 申请函

申请函应包括以下内容：

①申请公司的名称和地址。

②授权联系人的姓名、职务、地址、电话号码、传真号码和电子邮箱。

③拟提议的 MRTP 的品牌名称和子品牌名称（如适用）。

④生产商名称。

⑤所有之前向烟草制品中心提交的 MRTP 产品或任何相同产品的清单，但作为所申请主题的权利要求除外，例如根据 FD&C 法案第 904 条提交的烟草制品成分清单，提交的实质性等同报告、实质性等同豁免请求、上市前烟草制品申请或之前的 MRTP 申请，以及 FDA 因任何此类提交而采取的行动。

⑥关于如何满足或计划满足 FD&C 法案第 910 条中任何适用的上市前审查要求的声明。

⑦与 FDA 就 MRTP 申请所涉及的烟草制品进行的任何事先会议的日期清单。

⑧是否寻求风险改良许可或暴露改良许可的声明。

⑨认为构成商业秘密或可免于披露的机密商业信息的应用程序特定部分的描述或列表。或者，申请者可以提交第二个版本的应用程序，用透明的高亮显示建议的编校。

2. 目录和摘要

在申请材料和申请材料所有其他部分的摘要之前，应当有一份完整的目录。

申请材料应包含足够详细的申请材料摘要，以便阅读者能够对申请材料中的数据和信息，包括数据的数量方面有一个很好的总体理解。摘要应讨论申请材料的各个方面，并将信息整合成一个结构良好、统一的文档。摘要的撰写应大致达到在经评审的科学期刊上发表所需的详细程度，并符合普遍适用的编辑标准。摘要中的数据应尽可能以表格和图表的形式呈现。摘要应包含以下信息：

①提议的风险改良声明。

②简要描述烟草制品类型并提供烟草制品潜在益处的科学依据的声明。

③申请材料中提交的资料和科学数据的摘要。

④总结性讨论，描述如何满足 FD&C 法案第 911（g）条所要求的销售许可类型的各项相关法定要求。

3. 描述性信息

申请材料应包含以下信息：

①提议产品描述。

②产品配方描述。

③产品使用条件描述。

④消费者如何实际使用产品描述。

4. 标签、标识和广告

申请材料应包含一部分，说明申请者计划如何向公众传达所提议的风险改良声明，并包括上文所述的拟提议的广告和标签以及样品产品标签和标签的副本。

5. 环境影响

申请材料应包含相应要求的环境评估内容。

6. 所有研究结果的摘要

申请材料应包含一个部分，总结所有与产品相关的研究结果，包括有利和不利的。FDA 建议根据关键研究领域组织这部分的申请材料：

①烟草制品的健康风险。

②对当前烟草使用者烟草使用行为的影响。

③对非吸烟者开始使用烟草的影响。

④营销对消费者理解和认知的影响。

⑤对整体人群的影响。

建议申请者提供一份按照上述关键研究领域组织地所有研究和分析的列表索引。该索引还应按研究类型（产品分析、非临床研究、成年人群研究、二次数据分析和建模）组织，并按名称、章节和页码确定每个研究和分析。对于电子提交，索引还应包括每个研究和分析的超文本链接。如果提供的任何文件出现在同行评审文献中，应提供引文。

7. 科学研究和分析

其他参考的相关的研究文件以及与烟草制品生产商进行、资助或拥有的研究结果相关的任何其他文件也应包括在 MRTP 申请中。为了便于审查，与研究结果有关的文件应完整和组织良好。

申请者应按研究类型组织研究（即产品分析、非临床研究、人群研究、二次分析和建模），并遵循以下每种研究类型的提交建议。

（1）产品分析

FDA 建议以表格形式报告 HPHC 信息，使用单独的列，按下列顺序（从左到右）报告以下各项：

①成分名称。

②成分的常用名称。

③CAS 号。

④浓度单位。

⑤所提议产品的含量水平（95%置信区间）。

⑥样本量。

⑦检测和参考方法。

FDA 建议使用 ISO 和加拿大抽吸方案（如适用），并将测试结果以单独表格呈现。实验室认证文件应包含在 MRTP 申请中。

FDA 建议报告与其他产品特性（例如总颗粒物、包装、保质期等）相关的信息，如下所示：

①产品含量的平均水平（95%置信区间）。

②浓度单位。

③样本量。

④实验方法，与设计规范中规定的方法相联系。

⑤实验日期和地点。

⑥产品批号或生产日期。

（2）非临床和人群研究

对于个体的研究报告，申请者应提交以下说明：

①研究目的。

②检验的假设。

③研究设计。

④研究人群、动物、菌株或细胞系，包括样本量和对照组。

⑤数据收集与分析方法。

⑥研究结果、主要局限性和结论。

此外，如适用，还应包括以下信息：

①使用的原始研究方案。

②对研究方案的任何修订（应注明日期）。

③最终研究方案。

④所选方法的合理性，即所选终点评估的适当性。

⑤用于生成结果的所有原始数据和数据文件。

⑥使用的问卷。

⑦访谈和焦点小组的任何记录或录音（如适用）。

⑧病例报告表。

⑨对于非临床研究，说明为确保研究的可靠性和有效性而采取的措施的文件。

⑩说明为确保对受试者的保护而采取的行动的文件。

⑪所用统计分析的详细说明，包括所有变量、混杂因素和亚组分析，以及调查结果的完整报告。

⑫数据监测委员会成员的资料。

⑬如果研究的内容被委托给合同研究组织进行开展，应提供合同研究组织的信息。

⑭研究人员的专业知识和证书。

对于每项研究，报告还应确定研究是由申请者进行的还是代表申请者进行的。

对于其他的分析和建模，申请者应提供：

①所用技术的解释和理由。

②开发任何模型和参数时使用的假设。

③分析和/或模型中使用的参数列表。

④用于导出参数或估算的数据，以及给定参数的数据适用性的基本原理。

⑤各种情况的结果，包括最坏情况。

申请者在讨论从可用的二次数据和计算模型的使用得出的结果时，还应解决这些方法中固有的不确定性。

（二）单一申请

如果是根据 FD&C 法案第 911（g）条寻求销售许可的烟草制品是新烟草制品，还必须满足 FD&C 法案第 910 条规定的适用上市前审查要求，可以提交一份单一申请。单一申请必须包括上市前审查所需的信息［即实质性等同报告、实质性等同豁免请求或 FD&C 法案第 910（b）条下上市前审查所需的信息］，以及依照 FD&C 法案第 911（g）条的支持发放销售许可所需的信息。

如果提交单一申请，则应按以下方式组织。

1. 申请函

申请函应包括以下内容：

①根据 FD&C 法案第 911（1）（4）条，将提交文件作为单一申请进行确定。

②申请公司的名称和地址。

③授权联系人的姓名、职务、地址、电话号码、传真号码和电子邮箱。

④烟草制品的品牌名称和子品牌名称（如适用）。

⑤生产商名称。

⑥所有先前向 CTP 提交的关于提议的 MRTP 产品或任何相同产品的清单，但属于申请主题的索赔除外，例如，根据 FD&C 法案第 904 条或先前的 MRTP 申请提交的烟草产品成分清单，以及 FDA 因任何此类提交而采取的行动。

⑦关于寻求何种类型的上市前审查的声明［实质性等同决定、实质性等同豁免或 FD&C 法案第 910（c）（1）（A）（i）条下的营销授权销售许可］。

⑧与 FDA 就 MRTP 申请所涉及的烟草制品进行的任何事先会议的日期清单。

⑨是否寻求风险改良许可或暴露改良许可的声明。

⑩认为构成商业秘密或可免于披露的机密商业信息的申请材料特定部分的描述或列表。或者，可以提交第二个版本的申请材料，用透明的高亮显示建议的编校。

2. 上市前审查信息

申请必须包含实质性等同报告、实质性等同豁免申请或 FD&C 法案第 910（b）条规定的上市前审查所需的所有信息。

3. 风险改良信息

申请还必须包含根据 FD&C 法案第 911（g）条发布风险改良销售许可所需的所有信息。如果上市前审查部分包含的数据或信息也与风险改良确定相关或需要，则可以交叉引用该数据或信息，而不是在申请的风险改良部分重复该数据或信息。

（三）MRTP 申请的提交

为了确保文件的可访问性，并促进申请者和 FDA 就所提交的文件进行更有效和高效的沟通，FDA 建议执行以下操作：

①使用连续分页对提交的所有页面进行唯一编号。

②提供外文文件的英文翻译。申请者还应提供外文原件及翻译成英文的准确证明。

③创建并提交任何缩写、首字母缩略词或行业特定术语或代码的词汇表或解释。

有三种方式提交 MRTP 申请：

①通过 FDA 电子提交通道提交的电子格式。

②在物理媒介（如 CD 或 DVD）上提交的电子格式。

③纸质格式。

FDA 强烈鼓励以电子格式提交 MRTP 申请，以提高数据提交和处理的效率和及时性。可通过 FDA 电子提交通道安全提交申请。

1. 物理电子媒介

通过电子媒介提交的文件应存储在 CD/DVD 或闪存驱动器媒介上。电子媒介上应标明申请公司名称、联系电话、风险改良烟草制品申请——提议的风险改良烟草制品名称、提交日期和序列号（例如："第 1 张，共 2 张"）。这些文件应包括一份签名的申请函，明显标识为"风险改良烟草制品申请"，还应标识用于确认提交的软件（名称、版本和公司）。如果难以访问数字媒介，建议同时也提供一份申请函的纸质副本，其中突出地标明提交的材料为"风险改良烟草制品申请——提议的风险改良烟草制品名称"，并包括生产商的名称、地址和电话号码。

2. 电子提交格式

对于以电子格式提交的 MRTP 申请，建议除原始数据外，所有内容（包括申请函）应采用与 Adobe Acrobat 6.0 或更高版本兼容的可移植文档格式（PDF）文件。文件不应受到密码保护或加密。在准备 PDF 格式的提交文件时，建议：

①直接从电子源（如文字处理文件或 Excel）创建 PDF 文件。

②尽可能避免基于图像的 PDF 文件，因为扫描的图像更难阅读和搜索。如果您扫描文档以创建 PDF 文件，建议通过光学字符识别（OCR）软件捕获文本，以便生成的电子文档的文本可以合理地访问和搜索。

③创建一个提交目录，并使用书签设置格式，以帮助读者高效地浏览文档。

与 MRTP 申请一起提交的任何原始数据应以电子文件格式提交，如 Microsoft Excel 或 SAS 传输文件。

（四）MRTP 申请的处理

FDA 将首先对提交的 MRTP 申请的完整性进行行政审查。申请者应准备完整、高质量的材料，以便于 FDA 进行全面、及时的审查。如果 FDA 发现 MRTP 申请不包含 FD&C 法案第 911 条要求的风险改良许可或暴露改良许可的信息，FDA 可能会拒绝提交的申请。

FDA 可能会要求提供额外的信息来澄清问题，询问审查过程中出现的问题，并要求更新正在进行的研究。

FDA 将把申请提交给烟草制品科学咨询委员会（TPSAC），并要求 TPSAC 在 60d 内向 FDA 报告其对申请的建议和意见。FDA 还将向公众公开申请（申请中涉及商业秘密或其他机密商业信息的事项除外），并征求意见。

（五）MRTP 申请的撤回

可以随时撤回待定的 MRTP 申请。申请者应立即书面通知 FDA 撤回申请的决定。撤销 MRTP 申请并不妨碍在未来提交同一烟草制品的后续 MRTP 申请。但是，任何后续的 MRTP 申请都应该是完整的，没有参考原始 MRTP 申请中的数据或任何其他信息。FDA 计划在收到 MRTP 申请后 360d 内对任何后续 MRTP 申请采取行动。

（六）MRTP 申请的审查时间

FDA 计划在收到包含 FD&C 法案第 911 条要求的信息的申请后 360d 内对提交的 MRTP 申请采取行动。

同样，如果选择提交单一申请，根据 FD&C 法案第 910 条的规定寻求授权销售提议的新烟草制品，并根据 FD&C 法案第 911（g）条的规定寻求销售许可，FDA 计划在收到单一申请后不迟于 360d 采取行动。

（七）销售许可

获得销售许可的申请者可以按照 FDA 发放的销售许可对烟草制品进行商业营销。需要注意，根据 FD&C 法案第 911（g）条发放的销售许可适用于特定的风险改良声明。在洲际贸易中引入或交付烟草制品，其标志、标识或广告不可对产品许可中所述以外的内容进行风险改良申明。

此外，销售许可是针对 MRTP 申请主题的产品发布的。在洲际贸易中引入或交付除发放的销售许可所述之外的烟草制品可能导致烟草制品违反 FD&C 法案第 911 条。

**（八）发放的销售许可能否撤销**

发放的销售许可是可以撤销的。

**（九）销售许可的续签**

暴露改良许可的有效期不超过 5 年。如果申请者提交了新的申请，并且 FDA 发现该销售许可的要求继续得到满足，FDA 可以更新暴露改良许可。

风险改良许可将在 FDA 发放的销售许可中规定的期限内生效。如果申请者提交了新的申请，并且 FDA 发现风险改良许可的要求继续得到满足，FDA 可以更新风险改良许可。

在提交销售许可续期申请时，必须确保已遵从适用的规定，提供根据所获得的销售许可所进行的规定的上市后监管和研究的结果。还应提交申请材料中包含任何更新的研究结果，以及所需的上市后监管和研究中收集的所需数据。

**七、风险改良烟草制品的研究性使用**

**（一）烟草制品研究性使用的豁免**

必须提交 MRTP 申请并获得 FDA 的销售许可，然后才能在洲际贸易中引入或交付风险改良烟草制品。在用于研究目的时，FDA 计划规定可免除风险改良烟草制品符合 FD&C 法案第 911 条要求的条件。在这些法规发布之前，FDA 将考虑在执行 FD&C 法案第 911 条的要求时行使自由裁量权，在某些情况下，是为了允许对提议的风险改良烟草制品进行研究性使用。

具体而言，目前，FDA 不计划强制执行 FD&C 法案第 911 条关于在研究中使用提议的风险改良烟草制品的要求，这些研究将遵循下面列出的规范，这将有助于确保研究得到良好控制，这些研究得出的数据是可靠的，研究对象得到充分保护。

对于所有研究（包括人群研究和非临床研究），应该：

①将提议的风险改良烟草制品直接分发给合格且经过适当培训的研究人员。

②不是为了促进拟提议的风险改良烟草制品的商业分销或试验市场推广。

③说明所有研究性产品的接收、使用和处置。

④给产品贴上"仅供研究使用"的标签。

对于人群研究，应该：

①采取措施确保研究的可靠性和有效性，例如，通过合理的研究设计并

遵守研究方案。此外，还应确保进行所有的相关研究，如使受试者的权利、安全和福利得到国际社会可接受的伦理原则的保护，并且数据在科学上是有效的。

②确保接受产品的所有研究对象都是至少 21 岁的当前每日烟草制品使用者。

对于非临床研究，应该采取措施确保研究的信度和效度。实施此类措施的一种方法是遵循良好实验室规范。

如果申请者希望使用其风险改良烟草制品进行研究，应联系烟草制品中心的科学办公室，讨论提交研究方案和/或研究终点，以支持 MRTP 申请。

（二）请求与 FDA 会面

将会议要求以书面形式发送给烟草制品中心科学办公室的主任。

（三）在美国境外进行的研究

作为 MRTP 申请的一部分，申请者可以提交在美国境外进行的产品研究。应遵循上述的科学研究和分析的一般原则。所有在美国境外进行的人群研究应确保，根据国际社会可接受的伦理原则，受试者的福利受到保护，数据在科学上是有效的并适用于美国人群。研究人员应按照良好临床实践的国际标准进行这些研究，或遵守研究所在国的法律法规，以对受试者提供更大保护的为准。这些受试者保护和数据完整性措施确保在美国境外进行的研究的数据来自充分和精心设计的研究，并向 FDA 提供可靠的信息。

## 参考文献

［1］https：//www. fda. gov/regulatory－information/search－fda－guidance－documents/applica-tions－premarket－review－new－tobacco－products.

［2］https：//www. fda. gov/tobacco－products/rules－regulations－and－guidance/family－smok-ing－prevention－and－tobacco－control－act－table－contents.

［3］https：//www. fda. gov/regulatory－information/search－fda－guidance－documents/section－905j－reports－demonstrating－substantial－equivalence－tobacco－products.

［4］https：//www. fda. gov/regulatory－information/search－fda－guidance－documents/premar-ket－tobacco－product－applications－electronic－nicotine－delivery－systems－ends.

［5］https：//www. fda. gov/regulatory－information/search－fda－guidance－documents/investiga-tional－use－deemed－finished－tobacco－products－were－us－market－august－8－2016－during－

deeming.

［6］ https：//www. fda. gov/regulatory－information/search－fda－guidance－documents/interpre-
tation－and－compliance－policy－certain－label－requirement－applicability－certain－federal－
food.

［7］ https：//www. fda. gov/AdvisoryCommittees/CommitteesMeetingMaterials/TobaccoProducts
ScientificAdvisoryCommittee/default. htm.

［8］ https：//www. fda. gov/regulatory－information/search－fda－guidance－documents/listing－
ingredients－tobacco－products.

［9］ https：//www. fda. gov/regulatory－information/search－fda－guidance－documents/e6r2－
good－clinical－practice－integrated－addendum－ich－e6r1.

［10］ https：//www. fda. gov/regulatory－information/search－fda－guidance－documents/s2r1－
genotoxicity－testing－and－data－interpretation－pharmaceuticals－intended－human－use.

［11］ https：//www. fda. gov/regulatory－information/search－fda－guidance－documents/tobacco－
product－master－files.

［12］ https：//www. fda. gov/regulatory－information/search－fda－guidance－documents/modi-
fied－risk－tobacco－product－applications.

［13］ https：//www. fda. gov/regulatory－information/search－fda－guidance－documents/harm-
ful－and－potentially－harmful－constituents－tobacco－products－used－section－904e－federal－
food－drug.

［14］ http：//www. iso. org/iso/iso_catalogue/catalogue_tc/catalogue_detail. htm？csnumber＝
28325&commid＝5215.

［15］ The Canadian method for measuring emissions from tobacco products is available in Part 3 of
SOR 2000－273, available at http：//laws－lois. justice. gc. ca/PDF/SOR－2000－273.
pdf.

# 第四章
## 欧盟与英国的新型烟草制品相关要求

### 第一节　欧盟对新型烟草制品的相关要求

欧盟成员国依据《烟草制品指令》[1]（Tobacco Products Directive，TPD）对烟草行业进行监管，该法案包含烟草及相关产品的生产、包装和销售规则。2014年3月14日，欧盟理事会通过了《烟草制品指令（Directive 2001/37/EC）》的修订案《烟草制品指令（Directive 2014/40/EU）》（以下简称《指令》）。基于欧盟委员会的提案，该《指令》于2014年5月19日生效，并于2016年5月20日在欧盟成员国生效。在现行《指令》中，对新型烟草制品作出了规定，同时将电子烟纳入监管范围。

**一、欧盟《烟草制品指令》对新型烟草制品的监管要求**

在《指令》中，给出了"新型烟草制品"的定义，即同时满足以下两个条件的烟草制品：不属于传统卷烟、手卷烟、烟斗烟草、水烟、雪茄、小雪茄、嚼烟、鼻烟或口用烟草制品范畴；在2014年5月19日之后投放市场。

属于新型烟草制品范畴的产品，应符合《指令》中对关于烟草制品规定的所有内容，以确保公平的市场竞争环境；同时，在新型烟草制品发展监管方面，《指令》中指出，所有烟草制品都有引起死亡、疾病和致残的潜力，在不损害各成员国禁止或批准新型烟草制品权利的情况下，生产商和进口商有义务提交该产品的"关于新型烟草制品的通告"。

关于《指令》中对烟草制品统一规定的内容，本部分不做具体介绍，仅对就生产商和进口商提交的"关于新型烟草制品的通告"及其相关内容进行介绍。

（一）《指令》中"关于新型烟草制品的通告"

《指令》第十九节"关于新型烟草制品的通告"内容如下。

各成员国应要求新型烟草制品的生产商和进口商向成员国主管部门提交就其计划投放到相关成员国市场的任何此类产品的通告。通告应在拟投放市场的前 6 个月以电子形式提交。通告应附有关于新型烟草制品的详细描述说明和使用说明，以及遵照《指令》第五节"成分和释放物的报告"规定的成分和释放物信息。

申报新型烟草制品的生产商和进口商还应向主管部门提交以下信息：

（1）可获得的关于新型烟草制品毒性、成瘾性和吸引力的科学研究，特别是涉及其成分和释放物的科学研究。

（2）可获得的关于不同消费群体（包括青少年和当前吸烟者）偏好的研究及得出的总结报告和市场调查。

（3）其他可获得的相关信息，包括产品的风险/收益分析，戒烟的预期效果，消费者开始使用烟草制品的预期效果以及预期的消费者认知。

各成员国应要求新型烟草制品的生产商和进口商向主管部门提交和更新任何新的研究和调查，以及上述内容的相关信息。成员国可要求新型烟草制品的生产商或进口商进行额外的测试或提供额外的信息。成员国应将根据本通告内容收集的所有相关信息提供给欧盟委员会使用。

成员国可以采用新型烟草制品的授权制度。成员国可以向生产商和进口商收取相应的授权费用。

投放市场的新型烟草制品应遵守《指令》的要求。《指令》的哪些规定适用于新型烟草制品，取决于该产品属于无烟烟草制品的定义范畴还是属于抽吸型烟草制品的定义范畴。

（二）"关于新型烟草制品的通告"中涉及的其他相关指令

在"关于新型烟草制品的通告"中指出通告应该附带对该新型烟草制品的详细描述说明和使用说明，以及遵照《指令》第五节"成分和释放物的报告"规定的成分和释放物信息。

1. 成分和释放物的报告

《指令》第五节"成分和释放物的报告"相关内容如下。

（1）各成员国应要求烟草制品的生产商和进口商按品牌名称和产品类型向其主管部门提交以下信息：

①烟草制品生产过程中使用的所有成分及其含量清单，按各成分在烟草制品中的含量降序排列。

②《指令》在"焦油、烟碱、一氧化碳和其他物质的最大释放量"这一节提到的释放量。

③在可获得的情况下，提供其他释放物信息及其含量水平。

对于已投放市场的烟草制品，应在 2016 年 11 月 20 日前提交以上信息。如果烟草制品中某一成分被修改，从而影响按《指令》第五节提供的相关信息，生产商或进口商应当告知相关成员国的主管部门。《指令》第五节要求的相关信息应当在新的或被改良的烟草制品投放市场之前提交。

（2）第（1）条①中提及的成分清单应附相关说明，说明烟草制品中包括这些成分的原因。该清单还应指明成分的状态，包括是否已根据欧洲议会和理事会（EC）第 1907/2006 号法规登记，以及根据欧洲议会和理事会（EC）第 1272/2008 号法规进行了分类。

（3）第（1）条②中还应附相关毒理学数据，包括清单中的每一种成分在燃烧以及未燃烧状态下的相对毒性，可以的话，应特别给出其对消费者健康的影响尤其是致瘾性作用。

此外，对于卷烟和手卷烟，生产商和进口商应当提交一份技术报告，对其中使用的添加剂及其形状进行总体描述。

除焦油、烟碱和一氧化碳以及《指令》"检测方法"中提到的释放物外，生产商和进口商应当提供所使用的释放物检测方法。成员国应当要求生产商和进口商依据主管部门颁布的法令，对烟草制品中成分的危害性进行评估，特别是其致瘾性和毒性。

（4）成员国应确保根据第（1）条及《指令》第六节"添加剂的优先清单及扩大的报告义务"中提到的提交信息在互联网上公开。在信息公开的同时，成员国还应考虑到充分保护商业机密的需要。成员国应当要求生产商和进口商在按照本节要求提交信息时，明确哪些信息被认为是商业机密。

（5）欧盟委员会应当通过执行法案颁布法律，如果需要的话，改变第（1）条及《指令》第六节"添加剂的优先清单及扩大的报告义务"第 1 条提到的信息的提交形式和公开形式。这些执行法案应符合《指令》第二十五节"委员会程序"第 2 条的审查程序。

（6）成员国应当要求生产商和进口商提交他们获得的内部和外部市场调查，包括青少年和当前吸烟人群在内的不同消费群体的偏好研究，烟草成分及释放物研究，以及在新产品上市时所进行的任何市场调查。成员国还应当要求生产商和进口商报告每种品牌和产品类型的销售量，以条或者千克计。从 2015 年 1 月 1 日开始，每个成员国以年销售量进行报告。各成员国应提供其他任何可获得的销售数据。

（7）本节及《指令》第六节要求成员国提供的所有数据和信息应以电子文件的形式提交。各成员国应当保存所提交的电子信息，并确保欧盟委员会及其他成员国出于适用《指令》的目的能够合理使用这些信息。各成员国和欧盟委员会应当确保其中的商业机密及其他隐私信息的保密性。

（8）成员国可以向生产商和进口商收取相应费用，用于接收、储存、处理、分析及公开本节所要求提交的信息。

**2. 焦油、烟碱、一氧化碳和其他物质的最大释放量**

《指令》第三节"焦油、烟碱、一氧化碳和其他物质的最大释放量"中相关内容如下。

（1）各成员国投放市场或者制造的卷烟的最大释放量（"最高限量"）应该不超过：a. 焦油 10mg/支；b. 烟碱 1mg/支；c. 一氧化碳 10mg/支。

（2）欧盟委员会应根据《指令》第二十七节采用授权法案，将有 FCTC 各缔约方或有 WHO 通过的不同于本节（1）中所述的卷烟及卷烟外烟草制品最大释放量的标准纳入欧盟法律。

**3. 检测方法**

《指令》第四节"检测方法"相关内容如下。

（1）基于科学技术发展或国际普遍认可的标准，如果认为有必要的话，欧盟委员会有权根据第二十七节采用授权法案，修改焦油、烟碱和一氧化碳的检测方法。

（2）各成员国应向欧盟委员会通告他们所使用的本节（1）中提到的释放物之外的卷烟释放物检测方法，以及卷烟之外烟草制品释放物的检测方法。

**4. 添加剂的优先清单及扩大的报告义务**

《指令》第六节"添加剂的优先清单及扩大的报告义务"相关内容如下。

（1）除《指令》第五节"成分和释放物的报告"中规定的报告义务外，应将报告义务加以扩大，包含被优先清单收录在内的卷烟和手卷烟中所含的添加剂。欧盟委员会应通过执行法案，制定并随后更新此类添加剂的优先清单。该清单应包括以下添加剂：

①初始指征、调查研究或其他现有司法法规管控中表明具有《指令》第六节第 2 条中 a~d 所述特性中至少一项的添加剂。

②依据《指令》第五节第 1~3 条报告的成分质量或数量，最常使用的添

加剂。

这些执行法案应当依照《指令》第二十五节"委员会程序"第 2 条的审查程序。第一份添加剂清单应在 2016 年 5 月 20 日之前采用，并且应至少包含 15 种添加剂。

（2）各成员国应要求含有本节第（1）条优先清单中添加剂的卷烟及手卷烟的生产商和进口商对每一种添加剂进行全面的研究，考虑其是否：

①对烟草制品的毒性或致瘾性有贡献，不论其贡献是否可将烟草制品的毒性或致瘾性增加到显著或可测量水平。

②会引起特征香味。

③能够促进吸入或烟碱摄入。

④导致产生具有 CMR 特性的物质，不论其数量是否达到可将烟草制品的 CMR 特性增加到显著或可测量水平。

（3）上述研究应当考虑到烟草制品的预期使用，并特别考察燃烧过程中添加剂的释放问题。研究还应考察添加剂与烟草制品中其他成分的相互作用。在类似烟草制品中使用同一种添加剂的生产商或进口商应当开展联合研究。

（4）生产商或进口商应报告上述研究的结果。报告应包括概要、关于添加剂的科学文献的全面总数以及有关添加剂所产生影响的内部数据的总结。

生产商或进口商应向欧盟委员会提交上述报告，同时向含有指令第六节第 1 条优先清单中添加剂的烟草制品并已投放市场 18 个月以上的成员国的主管部门提交报告副本。欧盟委员会和相关成员国也可以要求生产商或进口商提供有关添加剂的补充信息。这些补充信息应当作为报告的一部分。

欧盟委员会和相关成员国可以要求独立的科研机构对报告进行同行评议，特别是对其全面性、方法学及结论的审查。反馈的信息有助于欧盟委员会和各成员国根据指令第七节"成分管制"进行决策。各成员国和欧盟委员会可以向烟草制品的生产商和进口商收取一定比例的费用，用于上述同行评议。

（5）如果有其他生产商或进口商提供添加剂的相关信息，则依据欧盟委员会 2003/361/EC 建议，豁免其中定义的中小型企业关于本节规定的相关义务。

5. 成分管制

《指令》第七节"成分管制"相关内容如下。

（1）成员国应禁止将具有特定风味的烟草制品投放市场。

成员国不得禁止使用生产烟草制品需要的必不可少的添加剂，例如用糖代替在烘烤过程中损失的糖，但前提是这些添加剂使用不能导致产品具有特征性的风味，也不会导致烟草制品的成瘾性、毒性和 CMR 特性增加到显著或可测量的水平。成员国应将根据本条采取的措施通告欧盟委员会。

（2）欧盟委员会应成员国的要求，可以主动通过执行法案确定某烟草制品是否属于第（1）条所指的范围。这些执行法案应符合《指令》第二十五节第 2 条所指的审查程序。

（3）欧盟委员会应通过执行法案，为确定烟草制品是否属于本节第（1）条所指范围的程序颁布统一的规定。这些执行法案应符合指令第二十五节第 2 条所指的审查程序。

（4）应在欧盟层面成立一个独立的顾问小组。各成员国和欧盟委员会在依据《指令》第七节第 1 条和第 2 条采取措施之前，可以向顾问小组协商。欧盟委员会应对该顾问小组的成立和运作制定相关程序。这些执行法案应符合第二十五节第 2 条所指的审查程序。

（5）如果某些添加剂或添加剂组合的含量或浓度导致其不符合指令第七节第 1 条而在至少三个成员国中禁止使用，欧盟委员会有权根据第二十七节采取授权法案，对这些导致特征风味的添加剂或添加剂组合的含量水平设定最大限量。

（6）成员国应禁止将含有以下添加剂的烟草制品投放市场：

①维生素或其他添加剂，使消费者产生烟草制品有益健康或可降低健康风险的误解。

②与能量和活力相关的咖啡因、牛磺酸或其他添加剂和兴奋剂。

③对释放物有着色性能的添加剂。

④对于抽吸型烟草制品，能够促进吸入或烟碱摄入的添加剂。

⑤在未燃烧状态下具有的 CMR 特性的添加剂。

（7）成员国应禁止在滤嘴、卷烟纸、包装、胶囊等任何组件中添加含有香料或通过技术手段改善烟草制品的吸味、吃味或烟气度的烟草制品的任何成分投放市场。滤嘴、卷烟纸和胶囊中不得包含有烟草或烟碱。

（8）各成员国应确保在（EC）1907/2006 号法规中指定的条款和条件被酌情应用于烟草制品。

（9）各成员国应根据科学证据，禁止将含有添加剂的数量达到将产品毒性、成瘾性或烟草制品的 CMR 特性增加至显著或可测量水平的烟草制品投放市场。成员国应将依据本条所采取的措施通告欧盟委员会。

（10）欧盟委员会应会员国的请求，或可以主动通过执行法案来确定烟草制品是否属于第（9）条所指的范围。这些执行法案应符合第二十五节第2条所指的审查程序，并且以最新的科学证据为基础。

（11）如果某种添加剂或一定数量的添加剂已证明会放大烟草制品的毒性或成瘾性，从而被至少三个成员国依据第（9）条所禁止，那么欧盟委员会有权根据第二十七节采用授权法案，设定这些添加剂的最大限量水平。在这种情况下，超过次最大限量水平的产品应依据本条被其国家禁止。

（12）除卷烟和自用卷烟以外的其他烟草产品，可不受本节第1和第（7）条的限制。如果在欧盟委员会报告中发生实质性的情况变化，欧盟委员会应根据第二十七节采取授权法案，撤回对特定产品类别的豁免。委员会报告中确定的情况发生了重大变化。

（13）各成员国和欧盟委员会可以向烟草制品的生产商和进口商收取一定比例的费用，用以评估烟草制品是否具有特征性风味，是否使用了禁止的添加剂或调味剂，以及烟草制品含有的添加剂是否达到了能将烟草制品的毒性、成瘾性或CMR特性增加到显著或可测量水平的程度。

（14）对于具有特定风味的烟草制品，其在整个欧盟范围内的特定产品类别的销量占3%或以上，则其服从于本条的规定的时间自2020年5月20日起。

6.委员会程序

《指令》第二十五节"委员会程序"相关内容如下：本条的规定参考（EU）182/2011号法规第5条。

**二、欧盟《烟草制品指令》关于电子烟的监管法规**

《指令》指出电子烟和填充容器应受该《指令》的管控，除非它们由于其外观或功能，受制于欧洲议会和欧盟理事会的2001/83/EC指令或欧盟理事会的93/42/EEC指令。其中，2001/83/EC指令是关于人用药品的共同法典，93/42/EEC指令是关于医疗器械的指令。《指令》第二十节对电子烟的监管内容如下。

（1）各成员国应确保电子烟和填充容器仅在符合《指令》和欧盟所有其他相关法规的情况下投放市场。

本指令不适用于符合2001/83/EC指令或93/42/EEC指令规定要求的

电子烟和填充容器。

（2）电子烟和填充容器的生产商和进口商应向他们打算将任何此类产品投放市场的相关成员国的主管部门提交通告。通告应在拟投放市场的前六个月以电子形式提交。对于已于 2016 年 5 月 20 日前投放市场的电子烟和填充容器，应在该日期起 6 个月内提交通告。每当产品发生实质性改变时都应提交新的通告。

根据产品是否属于电子烟或填充容器，通告应包含以下信息：

①生产商。欧盟范围内负有责任的法人或自然人以及（如果适用）将产品引入欧盟的进口商的名称和详细联系方式。

②按品牌名称和产品类型列出产品所有成分清单，以及使用该产品后产生的释放物清单，包括其含量。

③关于产品成分和释放物（包括加热时）的毒理学数据，尤其是当其吸入后对消费者的健康影响和成瘾性影响。

④烟碱剂量和消费者在正常或合理可预测的条件下烟碱摄入量的相关信息。

⑤产品组成的说明书　包括（如适用）电子烟或填充容器的开启和填充烟液。

⑥生产过程的描述　包括是否涉及批量生产，并声明生产过程确保符合本条的要求。

⑦投放市场的产品在正常使用或合理可预测的条件下，生产商和进口商应对产品的质量和安全承担全部责任的声明。

当成员国认为所提交的信息不完整时，他们有权要求完善相关信息。

成员国可以向生产商和进口商收取相应费用，用于接收、存储、处理和分析所提交的信息。

（3）成员国应确保电子烟和填充容器的烟液和防护功能符合以下内容。

①含烟碱的烟液只能在专用填充容器内投放市场，且填充容器体积不得超过 10mL，在一次性电子烟或一次性烟弹中，烟弹或烟液池的体积不得超过 2mL。

②含烟碱的烟液中，烟碱含量不超过 20mg/mL。

③含烟碱的烟液中，不得含有指令第七节第 6 条所列的添加剂。

④仅使用高纯度的成分用于生产含有烟碱的烟液。第 2 条（2）中涉及的

成分之外的物质，仅能以痕量水平存在于含烟碱的烟液中，如果这种痕量残留在制造过程中是技术上不可避免的。

⑤除烟碱外，只有那些以加热或不加热的情况下都不会对人体健康构成危险的成分才能使用到含烟碱的烟液中。

⑥在正常使用条件下，电子烟的烟碱传输量应维持在稳定水平。

⑦电子烟和贮液容器应含有儿童防护和改装防护功能，应防止破裂或泄漏，且含有确保烟液在填充过程中不漏液的设计。

（4）成员国应确保电子烟和填充容器的包装和说明书符合以下内容：

①电子烟和填充容器的单位包装应含有涉及以下信息的说明书：

a. 产品使用和储存说明书，包括该产品不适合年轻人和非吸烟者使用该产品的建议。

b. 禁忌症。

c. 针对特定风险人群的警告。

d. 可能产生的不良影响。

e. 致瘾性和毒性。

f. 生产商或进口商以及在欧盟范围内法人或自然联系人的联系方式。

②电子烟和填充容器的单位包装以及任何外包装：

a. 包括按含量降序排列的所有产品成分清单，产品烟碱含量和单位剂量所产生的烟碱传输量的说明，批号和该产品放置在儿童不可触及区的建议。

b. 与 a 点不冲突的情况下，除指令第十三节"产品描述"第 1 条 a 和 c 中关于烟碱含量和调味剂的相关信息外，不包括第十三条体积的要素和特征。

c. 具有以下任一健康警示："本产品含有强致瘾性物质——烟碱，不建议非吸烟者使用"或者"本产品含有烟碱，一种强致瘾性物质"。

③健康警示符合第十二节第 2 条规定的要求。

（5）各成员国应确保电子烟和填充容器的宣传符合以下内容：

①禁止以直接或间接促进电子烟和填充容器销售为目的，通过信息社会服务，新闻或其他印刷出版物进行商业传播，除专门用于电子烟或填充容器行业的出版物，以及由第三方国家印刷和出版的出版物，且这些出版物并不是主要面向欧盟市场。

②禁止以直接或间接促进电子烟和填充容器销售为目的，通过电台进行商业传播。

③禁止以直接或间接促进电子烟和填充容器销售为目的，任何形式的公共或私人赞助的广播节目。

④禁止以直接或间接促进电子烟和填充容器销售为目的，发生在多个成员国中或者具有跨国影响的，任何形式的公共或私人赞助的事件、活动或个人。

⑤欧洲议会和欧盟理事会2010/13／EU指令中适用的视听商业传播，禁止用于电子烟和填充容器。

（6）《指令》第十八节"烟草制品的跨境远程销售"适用于电子烟和填充容器的跨境远程销售。

（7）各成员国应要求电子烟和填充容器的生产商和进口商每年向主管部门提交以下信息：

①按品牌名称和产品类型划分的销售量综合数据。

②有关各种消费群体（包括青少人，不吸烟者和当前吸烟的主要类型）的偏好的信息。

③产品的销售方式。

④针对上述内容开展的任何市场调查的总结，包括其中的英文译本。

各成员国应监测有关电子烟和填充容器的市场发展，包括任何证据，证明电子烟的使用是青少年和非吸烟者烟碱成瘾并最终导致传统烟草消费的途径。

（8）各成员国应确保根据第2条提供的信息在网站上向公众公开。成员国在公开提供该信息时，应充分考虑保护商业机密的必要性。

若有需要，成员国应将依据本节收到的所有信息提供给欧盟委员会和其他成员国。各成员国和欧盟委员会应确保以保密模式处理商业机密和其他机密信息。

（9）各成员国应要求电子烟和填充容器的生产商、进口商和分销商建立并维持一种有关这类产品对人体健康所有可能的不良影响的信息收集系统。

若有任何经济运营商认为或有理由相信他们拥有的和即将投放或已经投放在市场上的电子烟和填充容器不安全或质量不好或与本指令规定不相符时，经济运营商应立即采取必要的纠正措施，以使有关产品符合本指令的规定，并酌情撤回或召回该产品。在这种情况下，经济运营商同时应立即告知产品所在或拟投放市场的成员国市场监管机构相关细节，特别是对人类健康和安全的风险，以及所采取的任何纠正措施，以及这些纠正措施引起的结果。

（10）欧盟委员会应在 2016 年 5 月 20 日之前以及之后的任何适当时间，向欧洲议会和欧盟理事会提交一份关于使用可填充型电子烟对公共健康潜在风险的报告。

（11）对于符合本节要求的电子烟和填充容器，当主管部门应确定或有合理理由相信特定的电子烟或填充容器，或某种类型的电子烟或填充容器，可以对人体健康构成严重风险的，可以采取适当的临时措施。应将所采取的措施立即告知欧盟委员会和其他成员国的主管部门，并应交流支持性数据。欧盟委员会在收到该信息后，应尽快判定所采取的临时措施是否合理。欧盟委员会应将其结论告知相关成员国，使成员国能够采取适当的后续措施。

在本条第 1 段的应用中，若特定电子烟或填充容器，或者一类电子烟或填充容器在至少三个成员国以合理理由禁止投放市场时，欧盟委员会有权根据指令第二十七节"授权运用"采取授权法案，如果这种扩展是合理且适当的，可将此禁令扩大至所有成员国。

（12）欧盟委员会有权根据二十七节采用授权法案，修改第 4 条（2）中健康警示的措辞。在修改该健康警示时，欧盟委员会应确保其真实性。

（13）欧盟委员会应通过执行法案，为第 2 条要求的通告制定统一格式并为第 3 条（7）中规定的烟液填充原理设定技术标准。

这些执行法案应符合第二十五节"委员会程序"第 2 条所述的审查程序。

### 三、欧盟 EU 2022/2100 指令对《烟草制品指令》的修订

2022 年 6 月 29 日，欧盟委员会发布了 EU 2022/2100[2]，这一指令是对《烟草制品指令》中关于加热烟草制品的若干豁免的条款修订。该指令在欧盟官方公报上公布后的第 20d 生效。同时，该指令要求各成员国应最迟在 2023 年 7 月 23 日前通过并公布遵守本指令所需的法律、法规和行政规定，并于 2023 年 10 月 23 日起实施这些规定。

指令对《烟草制品指令》修改如下。

1. 第 7 节第 12 条由以下内容代替：12. 卷烟、手卷烟和加热卷烟以外的烟草制品可以不受本节第 1 条款和第 7 条的限制。欧盟委员会应根据第 27 条采取授权行为，撤销对特定产品类别的豁免，如委员会报告所述的情况有重大改变。

就第一分段而言，"加热卷烟"是指一种新型烟草制品，它经过加热产生

含有烟碱和其他化学物质的气溶胶，然后由使用者吸入，根据其特性，这是一种无烟气烟草制品或供抽吸的烟草制品。

2. 第 11 节修改如下：

（1）标题改为：第 11 节 除卷烟、手卷烟、水烟和加热卷烟之外的烟草制品标识。

（2）在第 1 段中，第一分段由以下内容代替：各成员国可豁免第 7 节第 12 条第 2 小段所定义的除卷烟、手卷烟、水烟和加热卷烟之外的其他烟草制品执行第 9（2）和第 10 节规定的组合健康警示的义务。在上述情况下，除第 9（1）条规定的通用警语外，这类产品的每个单位包装和任何外包装均应带有附录 1 中列出的文字警语。第 9（1）条中规定的通用警语应包含对第 10 节（1）（b）中提到的戒烟服务。

## 第二节 英国公共卫生部新型烟草制品相关要求

根据欧盟《指令》（2014/40/EC）（European Union Tobacco Products Directive，EUTPD），烟碱雾化产品受该修订的指令监管，并已转换为英国法律《2016 年 烟草及相关产品法规》（Tobacco and Related Products Regulations，TRPR）。由于英国脱欧，《2020 年 烟草制品和烟碱吸入产品（修正案）（欧盟出口）条例》对《2019 年 烟草制品和烟碱吸入产品（修正案）（欧盟出口）条例》进行了修订，以在法律上履行《脱欧协议》和《北爱尔兰议定书》的义务。这意味着修改了《2016 年 烟草及相关产品法规》在大不列颠及北爱尔兰的适用方式，包括修订烟草包装上的图片警告要求。

英国药品和保健产品监管局（Medicines and Healthcare Products Regulatory Agency，MHRA）是英国电子烟和填充容器通告的主管部门，负责执行《烟草及相关产品法规》（Tobacco and Related Products Regulations，TRPR）第六部分和《2020 年烟草制品和 2020 年烟碱吸入产品（修正案）（欧盟出口）条例》[3]。

**一、电子烟消费产品监管的概述**

在 TRPR 相关法规中，TRPR 引入了 EUTPD 相关规则，并确保以下方面：

（1）所有电子烟及电子烟填充容器（也称为电子烟烟液）的安全和质量的最低标准。

（2）将信息提供给消费者，以便他们做出明智的选择。

（3）保护儿童免于开始使用这些产品的环境。要求：①限制电子烟烟弹容量不得超过 2mL；②限制用于销售的含有烟碱烟液的填充容器最大容量为 10mL；③限制电子烟烟碱含量不得超过 20mg/mL；④要求含有烟碱的产品或其包装必须具有防止儿童使用和篡改的功能；⑤禁止某些成分的使用，包括色素、咖啡因和牛磺酸；⑥包括新的标签规定和警告；⑦要求所有电子烟和电子烟烟液在出售前必须向 MHRA 通告。

另外，新修订的《2020 年 烟草制品和烟碱吸入产品（修正案）（欧盟出口）条例》规定了从 2021 年 1 月 1 日起通告新产品的要求。意味着：①将产品投放到北爱尔兰市场的生产商，将被要求使用欧盟通用入口门（EU Common Entry Gate，EU-CEG）系统，对烟草和电子烟产品进行通告；②将产品投放英国市场的生产商将被要求在英国国内系统上进行通告；③如果通告人通告产品在大不列颠或北爱尔兰其中一个市场投放，他们将被要求支付一笔费用；如果通告人通告产品在两个市场投放，他们将被要求支付相同的费用。

在以上法规内容中，生产商是任何制造或进口这些产品或将任何产品重新包装为自己的产品的人。零售商不需要提交他们销售的任何产品的信息，除非他们也符合生产商的资格。

TRPR 不包括获准作为药品使用的含烟碱产品。

### 二、英格兰电子烟：2020 年证据更新

2021 年 2 月 23 日英国公共卫生部于官网公布了《英格兰电子烟：2020 年证据更新》[4]的报告（以下简称"2020 年证据更新"），2020 年证据更新是英国公共卫生部（Public Health England，PHE）委托进行的一系列独立报告中的第七份报告，系列报告用于总结关于使用雾化产品的证据，以为政策和法规提供依据。在 2020 年证据更新这份报告中，不仅对雾化产品，英国现行的电子烟法规，英国药品和保健产品监管局（MHRA）通告的产品，药物烟碱雾化产品，英国政府的战略、磋商和相关委托工作，食品、消费品和环境中化学物质毒性委员会：安全审查，国际发展动态等方面进行了介绍；同时，对英国年轻人使用电子烟和吸烟的信息进行了两项调查，以提供关于电子烟在英国年轻人和成年人中的流行程度和特征的最新证据，特别是自 2020 年发布的上一份电子烟证据报告以来出现的数据。

2020 年证据更新中对英国现行的电子烟法规介绍如下：

不含烟碱的雾化产品受制于《2005 年通用产品安全规定》，烟碱雾化产品受修订的欧盟烟草产品指令（2014/40/ EC）（European Union Tobacco Products Directive，EUTPD）监管，同时，该指令已转换为英国法律 2016 年《烟草及相关产品法规》（TRPR），TRPR 中与电子烟产品相关内容法规的英国主管机构是 MHRA。

该报告总结概述了英国烟碱电子烟产品的相关法规，指出这些法规与欧盟《指令》（2014/40/ EC）中规定的内容类似；同时指出关于消费者烟碱电子烟产品的最新监管建议载于 MHRA 的发布的《电子烟：消费者产品监管》中，里边对于 2020《脱欧协议》后，对法案进行了一定的修改更新。该报告中对含有烟碱的雾化产品法规总结如下：

（1）通告要求　电子烟生产商必须在产品上市前向 MHRA 提交一系列细节报告，并在产品生产或召回时进行更新。

（2）允许的最大容量和烟碱浓度　①烟弹容量：2mL；②电子烟烟液填充容器容量：10mL；③电子烟烟碱含量：20mg/mL。

（3）其他安全和质量标准　①防止儿童开启和防篡改的包装；②禁止某些添加剂，如色素；③防止破碎和泄漏，并有保证再灌装不泄漏的机制。

（4）信息提供　在包装或设备/瓶上提供健康警示和信息。

（5）广告　①禁止所有广播媒体和跨境广告；②国内广告，如户外、海报、电影院等；③所有广告必须遵守广告实务守则委员会；④在严格的条件下，允许在广告中使用健康声明。

（6）买卖年龄法　18 岁和代理采购被禁止。

（7）公共场所　除了当地所有者或组织，没有任何法律可以决定。

## 参考文献

[1] https：//eur-lex. europa. eu/legal-content/EN/TXT/？ uri＝CELEX％3A32014L0040&qid＝1688452612355.

[2] https：//eur-lex. europa. eu/legal-content/EN/TXT/？ uri＝CELEX％3A32022L2100&qid＝1688457509769.

[3] https：//www. gov. uk/guidance/e-cigarettes-regulations-for-consumer-products.

[4] https：//www. gov. uk/government/publications/vaping－in－england－evidence－update－march-2020/vaping-in-england-2020-evidence-update-summary.